Matta

Das Buch

Wenn ein Serienmörder verurteilt wird, sind damit zwar die juristischen Ermittlungen abgeschlossen, aber für die Angehörigen beginnt oft ein langer Leidensweg. Nach der öffentlichen Bloßstellung ist es schwer, wieder in den Alltag zurückzufinden. Vor allem die Ehefrauen der Verurteilten geraten dabei in den Fokus der Öffentlichkeit.
Kriminalist Stephan Harbort hat mit Frauen gesprochen, die mit einem Serienmörder verheiratet waren oder es noch sind. Dabei zeigen sich ganz unterschiedliche Umgangsweisen mit dem Verbrechen. Einige glauben auch dann noch an die Unschuld ihres Mannes, wenn er bereits für ein Gewaltverbrechen verurteilt wurde, andere versuchen nach der schockierenden Nachricht, verzweifelt ein neues Leben zu beginnen. In einigen besonders verstörenden Fällen waren die Frauen sogar als Komplizinnen am Verbrechen beteiligt. Spannend und mit großem Einfühlungsvermögen erzählt Stephan Harbort ihre Geschichten.

Der Autor

Stephan Harbort, geboren 1964, ist Kriminalhauptkommissar und Deutschlands bekanntester Serienmordexperte. Er entwickelte international angewandte Fahndungsmethoden zur Überführung von Serienmördern und sprach mit mehr als sechzig Tätern. Außerdem ist er beratend bei Krimiserien und Kinofilmen tätig. Seine zahlreichen Bücher wurden in mehrere Sprachen übersetzt.

Stephan Harbort

»Ich liebte eine Bestie«

Die Frauen der Serienmörder

Ullstein

Besuchen Sie uns im Internet:
www.ullstein-taschenbuch.de

Ungekürzte Ausgabe im Ullstein Taschenbuch
1. Auflage Juli 2011
© 2009 Droste Verlag GmbH, Düsseldorf
Konzeption: HildenDesign, München
Umschlaggestaltung: ZERO Werbeagentur, München
(unter Verwendung einer Vorlage von HildenDesign, München)
Titelabbildung: © Sharon Wish/Trigger Image
Satz: Droste Verlag
Papier: Pamo Super von Arctic Paper Mochenwangen GmbH
Druck und Bindearbeiten: CPI – Ebner & Spiegel, Ulm
Printed in Germany
ISBN 978-3-548-37357-7

INHALT

Vorwort 7

Kapitel 1
Wie ein Stück Holz im Fluss 13

Kapitel 2
Wenn mal ein Krieg ausbricht 93

Kapitel 3
... sagt Norman 133

Kapitel 4
Die Hand im Feuer 165

Kapitel 5
Wenn die Kripo zweimal klingelt 203

Kapitel 6
Hinter der Mauer 247

Bibliografie 294

Danksagung 303

„Ich habe viele Fragen an Dich, und ich habe ein Recht auf Antworten.
Denn Du warst mein Mann, und wir hatten zwei wunderbare Kinder.
Warum hast Du diese Mädchen getötet, warum hast Du sie gequält, vergewaltigt,
und kommst dann abends nach Hause und tust so, als wäre nichts gewesen?
Aber Du hast nicht nur gemordet, Du hast mir das Allerliebste genommen –
die Kinder. Denn Du hast ihnen damit ihr Herz aus dem Leib gerissen,
sie gehen beide daran zugrunde, ich kann nichts dagegen tun und muss zusehen.
Was haben wir drei getan, dass Du töten musstest? Warum hast Du das getan?"

VORWORT

„Mit mir ist es nun so weit zur Einsicht gekommen,
dass ich sagen muss, es war alles ein schrecklicher Wahn,
es war alles verwerflich und schändlich, was ich tat,
schändlich und undankbar, was ich Dir damit antat.
Und dass ich Dich dadurch so unglücklich machte.
Jetzt kommen die Selbstvorwürfe, die Du gemeint hast.
Aber es ist zu spät, alles vorbei. Die Uhr ist abgelaufen,
ich bin am Ende. Aber bitte, verurteile mich nicht.
Allerdings hätte ich dagegen ankämpfen können.
Auch hast Du mich ja immer wieder gemahnt:
Die Lauferei nimmt mal kein gutes Ende.
Ich erinnere mich an alles ganz genau,
und es steht mir alles bis ins Kleinste vor Augen.
Aber es zog mich immer hinaus, ich wollte immer töten."

Mit dem Urteil ist ein Kriminalfall für die Justiz weitestgehend abgeschlossen. Bei Serienmorden ist es nicht anders. Doch es bleibt immer etwas zurück. Jemand bleibt zurück. Menschen, die gerne übersehen und vergessen werden, weil sie keine Lobby haben: die Angehörigen der Täter, besonders ihre Freundinnen, Geliebten, Ehefrauen. Ihnen werden Mitgefühl und Mitleid verweigert, weil man sie regelmäßig für mitverantwortlich hält. Weil man nicht glauben mag, dass sie nicht geahnt haben, wer sich hinter der Maske des Biedermanns verbirgt. Sofern diese Frauen sich nicht mitschuldig gemacht haben, dürfen indes auch sie als Opfer gelten. Denn: Durch ihre Verbrechen haben die Täter nicht nur die Angehörigen der Opfer, sondern vor allen anderen auch ihre eigenen Partnerinnen schwer beschädigt – seelisch, finanziell, sozial. Vom leidvollen Schicksal dieser Menschen handelt das vorliegende Buch.

Würden Sie Ihrem Mann bei einem Mord behilflich sein, wenn er Sie darum bittet? Natürlich nicht, werden Sie antworten. Und falls er droht, Sie zu töten, wenn Sie sich nicht in seinem Sinne verhalten? Auch nicht, werden Sie sagen. Natürlich. Und doch passiert es, dass Frauen sich von ihren Freunden oder Ehemännern zu grausamen Verbrechen animieren oder bestimmen lassen, zu denen sie allein nicht fähig gewesen wären, die sie sonst niemals begangen hätten. Gerade weil dies so selten vorkommt und gegen jede Vernunft ist, sind wir gehalten, nach den Verlaufsformen und Ursachen dieser Dramen zu fragen. Ich werde Ihnen davon erzählen.

Würden Sie Ihren Mann verlassen, wenn herauskommen sollte, dass er ein Serienmörder ist? Jemand, der Kinder oder Frauen missbraucht, vergewaltigt, gefoltert, getötet und verstümmelt hat? Natürlich, werden Sie antworten. Und Sie werden ihn auch dann verlassen, wenn sich herausstellt, dass er ein seelisch und psychisch kranker Mensch ist? Ja, auch dann, wird ihre Antwort sein. Und doch gibt es einige wenige Frauen, die dem sozialen Druck trotzen und der „Bestie" treu bleiben. Warum tun sie das? Und wie geht es weiter, wenn man vor den Trümmern seines Lebens steht, der finanzielle Ruin und eine soziale Verelendung drohen? Ich werde Ihnen auch hiervon berichten.

Würden Sie mit einem Mann liiert sein oder ihn heiraten wollen, wenn Sie wüssten, dass er ein verurteilter Serienmörder ist? Ein kaltblütiger Killer? Nein, auf keinen Fall, werden Sie sagen. Und Sie würden sich genauso entscheiden, wenn Sie sich in diesen Mann bereits verliebt hätten und erst später von seiner dunklen Vergangenheit erfahren sollten? Ja, auch dann, werden Sie antworten. Und doch ist dies nicht die Regel: Denn es gibt Frauen, die sich anders entscheiden und anders verhalten, die sagen: „Für mich zählt nur der Mensch." Oder: „Der Täter ist nicht nur seine Tat." Ich werde Sie mit diesen Frauen bekannt machen und Ihnen von ihren Erfahrungen mit verurteilten Tätern erzählen.

Die Partnerinnen der Verbrecher gehören zu denen, die damit klarkommen müssen, dass der eigene Mann, den man zu kennen glaubt(e), zum mehrfachen Mörder wird oder geworden ist, zum „Monster". Und sie stehen auf der dunklen und abgründigen Seite des Verbrechens, gefangen im Fokus der sozialen Ächtung. Genau darum gibt man ihnen keine Stimme, kein Forum. Sie müssen stumm bleiben, obwohl sie uns so viel Wertvolles, Leidvolles und Lehrreiches mitzuteilen haben. Ich möchte mit diesem Tabu endlich brechen und alle Angehörigen der Täter von einem sozialen Stigma befreien helfen, das in erster Linie auf Unwissen, Vorurteilen und Vorverurteilungen beruht. Und ich möchte Sie dazu animieren, in den Abgrund menschlicher Unzulänglichkeiten und Unwägbarkeiten zu schauen – und Andersdenkenden und Andershandelnden vorurteilsfrei zu begegnen und ihre Beweggründe zu verstehen, die uns andernfalls so rätselhaft und so monströs erscheinen. Vielleicht überwinden wir dann die Angst, uns selbst zu erkennen.

Stephan Harbort
Düsseldorf, im Oktober 2009

Für Katharina, David und Amelie.
Ihr seid das Licht in meinem Leben.

Die geschilderten Ereignisse sind authentisch, soweit man dies überhaupt sagen kann. Jedenfalls entsprechen sie der festgestellten prozessualen Wahrheit. Als Quellen für die Rekonstruktion und Dokumentation der Ereignisse dienten insbesondere Gerichtsurteile, Anklageschriften, forensische Gutachten, Vernehmungs- und Obduktionsprotokolle, Tatortbefundberichte und seriöse Pressemitteilungen.

Die für das vorliegende Buch verwendeten Aussagen stammen aus Interviews, die ich mit den Angehörigen der Täter in der jüngeren Vergangenheit geführt habe, oder aus Briefen bzw. E-Mails, die an mich gerichtet worden sind. Die Gespräche habe ich jeweils mit einem Diktaphon aufgezeichnet. Vereinzelt sind die Aussagen kriminalpolizeilichen Vernehmungsprotokollen entlehnt worden. Um ein Höchstmaß an Authentizität garantieren zu können, habe ich in den Interviews nur marginale redaktionelle Veränderungen vorgenommen, ohne den Wahrheitsgehalt zu schmälern. Die in diesem Buch abgedruckten Briefe bzw. Briefpassagen sind authentisch und unverändert. Aus Gründen der Vereinheitlichung haben ansonsten die Regeln der neuen deutschen Rechtschreibung Anwendung gefunden.

Die Namen der handelnden Personen sind sämtlich pseudonymisiert. Vereinzelt wurden auch biographische Angaben oder Angaben zu Ort und Zeit verändert, um eine Erkennbarkeit der Personen zu verhindern. Diese Verfahrensweise ist dem Schutz der Persönlichkeitsrechte geschuldet.

KAPITEL 1

Wie ein Stück Holz im Fluss

„Oh Hasi, ist das alles eine Scheiße, verfluchte!!
Ob ich dann noch zum Zahnarzt käme, v. 16.–18., kaum!
Er kann ja auch erst am 18. hier rein kommen,
könnte also erst ab 19. ‚Zahnweh' bekommen,
u. so ich nicht rede geht's am 21. 7. wieder retour!
Seine Praxis im Hochhaus liegt auch im Parterre, wie EEG!
So ich alleine losrenne habe ich kaum eine Chance,
ist ja sofort, d. h. binnen 10 Min. spätestens, alles abgeriegelt!
Ich hoffe bis 28. hier verzögern zu können!
Innen an der Mauer sind an jeder Ecke Kameras u. Schall-
Sensoren, alles sofort bei Sheriffs auf Monitor zu sehen!
Und diese 3 Mann vorne in Zentrale haben Knarren!
Ach ja, hier kann man jegliche Art v. Esswaren abgeben,
aber ¾ Tabletten im Camembert od. sonst wo,
ich bekäme 40/41 Grad Fieber od. eine Art ‚Vergiftung',
u. sofort wäre ich, ohne Gitter, im Hochhaus
u. bleibe dort solange bis ich wieder fit wäre!
Nachts dann rein, fertig! Oder sogar am Tage,
da erwarten sie kaum ‚Besucher', also!"

Hamburg, Anfang Juni 1977.

Katharina Skrowonnek hat noch immer keinen neuen Partner gefunden, neun Jahre sind nun seit der schmerzvollen Scheidung vergangen. Friedrich, ihr Ex-Mann, von Beruf technischer Angestellter, hätte in Katharinas elterlichem Betrieb mitarbeiten sollen, was er jedoch immer wieder konsequent abgelehnt hatte. Mit der Begründung, er wolle nicht von der Hand in den Mund leben und ihr und den Eltern nicht auf der Tasche liegen, hatte er Katharinas Zukunftspläne zurückgewiesen. Schließlich war der Graben nach vielen Diskussionen und Disputen zu breit und zu tief geworden. Katharina hatte die Scheidung eingereicht, weil einfach keine gemeinsame Basis mehr vorhanden war, die eine Ehe weiter hätte tragen können.

Verwandten und Freunden erzählt sie, kein ernsthaftes Interesse an einer neuen Beziehung zu haben – obwohl sie regelmäßig auf Kontaktanzeigen schreibt. Das tut die 41-Jährige, weil sie auf diesem Wege ihren Bekanntenkreis erweitern und interessante Menschen kennenlernen möchte, sagt sie. Ihre engsten Freundinnen indes kennen die Wahrheit: Katharina leidet unter ihrem Alleinsein, sie sehnt sich nach einem Partner, der länger bleibt als für ein paar Stunden, Tage oder Wochen.

Dieser Mann muss allerdings ausnahmslos ihren strengen Auswahlkriterien entsprechen: gut aussehend, charakterlich einwandfrei, vermögend. Ihren Freundinnen und Bekannten fällt auf, dass die hübsche, aufgeschlossene und lebensfrohe Unternehmerin bei Urlaubs- und Geschäftsreisen oder Partys mehrfach Männerbekanntschaften macht, aber trotzdem stets auf Heiratsannoncen zurückkommt. Katharina favorisiert Akademiker, Unternehmer und leitende Angestellte, ganz oben auf ihrer Liste stehen aber Männer, die im wissenschaftlich-medizinischen Bereich tätig sind, ein Klinik-Chef etwa.

Seit November 1976 lebt sie in Hamburg gemeinsam mit ihrer Mutter in der Wohnung im Parterre ihres zwei Jahre zuvor gebauten Hauses im Nobelviertel Pöseldorf. Das Obergeschoss ist an eine Familie vermietet. Obwohl Christina Kohlund 35 Jahre älter ist als ihre Tochter, gibt es kaum Probleme zwischen den Frauen.

Katharina liest ausschließlich die Kontaktanzeigen im „Hamburger Abendblatt". Nur dort, vermutet sie, inserieren seriöse und betuchte Männer, die für sie überhaupt infrage kommen. Bei der Beantwortung der Annoncen gibt sie sich wenig Mühe, sie schreibt Briefe gleichen Inhalts, legt aber ein Foto von sich dazu. Die Anzeige schneidet sie aus und bewahrt sie auf, bis ein Kontakt zustande kommt.

In der Wochenendausgabe des „Hamburger Abendblatts" 21./22. Mai 1977 erregt auf Seite 25 eine Anzeige ganz besonders ihr Interesse:

„Arzt, verw., 41 Jahre, 1,84, dunkel, 79 kg,
mit besteingeführter Privatklinik, herrlichem Besitz in Nizza,
anhanglos, sucht adäquate Partnerin zur baldigen Ehe.
Vermögen aus Paritätsgründen erwünscht.
Zuschriften erbeten unter RK 8452497."

Genau diese Annonce begeistert auch Margarethe Zenner. Die 35-jährige Sekretärin, geschieden, kinderlos, arbeitet seit sechs Jahren in einer Hamburger Anwaltskanzlei. Nach dem Tod ihrer Mutter im Jahre 1975 hat sie ein Haus in Fuhlsbüttel geerbt, das vermietet wird. Von den Mieteinnahmen und ihrem Gehalt lässt es sich gut leben, die sportbegeisterte Frau reist viel, fährt regelmäßig Ski und spielt leidenschaftlich gerne Tennis. Mit Bekanntschaftsannoncen hat sie gute Erfahrungen gemacht. So hat sie auch ihren derzeitigen Freund kennengelernt, auch wenn sie sich mit Gerhard Kramer nicht mehr so gut versteht, wie es zu Beginn ihrer Beziehung der Fall gewesen ist. Der zwei Jahre ältere Lektor eines mittelständischen Verlages kritisiert Margarethe immer dann besonders heftig, wenn sie mal wieder mit einer Kollegin verabredet ist, wenn sie mal wieder alleine ausgehen will oder wenn sie mal wieder eine Verabredung mit ihm platzen lässt. Die Lebensauffassungen des Paares driften mehr und mehr auseinander, und die anfängliche Verliebtheit reicht nicht mehr aus, um die Risse in ihrer Beziehung auf Dauer zu kitten. Beide spüren das, aber nur Margarethe sucht bereits nach einem neuen Partner, ohne dass Gerhard davon weiß.

Margarethe stammt aus gutbürgerlichen Verhältnissen und hat sich vorgenommen, nicht wie ihre Eltern ein Leben lang nur für das eigene Haus zu schuften und die Raten mühsam abzustottern. Sie, die von ihren Kolleginnen als tüchtig, hilfsbereit, zuverlässig und liebenswürdig geschätzt wird, erwartet mehr vom Leben. Und das signalisiert die adrette Blondine auch, wenn sie auffällig gekleidet und grell geschminkt durch die Nobel-Discotheken Hamburgs zieht, meistens allein, immer in der Hoffnung, den finanziell potenten Mann fürs Leben zu finden. Sie will nicht nur über den Jet-Set lesen oder reden, sie will dabei sein, dazugehören. Margarethe Zenner spricht aber nicht über sich und ihre hochfliegenden Lebenspläne, sie ist ein eher verschlossener Mensch.

Montag, 6. Juni 1977.

Katharina Skrowonnek plant, zusammen mit ihrer Mutter nach Italien zu fahren, um dort Urlaub zu machen. Die Reise soll am nächsten Morgen gegen 5 Uhr angetreten werden. Ziel ist Jesolo, ein Seebad an der Adria, 42 Kilometer nordöstlich von Venedig. Zunächst muss jedoch der Garten in Schuss gebracht werden. Nach getaner Arbeit und einem kurzen Sonnenbad fährt Katharina am frühen Nachmittag zur Raiffeisenbank in Pöseldorf, sie möchte für den Urlaub italienische Lire besorgen. Sie bekommt zweimal 320.000 Lire und 300 Mark ausgehändigt. Das Geld soll zwischen ihr und der Mutter aufgeteilt werden.

Wenig später trifft Katharina bei ihrer Nichte ein und gibt

dort Konrad, den Hund, der ihr zur Pflege anvertraut worden ist, zurück – für diesen Freundschaftsdienst darf sie ein Surfbrett mitnehmen, das sie sich sonst erst hätte kaufen müssen. Gegen 16.30 Uhr kommt Katharina nach Hause. Die Mutter berichtet ihr von einem Telefonanruf, ein „Dr. König" habe angerufen und anklingen lassen, sie unbedingt noch vor ihrer Abreise „kurz treffen" zu wollen. Christina ist etwas überrascht, denn dieser Mann weiß von der bevorstehenden Urlaubsreise, nur sie weiß nichts über diesen Mann, sie kennt nicht einmal seinen Namen, aber vielleicht hat ihre Tochter einfach nur vergessen, ihr von ihm zu erzählen. Dr. König wolle zwischen 17 Uhr und 18 Uhr abermals anrufen, sagt sie ihrer Tochter noch, die bereits auf dem Weg unter die Dusche ist. Katharina kommt schon kurze Zeit später zurück ins Wohnzimmer. „Den Mann will ich heute noch kennenlernen", sagt sie ihrer Mutter und lacht dabei.

Um kurz nach 18 Uhr ruft Dr. König an und erreicht zunächst wieder die Mutter, Katharina ist draußen im Garten und hat das Klingeln des Telefons nicht gehört. Der Mann hat eine sympathische Stimme und spricht akzentfreies Hochdeutsch. Ob er mit Katharina kurz sprechen könne. Die anschließende Unterhaltung zwischen ihrer Tochter und Dr. König dauert nicht länger als eine Minute, und Christina hört zufällig, als sie in die Küche geht, ihre Tochter sagen: „Gut, dann kann ich ja noch in Ruhe meine Koffer packen." Offenkundig hat sich ihre Tochter über diesen Anruf gefreut, Dr. König muss auf Katharina einen überaus positiven Eindruck gemacht haben, denn so schnell fängt ihre Tochter normalerweise nicht Feuer.

Am späten Abend sitzen Katharina und ihre Mutter auf der Terrasse, die Temperaturen werden allmählich erträglich, und essen zu Abend, schnelle Küche, Brot, Aufschnitt und Käse, dazu ein Glas Rotwein. Danach werden die Koffer gepackt. Das muss nun etwas flotter gehen, denn Dr. König hat sich für 20 Uhr angekündigt. Der kommt aber zunächst gar nicht, und Katharina pendelt zwischen Terrasse, auf der noch ihre Mutter sitzt, und Küche, von der aus sie die Straße einsehen kann, hin und her, hoffend, bangend. *Ob er noch kommt?*

Christina bemerkt die Nervosität ihrer Tochter. Ihr, der Mutter, ist es nicht recht, dass Katharina noch ausgehen möchte, wo sie doch morgen so früh aufbrechen wollen. Erst nach einer Zeit hagelt es mütterliche Vorwürfe. Die eigentlich prächtige Urlaubsstimmung trübt sich merklich ein. Christina ist sauer auf ihre Tochter, und die wiederum ist sauer auf ihre verständnislose Mutter und auf Dr. König. Der lässt sich einfach nicht blicken, auch nicht um kurz vor 22 Uhr, als Christina ins Bett geht und ihre Tochter abermals bittet, doch besser zu Hause zu bleiben. Demonstrativ schließt die Mutter die Hauseingangstür ab – und dann wieder auf, als die Tochter remonstriert, sie werde heute noch ausgehen, „auf jeden Fall".

In der Nacht bemerkt Christina mehrfach, wie in der Wohnung Licht gemacht wird, sie sieht den Lichtschein unter der Schlafzimmertür, so auch gegen 3.30 Uhr, als sie auf den Wecker schaut. Sie nimmt an, Katharina sei wohl eben aufgestanden, um sich reisefertig zu machen. Eine halbe Stunde später steht Christina auf, geht zur Toilette, duscht, trinkt eine Tasse Kaffee. Merkwürdig findet sie, dass die Äpfel, die sie ihrer Tochter im Bad bereitgestellt hat, unangetastet geblieben sind. Weil es noch so früh und ihre Tochter wohl doch noch nicht aufgestanden ist, legt die ältere Dame sich noch einmal hin und schläft ein.

Dienstag, 7. Juni 1977.

Um 7 Uhr klingelt bei Margarethe Zenner das Telefon, wie jeden Wochentag. „Du musst zur Arbeit, ich wünsche dir einen schönen Tag", hört sie Gerhard Kramer sagen, der danach auflegt. Um 8.15 Uhr ist Margarethe in der Anwaltspraxis, dort arbeitet sie regelmäßig sechs Stunden, um 15 Uhr ist Feierabend. Sie erledigt Schreibarbeiten und versorgt die Teilnehmer einer Sitzung in der Kanzlei mit Kaffee und Gebäck. Nach der Konferenz werden Änderungen der Vertragstexte erforderlich, die sich in den Verhandlungen ergeben haben und nun von Margarethe getippt werden müssen. Gegen 13 Uhr ist sie fertig und bittet ihren Chef, heute etwas früher gehen zu dürfen, sie habe doch in den Tagen zuvor länger gearbeitet, es sei dringend, sie habe einen wichtigen Termin, den sie nicht aufschieben könne. Worum es dabei geht, sagt sie nicht. Sie darf gehen und verlässt am frühen Nachmittag die Kanzlei. Niemand weiß, dass sie mit einem Mann verabredet ist, den sie nicht kennt, aber unbedingt kennenlernen möchte: ein gewisser Dr. König.

Etwa zur selben Zeit, als Margarethe Zenner von ihrem Freund frühmorgens geweckt wird, erwacht Christina Kohlund. Sie geht ins Wohnzimmer, räumt einen Teller mit Chips beiseite und bringt ein benutztes Trinkglas in die Küche, das auf dem Tisch gestanden hat. Die Frau bemerkt zwar eine weißliche Substanz am Glasboden, denkt sich aber nichts dabei. Als sie zurückkommt, fällt ihr etwas auf, das am Abend zuvor, als sie ins Bett ging, nicht da war: ein Blumenstrauß. Die abgeschnittenen Blumenstiele findet sie auf dem Küchentisch und bringt sie mit anderem Abfall zur Mülltonne.

Katharinas Besuch muss wohl doch noch gekommen sein, schlussfolgert sie, wahrscheinlich ist es spät geworden, deshalb könne die Tochter ruhig noch etwas schlafen, beschließt sie. Christina frühstückt schließlich allein und geht danach in den Garten, Unkraut zupfen. Da bereits alle Reisevorbereitungen getroffen worden sind, will sie sich so die Zeit vertreiben.

Um 9.45 Uhr läuft die Schonfrist ab. Christina betritt das Schlafzimmer ihrer Tochter, um sie zu wecken. Die Rollos sind heruntergelassen. Dann sieht die Frau Katharina auf dem Bett liegen, nackt, die Tagesdecke ist glatt gezogen, das Kopfkissen unangetastet. Als sie ihre Tochter berührt, erstarrt sie – Katharinas Körper ist kalt und steif. *Tot! Tot! Tot!* schießt es ihr immer wieder durch den Kopf. Im ersten Moment versagt Christina die Stimme, dann schreit sie den Schrecken und ihre Verzweiflung heraus.

Die Nachbarn werden von den Hilferufen angelockt und sind schockiert, als sie Katharinas Leiche sehen, wie aufgebahrt liegt sie da. Ein unwirklicher Anblick des Menschen, den man noch gestern freundlich über den Gartenzaun gegrüßt hat. Die Polizei wird informiert und trifft um 9.51 Uhr ein. Die Gesamtsituation und die Aussage der Mutter zu den Geschehnissen am Vortag und in der Nacht lassen keine andere Vermutung zu: sehr wahrscheinlich „Fremdverschulden", ein Fall für die Mordkommission.

Den Todesermittlern bietet sich am Tatort dieses Bild: Die Tote liegt in gestreckter Rückenlage, der Kopf zeigt nach Westen, die Füße nach Osten, sie ragen einige Zentimeter über das Bettende hinaus. Die Arme liegen längs des Oberkörpers, wobei die linke Hand die linke Hüfte berührt. Die Totenstarre ist voll ausgeprägt. Äußere Verletzungen werden nicht festgestellt. In den Bindehäuten der Augen, insbesondere am linken Auge, finden sich punktförmige Stauungsblutungen. An der Halsvorderseite, an den Brustansätzen und auf den Handrücken sind flächige, rötliche Verfärbungen erkennbar, die jedoch während der Leichenbeschreibung fast verschwinden.

Um 14 Uhr wird der Leichnam obduziert. Im Magen werden tablettenähnliche Substanzen gefunden, und im Bereich der Gesichtshaut und den Schleimhäuten erkennen die Rechtsmediziner zahlreiche Stauungsblutungen. Das vorläufige Untersuchungsergebnis lautet: „Verdacht einer Vergiftung, der eine Behinderung der Atmung vorausgeilt ist." Allerdings können die exakte Todeszeit und Todesursache noch nicht mit letzter Gewissheit benannt werden, dafür bedarf es erst weiterer Untersuchungen.

Es ist 19.30 Uhr, als Gerhard Kramer seine Freundin anruft, verabredungsgemäß. Niemand hebt ab. Anderthalb Stunden später ruft er wieder an, um 22 Uhr noch einmal. Gerhard kann seine Freundin aber nicht erreichen. Das beunruhigt ihn. Margarethe hätte ihm doch gesagt, wenn sie verabredet gewesen wäre.

Als auch am nächsten Morgen in der Wohnung Zenner nicht abgenommen wird und Gerhard erfährt, dass Margarethe nicht in die Kanzlei zur Arbeit gekommen ist, wird er misstrauisch und informiert die Hauseigentümerin. Gemeinsam geht man in die Wohnung der Freundin. Schon beim Aufschließen fällt Gerhard auf, dass nur das untere Schloss versperrt ist, und zwar durch einmaliges Herumdrehen des Schlüssels. Margarethe machte es sich jedoch zur Angewohnheit, beide Schlösser zu versperren, dafür drehte sie die Schlüssel immer zweimal herum. Merkwürdig ist auch, dass die Balkontür aufsteht und die Sessel im Wohnzimmer nicht am gewohnten Platz stehen. Es müssen neben Margarethe noch zwei weitere Personen in der Wohnung gewesen sein, mutmaßt Gerhard.

Er telefoniert mit der Familie, Arbeitskollegen und Freunden Margarethes. Niemand hatte Kontakt mit ihr, niemand weiß, wo sie ist. Seine Freundin ist einfach nicht mehr da, weg, spurlos verschwunden. Als sich an diesem Zustand auch in den nächsten Stunden nichts verändert, geht Gerhard zur Polizei und meldet Margarethe als vermisst. Er hat den schlimmen Verdacht, dass ihr etwas zugestoßen ist. Eine andere plausible Erklärung, die ihm seine Ängste nehmen könnte, hat er nicht.

Mittwoch, 8. Juni 1977.

Christina Kohlund ist von der Kripo ausführlich vernommen worden. Ihre glaubwürdigen Aussagen, sie habe mit ihrer Tochter eine Urlaubsreise antreten wollen, decken sich mit dem Tatortbefund: In der Diele stand ein gepackter Koffer, und auf dem Schreibtisch im Schlafzimmer lag die blaue Umhängetasche der

Tochter mit allen für eine Reise notwendigen Unterlagen. Dass die Mutter in diese Tat verstrickt sein könnte, erscheint abwegig, alle Indizien weisen in eine andere Richtung.

Dennoch bleibt Christina Kohlund die wichtigste Zeugin, weil nur sie beurteilen kann, welche Veränderungen am Tatort durch den Täter vorgenommen worden sein könnten. Sie weist die Ermittler auf folgende „Merkwürdigkeiten" hin: Katharinas Kleidung lag im Schlafzimmer, ihre Tochter habe sich jedoch stets im Bad an- und ausgezogen; außerdem habe Katharina niemals nackt geschlafen; auch wie ein lilafarbener Becher ins Schlafzimmer gekommen sei, könne sie sich nicht erklären, Katharina habe in ihrem Zimmer nie etwas getrunken; auf dem Kaminsims im Wohnzimmer lagen eine Perlenkette, ein Armband und eine Uhr der Tochter, üblicherweise habe Katharina ihren Schmuck jedoch in einer Schale im Bad abgelegt; in der Küche standen zwei Flaschen Wein, ihre Tochter habe aber selten Alkohol getrunken, schon gar nicht übermäßig; ferner sei die Haustür nicht verschlossen gewesen, das sei sonst nie vorgekommen.

Erste Facetten eines Motivs werden sichtbar, als Christina Kohlund den Beamten mitteilt, dass ein Teil der Urlaubskasse fehlt, nämlich die 320.000 Lire ihrer Tochter; auch wird ein Portemonnaie aus Krokodilleder vermisst – nur die Schachtel, in der Katharina es aufbewahrte, ist noch vorhanden. Als dringend tatverdächtig gilt zunächst „Dr. König", falls er tatsächlich noch zu Besuch gekommen und der letzte Gast im Hause Skrowonek gewesen sein sollte.

Ist Katharina Opfer eines Raubmordes geworden? Dafür spricht, dass der Täter Geld und ein hochwertiges Portemonnaie mitgenommen hat. Doch warum hat er dann den Schmuck liegen gelassen? Und wieso wurde nicht das gesamte Haus nach Beute durchsucht? Noch ein Umstand will einfach nicht zu einem klassischen Raubmordgeschehen passen: Christina Kohlund ist nämlich aufgefallen, dass eine Kerze im Wohnzimmer fast vollständig heruntergebrannt ist. Dies könne nur in der Tatnacht passiert sein, versichert sie, eine solche Kerze brenne mindestens fünf Stunden. Die Kriminalisten fragen sich nun: Warum bleibt der Täter so lange am Tatort und geht somit ein hohes Entdeckungsrisiko ein, bevor er sein Opfer tötet? Und falls sich herausstellen sollte, dass Katharina Skrowonnek noch vor Mitternacht gestorben ist – was hat der Täter in den Stunden danach wohl getan? Was hat ihn daran gehindert, das zu tun, was gemeinhin jeder Täter tut, nämlich möglichst bald nach der Tatvollendung zu flüchten?

Gegen 15.55 Uhr treffen drei Touristen aus Bremerhaven, eine Frau und zwei Männer, an der Ruine „Ludwigsberg" ein. Das ehemalige Ständehaus liegt in Borgdorf-Seedorf, einer betulichen Gemeinde im Landkreis Neumünster, zirka 300 Meter westlich der Verbindungsstraße nach Bordesholm. Das zerfallene und verwahrloste Bauwerk steht auf einer kleinen Anhöhe und ist ringsum von Wald und Buschwerk umgeben. Sämtliche Fenster des dreistöckigen Hauses sind zerstört, alle Türen sind offen.

Die jungen Leute sind hierhergekommen, weil sie im Radio von einer Sturmwarnung erfahren haben, und, so ist es ihnen von ihrem Pensionswirt berichtet worden, bei derartigem Wetter mit hervorragender Aussicht zu rechnen sei. Doch auch die Ruine selbst weckt das Interesse der Wochenendausflügler. Sie betreten das muffige Gemäuer und steigen über die erste Treppe in den Keller hinunter, einer der Männer leuchtet mit einer Taschenlampe. Eine Türöffnung ist besonders auffällig, weil sie durch eine halbe Tür und ein Regal unnatürlich versperrt ist – ob dort jemand etwas versteckt hat? Der Türspalt wird ausgeleuchtet. Nichts, außer Gerümpel. Damit will sich aber niemand zufriedengeben. Neugier. Während die Frau nun die Taschenlampe hält, biegen die Männer die Überreste der Tür nach außen und betreten vorsichtig den Raum. Als die Frau hinter die Tür leuchtet, stockt ihr der Atem. Vor ihr liegt der Körper einer Frau, merkwürdig gekrümmt, nackt – tot. Schockiert zieht die Gruppe sich aus dem Kellergewölbe zurück und alarmiert die Polizei.

Donnerstag, 9. Juni 1977.

Die Leiche der „unbekannten weiblichen Person" ist mittlerweile ins Institut für Rechtsmedizin nach Hamburg gebracht worden, weil die Auffindesituation und die seltsam anmutenden äußeren Verletzungen nur den Schluss zulassen, dass die Frau getötet worden ist. Während die Ermittler der Kriminalinspektion Neumünster zunächst die Vermisstenmeldungen der jüngeren Vergangenheit sondieren, diktiert etwa 70 Kilometer weiter südlich Dr. Johann Stock die Befunde der soeben abgeschlossenen Obduktion: „Bruch des linken Kehlkopfhornes mit deutlicher Unterblutung. Ausgedehnte punktförmige Blutaustritte im Bereich der Augenbindehäute beiderseits sowie im Bereich der Lidhäute und der Kopfschwarte. Punktförmige Blutungen im Bereich der Schleimhaut des Kehlkopfes. Zeichen von Hirndruck bei akuter Hirnvolumenvermehrung. (…) Zahlreiche oberflächliche schnittartige Hautdurchtrennungen an der Halsvorderseite. Zahlreiche teils glattrandige, teils fetzigartige Durchtrennungen im Bereich der Augenober- und -unterlider. (…) Fetzigrandige Hautdurchtrennung unterhalb des Kieferastes links. Defektstellen im Bereich der Brustwarzen und des Brustwarzenvorhofes beiderseits. Ausgedehnte streifige Hautunterblutungen im Bereich der Brüste beidseits, im Bereich des Bauches, in der Genitalnähe und im Bereich der Oberschenkel beidseits mehrfach innen gelegen (…)"

Als Todesursache nimmt Dr. Stock „eine zentrale Lähmung bei Gewalteinwirkung gegen den Hals" an, das Opfer ist demnach erwürgt worden. Die merkwürdigen schnittartigen Verletzungen der Augen und des Halses sind dem Opfer wahrscheinlich erst nach dessen Tod zugefügt worden. Noch nicht sicher beurteilen kann Dr. Stock, was es mit den Wunden an den Brüsten des Opfers auf sich hat. Allerdings geht er davon aus, dass die Frau Opfer eines sadistisch eingefärbten Sexualverbrechens geworden ist.

Bevor die Kripo zielgerichtet ermitteln kann, muss zunächst möglichst schnell die Identität des Opfers geklärt werden und mit welchen Personen die Getötete zuletzt Umgang hatte. Die Ermittler stoßen in ihren dienstlichen Unterlagen schließlich auf das Fernschreiben „532/8631", abgesetzt von Kollegen des Polizeipräsidiums Hamburg. Die Beschreibung einer gewissen Margarethe Zenner, die erst seit zwei Tagen „abgängig" ist, stimmt auffällig mit den äußeren Merkmalen der Toten überein. Die Kripo ruft bei Gerhard Kramer an, weil den Akten zu entnehmen ist, dass er seine Freundin als vermisst gemeldet hat. Ob er kommen und sich die Leiche anschauen könne. Gerhard Kramer zögert nicht und macht sich sofort auf den Weg. Mit versteinerter Miene und Tränen in den Augen erkennt er wenig später in dem leblos vor ihm liegenden Körper jene Frau wieder, die er einst heiraten, mit der er eine Familie gründen wollte.

Freitag, 10. Juni 1977.
Die Ermittlungen der Hamburger Mordkommission verlaufen zunächst wenig Erfolg versprechend. Alle Nachbarn und Anwohner wollen in der Tatnacht nichts bemerkt, nichts gehört und auch nichts gesehen haben, das im Zusammenhang mit dem Mord an Katharina Skrowonnek stehen könnte – nur die Haushälterin einer zwei Häuser weiter wohnenden Familie will eine bedeutsame Beobachtung gemacht haben. „Zwischen 21.30 Uhr und 22 Uhr schlug der Schäferhund an, weil vor dem Haus ein Fahrzeug anhielt", erzählt sie den Beamten. „Ich konnte beobachten, wie ein Mann aus dem Auto ausstieg und in Richtung des Hauses von Frau Skrowonnek ging. Das Auto fuhr wenig später weiter. Der Mann war zirka 30 Jahre alt, 1,85 Meter groß, hatte

ein schlankes Gesicht, kurze, mittelblonde Haare; diesen Mann habe ich hier noch nie gesehen."

Christina Kohlund hat ausgesagt, ihre Tochter habe ausschließlich auf Kontaktanzeigen im „Hamburger Abendblatt" geantwortet. Es liegt also nahe, zu vermuten, dass die Beziehung zu „Dr. König" über eine solche Annonce angebahnt worden sein könnte. Sofort werden entsprechende Nachforschungen angestellt, die jedoch nicht zum Ziel führen: Weder ein „Dr. König" noch Katharina Skrowonnek haben in den letzten Monaten eine solche Anzeige in Auftrag gegeben.

Die Ermittler der Kripo Neumünster schlussfolgern aufgrund des Tatortbefundes, dass Margarethe Zenner nicht im Kellergewölbe des Ständehauses „Ludwigsberg" getötet worden ist. Mittlerweile ist der schriftliche Untersuchungsbefund der Rechtsmedizin eingetroffen. Insbesondere die Ausführungen zu den eigenartigen Augenverletzungen interessieren die Ermittler, weil sie sich immer noch keinen Reim darauf machen können, was der Täter damit bezweckt hat. Der Sachverständige schreibt, beide Augen seien durch mehrere Schnitte „glattrandig eröffnet" gewesen, so dass die Augäpfel vollständig ausgelaufen seien. Diese Verletzungen seien „zu einem Zeitpunkt verursacht worden, als ihr Kreislauf schon zum Stillstand gekommen war oder gerade zum Stillstand kam, also bei oder nach Eintritt des Todes". Zu Lebzeiten hingen müssen dem Opfer die „striemigen Verletzungen im Bereich der Brüste" beigebracht worden sein, es handele sich jedoch „nicht um Kratz-, sondern um Schlagverletzungen". Als Tatmittel favorisiert der Gutachter eine Peitsche.

Neue Hinweise erhoffen die Beamten sich von einer Durchsuchung der Wohnung des Opfers. Die wird bald in Augenschein genommen. Es werden allerdings keine Spuren gefunden, die darauf hindeuten, dass Margarethe Zenner in ihrer Wohnung ermordet oder sonst verschleppt worden sein könnte. Allerdings erregt ein Notizzettel die Aufmerksamkeit der Kriminalisten, der im Arbeitszimmer auf dem Couchtisch liegt und vom Opfer geschrieben worden sein dürfte. Darauf steht:

„Karl-Theodor, Tel. 84056674
Dr. König, 2 Ha"

Von nun an gilt es, zuallererst folgende Frage zu klären: Wer ist „Dr. König"?

Samstag, 11. Juni 1977.
In sämtlichen Hamburger Tageszeitungen erscheint ein Fahndungsaufruf der Kripo. Im Zusammenhang mit der Ermordung von Katharina Skrowonnek wird gefragt, welche Frau in der jüngeren Vergangenheit über eine Bekanntschafts- oder Heiratsanzeige mit einem „Dr. König" in Kontakt gekommen sei. Vier Frauen rufen noch am Vormittag im Präsidium an und teilen übereinstimmend mit, ein Mann dieses Namens habe sich bei ihnen telefonisch gemeldet, nachdem sie auf eine Heiratsannonce im „Hamburger Abendblatt" geantwortet hätten. Dieser Mann habe sich immer gleichartig vorgestellt: „Hier ist Dr. König, ich begrüße Sie sehr herzlich." Die Stimme des Mannes sei in mittlerer Stimmlage angenehm und sympathisch gewesen. Der Anrufer habe sich flüssig, gewählt, gewandt, aber auch mit einer gewissen Arroganz und Blasiertheit ausgedrückt. Bei einer 31-jährigen Jurastudentin nahm „Dr. König" den Mund besonders voll. Von Champagner in der „Hilton"-Bar sei die Rede gewesen, von einer Weltreise, die man gemeinsam hätte unternehmen können, und von acht Millionen Mark, die er in den Kauf einer Augenklinik in Itzehoe stecken wolle. „Dr. König" habe die Studentin nach der Größe des väterlichen Gutes in Lüneburg gefragt und habe auch von ihr wissen wollen, ob Alkohol sie enthemme. Ursula Vossen habe darauf jedes Interesse verloren, die ganze Sache sei ihr „zu hochgestochen" und er „zu arrogant" gewesen. Alle Zeuginnen erklärten schließlich, sie hätten keinen Kontakt zu diesem

Mann haben wollen, weil er zu aufdringlich gewesen sei und die Frauen sofort habe besuchen wollen. Wahrscheinlich hat die Zeuginnen ihr ungutes Bauchgefühl davor bewahrt, auch Opfer des mysteriösen Serienmörders zu werden.

Die erste heiße Spur also. Bei weiteren Nachforschungen in der Redaktion des „Hamburger Abendblatts" kommt heraus, dass die besagte Annonce von einem „Dr. Walter Hölscher, 2000 Hamburg 43, Krachtweg 26" geschaltet worden ist. Der Auftrag wurde am 20. Mai erteilt. Schnell ermittelt die Kripo jedoch, dass im Melderegister der Stadt Hamburg niemand verzeichnet ist, der „Walter Hölscher" heißt und einen Doktortitel führt. Auch die Anschrift „Krachtweg 26" ist nicht existent. Übrig bleiben drei Männer mit Namen Walter Hölscher, die aber allesamt ein bombensicheres Alibi vorweisen können. Sackgasse.

Unterdessen wird versucht, mehr über die Opfer und ihre Lebensumstände zu erfahren. Verwandte und Freunde beschreiben Katharina Skrowonnek so: sehr sportlich; gute Skifahrerin, Surferin und Wasserskiläuferin; vermögend mit Grundbesitz in Deutschland und Italien; nur sporadisch arbeitend; lebenslustig, offen, vital; Alkohol und Drogen meidend; sexuell eher spröde; für ihre geringe Körpergröße außergewöhnlich kräftig.

Diese Feststellungen provozieren bei den Ermittlern Fragen: Wenn Katharina Skrowonnek kaum Alkohol trank, schon gar nicht in größeren Mengen, warum dann am Tatabend? Wenn die Frau so kräftig war, warum hat sie sich nicht gewehrt, als sie getötet wurde? Wenn das Opfer in sexueller Hinsicht zurückhaltend oder „frigide" war, wie ist es zu erklären, dass es nackt gefunden wurde?

Zumindest eine dieser Fragen kann das Gutachten der Rechtsmedizin beantworten, das mittlerweile vorliegt. Der Sachverständige berichtet der Kripo, in den Organen und dem Blut des Opfers habe Diphenhydramin „in deutlich mehr als therapeutischer Dosis" nachgewiesen werden können. Diphenhydramin wird überwiegend als Wirkstoff in Schlaf- und Beruhigungsmitteln eingesetzt. Allerdings sei „die Konzentration mit Sicherheit nicht so stark gewesen, dass sie für den Tod des Opfers ursächlich war". Katharina Skrowonnek sei überdies stark alkoholisiert gewesen, die Untersuchung einer Blutprobe habe eine Alkoholkonzentration von 1,31 Promille ergeben. Schlussfolgerung: Weder das Beruhigungsmittel noch der Alkohol haben den Tod des Opfers hervorgerufen.

Weiter führt der Gutachter aus, bei Katharina Skrowonnek hätten sich in den Augenunter- und -oberlidern sowie den Bindehäuten der Augen zahlreiche stecknadelkopfgroße, teilweise auch zerfließende, im Bereich der Umschlagsfalte der Oberlippe und neben den Unterlippenbändern vereinzelte punktförmige Unterblutungen und Blutaustritte gezeigt. Ebenso seien in der Schläfenmuskulatur und in der Kopfschwarte zahlreiche Blutungen vorhanden gewesen – „Stauungsblutungen". Dies lasse den sicheren Schluss zu, dass Katharina Skrowonnek „gewaltsam getötet worden ist", und zwar „durch Abdecken der Atemöffnungen mit einem weichen Gegenstand oder – möglicherweise auch: und – durch Drosselung des Halses mit einem breiten Gegenstand". Demnach wird der Täter das Opfer mit Alkohol und einem Beruhigungsmittel widerstandsunfähig und später erstickt und/oder erdrosselt haben. Nur wann genau die Tat passiert ist, muss offenbleiben. Die Gutachter gehen davon aus, dass der Tod zwischen dem 6. und dem 7. Juni eingetreten ist.

Sind die Todesermittler anfangs davon überzeugt gewesen, allein nach einem männlichen Täter zu suchen, müssen sie diese Hypothese nach der Aussage einer Nachbarin von Katharina Skrowonnek, der „doch noch etwas eingefallen ist", nun überdenken. Die Frau berichtet nämlich, sie habe mit ihrem Mann bis gegen 21.50 Uhr ferngesehen. Als ihr Hund gebellt habe, sei sie aufgestanden und zur Haustür gegangen, um den Hund auszuführen. Als sie jedoch vor dem Haus Skrowonnek mehrere Stimmen gehört habe, sei sie nicht hinausgegangen, um die Begrüßung nicht zu stören. Die Zeugin habe zweifellos die Stimme von Katharina Skrowonnek gehört, „in der für sie typischen Art, wie sie Gäste begrüßt". Nur ist die Frau „absolut sicher", eine weitere weibliche Stimme gehört zu haben, „die ich nicht kenne".

Ist „Walter Hölscher" alias „Dr. König" vielleicht eine Frau? Dies würde auch zu der für einen männlichen Täter eher untypischen Tötungsart passen. Oder hat der Täter eine Gehilfin mitgebracht? Dies wäre aber genauso ungewöhnlich und würde zudem Katharina Skrowonneks Ankündigung widersprechen, sie erwarte noch *einen* Gast, nämlich „Dr. König". Oder haben die von der Nachbarin bemerkten Besucher gar nichts mit der Tat zu tun, weil sie das Haus kurze Zeit später verlassen haben und der Mörder erst danach kam?

Die Kriminalisten in Neumünster tun sich ähnlich schwer wie ihre Kollegen in Hamburg. Sie sollen einen Mord aufklären, dessen Motiv schemenhaft bleibt und dessen Opfer und seine Lebensweise kaum erfolgversprechende Ansatzpunkte für Ermittlungen bieten. Schwerstarbeit. Immerhin dies: Bei der Durchsuchung der Wohnung ist unterdessen festgestellt worden, dass eine unbekannte Anzahl von Post-Euroschecks fehlen. Ob das Opfer sie mitgenommen hat oder ob der Täter nach der Tat in die Wohnung des Opfers gegangen und auf diesem Wege an die Schecks gelangt ist, bleibt ungewiss. Denkbar ist auch, dass die Postschecks in diesem Fall gar keine Rolle spielen. In jedem Fall aber muss herausgefunden werden, ob, wann, wo und vor allem von wem die Schecks in Verkehr gebracht worden sind.

Wann genau Margarethe Zenner ihren Arbeitsplatz verlassen hat, kann nicht ermittelt werden; sie ist dabei nämlich nicht beobachtet worden, doch muss es nach 14.30 Uhr gewesen sein, berichten ihre Kolleginnen. In ihrer Wohnung wurde ein noch verpackter Bilderrahmen gefunden. Der dazu gehörende Kassenbon stammt von der Firma „Kaufhof". Die Kripo hat herausgefunden, dass dieser Bilderrahmen zwischen 14 Uhr und 15 Uhr von einer auffällig gekleideten Frau gekauft wurde, es ist die Rede von einer roten Hose und einem roten Oberteil. Wahrscheinlich ist Margarethe Zenner nach Feierabend ins Kaufhaus gegangen und erst dann nach Hause. Dort wurde sie gegen 16 Uhr von einem Nachbarn gesehen, als sie das Haus allein verließ. Dabei soll die Frau einen grauen Trenchcoat getragen haben. Ab diesem Zeitpunkt verliert sich Margarethe Zenners Spur.

Das Persönlichkeits- und Verhaltensprofil des Opfers bleibt überwiegend blass und lückenhaft, weil die Eltern nicht mehr leben und Vertrauenspersonen offenbar nicht existieren. Auch Gerhard Kramer muss zugeben, dass ihm seine Freundin während ihrer anderthalbjährigen Beziehung „ziemlich fremd geblieben" sei, sie habe wenig von sich erzählt, sei viel allein unterwegs gewesen und habe „einsame Entscheidungen" getroffen. Er habe sich „nicht richtig angenommen gefühlt". Aus ihrem beruflichen Umfeld wird Ähnliches berichtet. Margarethe sei zwar äußerst ehrgeizig, gewissenhaft, zuverlässig, überpünktlich, höflich, freundlich und sympathisch gewesen, sie habe aber niemand wirklich an sich herankommen lassen.

Doch war ihr andererseits sehr daran gelegen, Männer kennenzulernen, die ihr einen exklusiven Lebensstil ermöglichen sollten. Dabei flirtete und kokettierte Margarethe gerne und ausgiebig, sie war aber nicht bereit, gewisse Grenzen zu überschreiten – keine Intimitäten. Eine Arbeitskollegin berichtet sogar, Margarethe habe ihr einmal gesagt: „Man müsste allen Männern den Schwanz abschneiden."

Sonntag, 12. Juni 1977.

Die Hamburger Mordkommission kommt an diesem Tag einen wichtigen Schritt voran, als sie feststellt, dass der mysteriöse „Dr. König" in einem weiteren Mordfall eine Rolle spielt. Die

Kollegen aus Neumünster haben nämlich in einem Fernschreiben verlauten lassen, dass auch sie nach diesem Mann fahnden. Und jetzt gibt es eine weitere Verbindung zwischen beiden Taten: Die Telefonnummer „84056674", die auf einem Zettel in Margarethe Zenners Wohnung über dem Namen „Dr. König" stand, konnte einer Person zugeordnet werden, allerdings keinem Mann. Anschlussinhaberin ist Simone Hansen, geboren am 7. Juli 1942 in Kiel, geschiedene Mockenhaupt, wohnhaft seit Februar im „Excelsiorhaus", Mommsenstraße 45, 2000 Hamburg 42, dritter Stock, Appartement 334.

Dann greift wieder einmal Kommissar Zufall ein. Bei der ersten gemeinsamen Besprechung der Beamten aus Hamburg und Neumünster erinnert sich ein Ermittler an ein Gespräch mit einem Kollegen aus Kiel anlässlich eines Fußballturniers in Bremerhaven, nur knapp einen Monat zuvor. Bei dieser Unterhaltung ging es um eben diese Simone Hansen und einen gewissen Eberhard Troller. Der Beamte aus Kiel wohnt im Haus der Eltern Hansen in Lübeck, deshalb kennt er den familiären Hintergrund. Die Eltern seien sehr unglücklich gewesen über die Beziehung ihrer Tochter zu Troller, erzählte er eher beiläufig seinem Hamburger Kollegen, man habe verzweifelt an Simones Vernunft appelliert, letztlich vergebens. Sie habe sich partout nicht von diesem Mann trennen wollen, der ihren Eltern ausgesprochen unsympathisch gewesen sei und den sie für einen Angeber und Taugenichts halten würden.

Diese Anekdote versetzt die Ermittler deshalb in Hochstimmung, weil nun einige Leerstellen der Morde mit Personen besetzt werden können. Simone Hansen könnte jene Frau gewesen sein, deren Stimme von einer Nachbarin Katharina Skrowonneks gehört worden war, wenige Stunden bevor sie starb. Und Eberhard Troller könnte „Dr. König" sein. Denn dessen Telefonnummer, die auf Simone Hansen angemeldet ist, hatte sich Margarethe Zenner auf einem Notizzettel notiert.

Um möglichst schnell möglichst viel über das dubiose Pärchen zu erfahren, wird der Anschluss 0431-33475 angewählt. Diese Telefonnummer gehört dem Kieler Polizisten mit dem guten Draht zur Familie Hansen. Erreicht wird jedoch seine Frau, die aber auch Bescheid weiß. Sie erzählt, Simone Hansen habe bis Februar 1977 in Kiel gewohnt, zusammen mit ihrem Ehemann. Die intelligente und freundliche Frau habe hin und wieder als Sekretärin im Immobiliengeschäft ihres Mannes gearbeitet. Das einzige Kind aus dieser Ehe sei vor Jahren bei einem Verkehrsunfall in Spanien ums Leben gekommen, den die Mutter verschuldet habe.

Etwa im Dezember 1976 habe sie Eberhard Troller kennengelernt. Seitdem sei sie mit ihm befreundet, allerdings soll sie auch noch Kontakt zu ihrem Ehemann haben. Letztmals sei sie vor vier Wochen in Lübeck bei ihren Eltern gewesen und habe einen grauen Mercedes gefahren. Die Eltern seien sehr vermögend und hätten der Tochter kürzlich 70.000 Mark gegeben, ob als Kredit oder geschenkt, wisse sie nicht. Das Geld sollte angeblich zum Ankauf eines Hotels verwendet werden, den Eberhard Troller eingefädelt hatte. Es sei in diesem Zusammenhang von einem Hotel „Schöne Aussicht" in Hamburg gesprochen worden. Die Eltern würden sich um ihre Tochter sehr sorgen, sie befürchten, ihre Tochter könne durch Troller „in Dinge hineingezogen werden, die sie nicht überblickt". Über Troller sei der Zeugin nur bekannt, dass er verheiratet sein und zwei Kinder haben soll.

Während Simone Hansen, offenkundig aus gutbürgerlichen Verhältnissen stammend, keine Vorstrafen hat, ist Eberhard Troller für die Kripo kein Unbekannter. Der 39-jährige und bereits zweimal geschiedene Hotelkaufmann stammt aus der Schweiz und wurde in Deutschland binnen vier Jahren bereits sechsmal zu Haft- und Geldstrafen verurteilt, und zwar wegen Nötigung, Amtsanmaßung, Betruges, unerlaubten Waffenbesitzes, fahrlässiger Körperverletzung, Unterschlagung, Untreue und Diebstahls.

Wohl will diese eher flach verlaufende kriminelle Karriere nicht recht zu einem Mann passen, der verdächtigt wird, zwei Frauen getötet und eine davon wahrscheinlich gefoltert, bestimmt aber grausam verstümmelt zu haben. Dennoch gilt Eberhard Troller als dringend tatverdächtig, zu viele Indizien zeigen in Richtung dieses Mannes. Seiner Freundin hingegen mag man solche Taten nicht zutrauen, derlei Verbrechen erscheinen bei ihr wesensfremd.

Die Ermittler bekommen über den Kollegen aus Kiel heraus, dass Simone Hansen und Eberhard Troller noch am selben Abend bei den Eltern in Lübeck erwartet werden. Kurze Zeit später rasen zwei Kriminalbeamte des Kieler Präsidiums nach Lübeck, Corneliusstraße 47. Als sie dort gegen 22.20 Uhr eintreffen, parkt vor dem Haus ein grauer Mercedes, amtliches Kennzeichen KI-DA 382. Als Halterin wird Simone Hansen ermittelt.

Um 23.25 Uhr beobachten die Beamten, wie sich eine Frau und ein Mann dem Mercedes nähern. Die Leute sehen genau so aus, wie die Nachbarin der Eltern Simone Hansen und Eberhard Troller beschrieben hat. Gerade als das Paar einsteigen will, erfolgt der Zugriff. Widerstandslos lässt Eberhard Troller sich festnehmen. Simone Hansen wirkt vollkommen überrascht und reagiert nicht, bleibt einfach stehen, mitten auf der Straße. Erst als ein zweiter Zivilwagen der Polizei heranfährt, lässt der Schock nach. Ob sie ihren Freund begleiten könne, fragt sie die Beamten. Und was denn überhaupt los sei. Die Ermittler erzählen Simone Hansen von dem Verdacht gegen ihren Freund. Die Frau ist perplex: „Zwei Frauen umgebracht?" Dann aber tut sie etwas Ungewöhnliches und bittet die Kriminalbeamten: „Nehmen Sie mich freundlicherweise mit, ich möchte unbedingt bei meinem Freund sein."

30 Minuten nach der Festnahme sitzt Simone Hansen in der Kriminalwache der Lübecker Polizei auf einem unbequemen

Holzstuhl, ohne ihren Freund gesprochen oder gesehen zu haben. Sie soll jetzt vielmehr als Zeugin vernommen werden, zunächst über ihre Lebenssituation berichten und wie sie Eberhard Troller kennengelernt hat.

„Ich habe Eberhard Troller vor etwa einem Jahr in Zürich getroffen", beginnt sie zu erzählen. „Ich lebte damals schon in Scheidung von meinem Mann Gunnar, der auch in Lübeck wohnt. Im Februar 1977 bin ich nach Hamburg gezogen, um während der Zeit des Scheidungsprozesses etwas Abstand zu gewinnen. Eberhard, der damals noch in der Schweiz wohnte, rief mich Anfang März an, und es kam zwischen uns zu mehrmaligen gegenseitigen Besuchen. Ich hatte damals die Absicht, in Hamburg ein Hotel zu pachten, und zwar das ‚Rodenbach'. Ich verfügte über eine Bankbürgschaft in Höhe von 50.000 Mark und hatte einen Dispositionskredit von 10.000 Mark. Ich habe nicht gewusst, ob und welchen Beruf Eberhard ausübt, und nahm an, dass er selbstständiger Kaufmann war. Für die Zukunft hatten wir uns beide mit Heiratsabsichten getragen. Ich musste aber erst noch meine Scheidung abwarten.

Seit dem 15. Februar 1977 hatte ich mich im ‚Excelsiorhaus' in Hamburg eingemietet, habe mein Appartement in den nächsten Tagen eingerichtet und mich dann am 1. März dort polizeilich angemeldet. Meine finanzielle Situation war gut. Von meinem Mann hatte ich etwa 20.000 Mark zu bekommen und selber hatte ich 15.000 Mark erspartes Geld. Eberhard besuchte mich alle paar Wochen für ein bis zwei Tage, manchmal auch länger. Soviel ich mich erinnern kann, hatte er ein Auto, die Marke weiß ich aber nicht. Um mich zu besuchen, kam er jedoch mit dem Zug.

Mit Eberhard war ich übereingekommen, dass wir mit dem Besitzer des Hotels ‚Rodenbach' in Gespräche über eine Pacht treten. Die Verhandlungen laufen noch. Über Eberhards finanzielle Lage kann ich nicht viel sagen. Wenn er mich in Hamburg besuchte, bezahlte mal er die Rechnungen für Speisen und Getränke, mal ich. Ich habe ihm nur einmal 400 Mark gegeben, aber ohne, dass er es verlangt hätte. Meine finanzielle Situation war ihm bekannt."

Die Zeugin wird gefragt, ob sie in den zurückliegenden Wochen eine Zeitungsannonce aufgegeben habe.

„Nach reiflicher Überlegung muss ich sagen: ja. Das war am 20. Mai beim Verlag des ‚Hamburger Abendblatts' in Hamburg. Es handelte sich um eine Heiratsannonce für einen Mann, den Eberhard und ich in Bern zufällig getroffen haben. Diese Anzeige hatte ich handschriftlich nach Angaben dieses Mannes notiert, sie lautete etwa: ‚Arzt mit eigener Klinik, dunkel, 41 Jahre, sucht adäquate Frau…' Der Text war länger, ich weiß ihn aber nicht mehr so genau.

Ich wurde am Schalter von einer Dame bedient, die mich noch fragte, was unter dem Begriff ‚dunkel' zu verstehen sei, und ich erklärte ihr, dass es sich um die Haarfarbe des Mannes handelte, und sie solle ‚braun' schreiben. Als Annoncierenden habe ich auftragsgemäß den Arzt Dr. Hölscher aus Hamburg eintragen lassen. Zu diesem Mann kam ich nur deshalb, weil er in Bern in einem Straßencafé am Nebentisch saß und ein Gespräch zwischen Eberhard und mir mitgehört hatte, in dem es darum ging, eine Annonce, mit der Eberhard zwei Gemälde anbieten wollte, noch in die Wochenendausgabe des ‚Hamburger Abendblatts' in Hamburg zu bringen. Der Mann sprach uns deshalb an, stellte sich als Arzt namens ‚Hölscher' aus Hamburg vor, sagte, dass er noch länger in Bern zu tun habe, und bat mich dann, den genannten Text für ihn zu notieren und bei der Zeitung abzugeben. Er gab mir dafür 60 Mark, und wir vereinbarten ein Treffen für den 23. Mai im Palais-Keller in Hamburg. Die Annonce habe ich tatsächlich aufgegeben und sofort bezahlt. Es waren 56 Mark. Den Rest gab ich Dr. Hölscher mit der Quittung bei unserem Treffen. Danach habe ich den Mann nie mehr gesehen. Anfügen möchte ich noch, dass diese Anzeige mit der Maßgabe aufgegeben wurde, Zuschriften selbst abzuholen."

Die Kommissare bezweifeln die Existenz des „Dr. Hölscher", sagen dies auch der Zeugin mit deutlichen Worten. Ob nicht vielmehr Eberhard Troller derjenige gewesen sei, der sie beauftragt habe, wird Simone Hansen eindringlich gefragt.

„Nein", sagt sie nach kurzem Innehalten.

„Haben Sie in den letzten zehn Tagen auf irgendeine Art für sich oder jemand anderes Geld besorgt?"

„Ich weiß nicht, was Sie damit meinen. Ich habe für niemanden Geld besorgt." Simone Hansen bleibt gelassen, eine Verunsicherung ist ihr nicht anzumerken.

„Haben Sie speziell für Herrn Troller irgendwie Geld besorgt, vielleicht mittels Krediten, Darlehen, Hingabe von Wechseln oder etwas in dieser Art?"

„Nein, für Eberhard habe ich nichts dergleichen getan."

Genau diese Antwort spielt den Beamten in die Hände. Simone Hansen werden nun Fotokopien diverser Post-Euroschecks vorgelegt, die einmal Margarethe Zenner gehört haben.

Die Zeugin betrachtet die Kopien der Schecks argwöhnisch, nimmt eine mit spitzen Fingern in die Hand, so, als würde sie sich vor dem Papier ekeln oder als ginge von ihm eine Gefahr aus, sie liest, überlegt, legt die Kopie zurück auf den Tisch, senkt den Kopf, schweigt.

„Frau Hansen?"

„Ja." Simone Hansen sagt nichts weiter, obwohl ihr deutlich anzumerken ist, dass Gesprächsbedarf vorhanden ist.

„Was, ja?"

„Es ist richtig, dass ich diese Schecks eingelöst habe", beginnt sie plötzlich einen längeren Monolog. „Es waren insgesamt 14 oder 15 Schecks. Die waren schon so weit ausgefüllt, dass ich nur noch den Betrag von je 300 Mark, Ort und Datum einsetzen brauchte."

Und so soll sich die Geschichte zugetragen haben: Am 28. Juni habe sie in einer Bar einen Mann namens „Walter" kennengelernt, etwa 45 Jahre alt und schlank sei er gewesen. Sie habe Walter mit nach Hause genommen und mit ihm geschlafen. Eine Woche später sei sie von Walter angerufen worden, er habe um ein Treffen gebeten. Um die Mittagszeit habe man sich am Hauptbahnhof in Hamburg getroffen. Dort sei ihr von ihm erzählt worden, seine Freundin habe mehrere Schecks dagelassen, die seien auch schon unterschrieben, ob sie die nicht für ihn einlösen könne. Sie habe nach anfänglichem Zögern schließlich eingewilligt und die Schecks vorgelegt, und zwar bei der Verkehrskreditbank im Hauptbahnhof, im Postamt gegenüber, in der Poststelle am Flughafen und in der dortigen Filiale der Verkehrskreditbank. Das Geld habe sie Walter gleich nach dem Erlös ausgehändigt.

Simone Hansen wird nach einer möglichen Beteiligung von Eberhard Troller gefragt.

„Eberhard hielt sich zu dieser Zeit in meiner Wohnung auf", antwortet sie. „Ich habe ihm nur gesagt, dass ich kurz einen Bekannten treffen wolle und er auf mich warten solle. Danach bin ich auch zurück in meine Wohnung gefahren. Eberhard war bereits am 5. Juni nach Hamburg gekommen, und zwar mit dem Zug. Wir hatten uns am Bahnhof verabredet." Ohne danach gefragt worden zu sein, gibt sie Eberhard Troller ein Alibi: Sie habe ihn nachmittags getroffen, sei mit ihm zunächst spazieren gegangen, dann hätten sie sich in verschiedenen Bars aufgehalten, seien noch in einem Restaurant gewesen, danach wieder in einer Bar. Gegen 2 Uhr morgens habe man sich auf den Weg nach Hause gemacht. Auch an den beiden folgenden Tagen sei sie mit Eberhard Troller zusammen gewesen, „selbstverständlich" habe er auch bei ihr übernachtet, man habe sich nicht aus den Augen gelassen – „so verliebt, wie wir waren".

Die Kriminalbeamten haken nicht nach, sie weisen Simone

Hansen nur darauf hin, dass die Eintragungen in den Schecks „strafbare Handlungen" gewesen seien, nämlich „Urkundenfälschung". Dies hat sofort Konsequenzen: Aus der Zeugin Simone Hansen wird die Beschuldigte Simone Hansen. Obwohl sie jetzt die Aussage verweigern darf, will Simone Hansen weiterreden, sich rechtfertigen. Sie habe doch die Wahrheit gesagt, insistiert sie lauter werdend, die Schecks stammten von Walter, er habe ihr noch die dazugehörige Scheckkarte seiner Freundin Margarethe gegeben, das Geld sei ihr anstandslos ausgehändigt worden, sie habe für diesen „Freundschaftsdienst" kein Geld bekommen, „auch sonst keine Entlohnung" – was daran denn falsch gewesen sei, sie habe doch im guten Glauben gehandelt. Die Kriminalbeamten kommentieren das Gesagte nicht, sie stellen auch keine Fragen mehr. Während ein Kommissar das Zimmer verlässt, wird Simone Hansen das Vernehmungsprotokoll vorgelegt. Sie soll es lesen und danach unterschreiben. Wenige Minuten später kehrt der Beamte zurück und teilt der Beschuldigten um genau 5.47 Uhr mit, dass sie nun vorläufig festgenommen sei, es bestehe gegen sie der dringende Verdacht, Eberhard Troller bei mindestens einem Mord geholfen zu haben.

„Dann sage ich nichts mehr. Ich will einen Anwalt." Simone Hansen erklärt sich einverstanden, in Begleitung einer Kriminalbeamtin nach Hamburg gebracht zu werden, dort könne sie mit einem Rechtsanwalt sprechen, wird ihr versichert, jederzeit.

Etwa eine Stunde später wird Eberhard Troller aus seiner Zelle geholt. Bei der Durchsuchung des Appartements seiner Freundin ist etwas gefunden worden, das ihn zwar nicht direkt mit den Morden in Verbindung bringt, wohl aber eine weitere Facette seiner janusköpfigen Persönlichkeit offenbart, die den Ermittlungsbehörden in Deutschland bisher gänzlich verborgen geblieben ist und zumindest bei der Tötung von Margarethe Zenner eine Rolle gespielt haben und die folterähnlichen Verletzungen des Leichnams erklären könnte.

Bei diesem brisanten Fund handelt sich um eine Anklageschrift der Staatsanwaltschaft in Luzern. Darin steht: „Eberhard Troller hat am 2. Februar 1976 in Luzern
I)
die Irmgard Grechtel durch gefährliche Drohung, nämlich durch Vorhalten einer Pistole und die gleichzeitige Androhung ‚das ist ein Überfall, ich meine es ernst, keine Bewegung, ich schieße sofort, ich gebe jetzt Befehle, wenn du diesen Befehlen gehorchst, wird dir nichts passieren' und die zu II) bezeichneten Äußerungen zu Handlungen bzw. Unterlassungen genötigt, und sie durch diese Mittel längere Zeit hindurch in einen qualvollen Zustand versetzt, und zwar:

1. zum Verbleiben in seinem Auto und ihm in seine Wohnung zu folgen;
2. ihren eigenen Urin zu trinken;
3. kleine Stücke seines Kotes zu verschlucken und ihm seine kotverschmierten Finger abzuschlecken;
4. sich nackt auszuziehen und sich einmal im Auto und einmal in seiner Wohnung selbst zu befriedigen;

II)
die Irmgard Grechtel durch Vorhalten der Pistole und die Äußerung: ‚merkst du jetzt, dass ich zu allem, also auch zum Abdrücken der Pistole entschlossen bin', sowie der, unter Hinweis auf die Pistole, wiederholten Mahnung, ja nicht um Hilfe zu schreien oder zu flüchten, ebenfalls durch gefährliche Drohung zur Unzucht genötigt, dass er sie zwang, sein Glied in den Mund zu nehmen, in dieser Verbindung dann seinen Urin zu trinken und anschließend solange an seinem Glied zu lutschen, bis es zum Samenerguss kam, sowie den Samen ebenfalls zu schlucken;
III)
die Irmgard Grechtel durch die zu II) beschriebenen wiederholt vorgebrachten gefährlichen Drohungen zum Beischlaf genötigt zu haben."

Eberhard Troller ist demnach nicht nur ein Dieb und Betrüger, sondern auch ein sadistisch veranlagter Vergewaltiger, jemand, dem keine Perversion fremd zu sein scheint, der seine Opfer bedroht, einschüchtert, missbraucht – und mit Hingabe quält. Könnten die seltsamen Verletzungen an den Brüsten und an den Augen Margarethe Zenners nicht auch die sichtbaren Folgen eines solchen Folteraktes sein, wie Irmgard Grechtel ihn hat erdulden müssen?

War Eberhard Troller für die Todesermittler aus Hamburg und Neumünster bislang eine eher sphinxhafte Person, so bekommt der mutmaßliche Serienmörder durch die Anklageschrift jetzt eine Vita, die sich nicht unbedingt schmeichelhaft liest. Troller wuchs im Elternhaus in Luzern auf. Während der Vater als Generalvertreter selten zu Hause war, kümmerte die Mutter sich um die Erziehung der Kinder, zwei Söhne und eine Tochter. Besonders Eberhard wurde verhätschelt und verzogen. Nach der mittleren Reife absolvierte er eine Lehre als Hotelkaufmann und arbeitete danach mehrere Jahre lang in verschiedenen Werbeagenturen für Gastronomiekonzepte in Kurkliniken. Als er davon genug hatte, probierte er es mit dem Verkauf von Softeismaschinen, ging aber pleite und verschuldete sich erheblich.

Fortan versuchte er sich in der Immobilienbranche, stets auf der Jagd nach dem großen Geschäft. Als daraus nichts wurde, wollte er den Kauf von Panzern nach Uganda vermitteln und eine Millionenprovision einstreichen. Das Projekt scheiterte. Auch das Verschachern von hochwertigen Bildern gelang nur selten, seine Einkünfte blieben gering. Danach beteiligte Troller sich an verschiedenen Projekten in der Hotelbranche, mal als Pächter, mal als Eigentümer – doch alles blieb Stückwerk. Troller wollte insbesondere deshalb kein dauerhafter geschäftlicher Erfolg gelingen, weil er regelmäßig mehr ausgab, als er zur Verfügung hatte. Großmannssucht. Seine unsauberen Geschäftsmethoden brachten ihn immer wieder mit dem Gesetz in Konflikt und schließlich auch für anderthalb Jahre ins Gefängnis. Da er auch nach seiner Entlassung über keine geregelten Einkünfte verfügte, ließ er sich gerne von betuchten Frauen aushalten, in der letzten Zeit vor seiner Festnahme war es Simone Hansen, die eine stattliche Abfindung von ihrem Ehemann und nennenswerte Geldbeträge von ihren Eltern bekommen hatte. Damit ließ es sich gut leben.

Höchst aufschlussreich sind auch die gutachtlichen Ausführungen zum Charakterprofil Trollers. Ihm wird eine überdurchschnittliche Intelligenz bescheinigt, die Troller jedoch in erster Linie dazu benutze, sich ohne Rücksicht auf andere einen Vorteil zu verschaffen. Er neige dazu, seine Möglichkeiten zu überschätzen und seine Grenzen nicht zu erfassen. Auch ist von einer erheblichen Milieuschädigung die Rede.

Im sexuellen Bereich müsse Troller zu den „schwer abnormen Persönlichkeiten" gezählt werden. Nicht nur die Tat selber, sondern auch die in seiner Wohnung gefundene Pornoliteratur zeige eine ausgeprägte abnorme Neigung. Typisch für derartige Persönlichkeiten sei die Doppelrolle Trollers: einerseits gutes Benehmen und angepasst, andererseits insbesondere eine sadistisch angelegte Perversion, die zunächst heimlich ausgelebt werde.

All dies wissen die Kriminalbeamten bereits, die ihn nach Hamburg bringen sollen. Ohne den Namen des Opfers zu nennen, wird Troller vorgehalten, er sei „des Mordes in einem Fall verdächtig". Während der Fahrt wird dem Festgenommenen erklärt, dass man mit ihm nur sprechen werde, wenn er bereit sei, die Wahrheit zu sagen. Troller nickt. Ob er in letzter Zeit eine Heiratsannonce aufgegeben habe, wird er zunächst gefragt. Ein entschiedenes „Nein" ist die Antwort. Sofort wird die Befragung abgebrochen, weil Troller nachweislich gelogen hat. Nach etwa einer halben Stunde Fahrt fragt ein Kripobeamter, ob er, Troller, wisse, wem der im Kofferraum seiner Freundin gefundene scharfe Revolver gehöre. Erst schweigt der Gefragte, dann sagt er: „Die gehört mir nicht, und ich weiß auch nichts davon." In der Folgezeit will Troller immer wieder wissen, was Simone Hansen ausgesagt habe und was mit ihr geschehe. Doch er bekommt keine Antwort.

Als Troller in das Hamburger Untersuchungsgefängnis gebracht wird, sitzt seine Freundin bereits im Zimmer 245 der Mordkommission und will eine Aussage machen. Simone Hansen wiederholt zunächst die Geschichte mit Dr. Hölscher, den sie in Bern in einem Café kennengelernt habe. Sie ergänzt nur, dass sie sich überhaupt nur auf die Sache mit der Anzeige eingelassen habe, weil sie ohnehin vorgehabt habe, über eine Zeitungsannonce Gemälde zum Kauf anzubieten – „zwei Fliegen mit einer Klappe". Simone Hansen berichtigt sich insofern, dass nicht sie selbst den Text der Anzeige für Dr. Hölscher aufgeschrieben habe, sondern Troller, als sie kurz zur Toilette gewesen sei. Dann räumt sie ein, in einem Punkt die Unwahrheit gesagt zu haben. Sie habe sich nämlich nicht, wie ursprünglich behauptet, ein zweites Mal mit Dr. Hölscher in Hamburg getroffen, vielmehr habe Troller ihr vorgeschlagen, den Kassenbon Dr. Hölscher zu übergeben, weil er sich ohnehin mit ihm ein weiteres Mal habe besprechen wollen. Auf die Frage, warum sie gelogen habe, antwortet Simone Hansen nur: „Dafür habe ich eigentlich keine Erklärung. Das war blöd von mir."

Diese beiden Sätze sind Wasser auf die Mühlen der Kommissare. Sie weisen Simone Hansen darauf hin, dass ihre Aussage zu den Euroschecks sich höchst unglaubwürdig und geradezu phantastisch anhöre. Nach etwa zehn Minuten kommt schließlich die Wahrheit ans Licht. „Ich gebe zu, dass ich die Schecks von Eberhard am 7. Juni bereits ausgefüllt erhalten habe", sagt sie. „Ich habe lediglich folgende Eintragungen vornehmen müssen: das Datum, den Ort, den Betrag in Zahlen und Worten. Unterschrieben habe ich die Schecks nicht. Eberhard gab mir auch die dazugehörige Scheckkarte. Bei einigen Schecks musste ich die

Kartennummer auf der Rückseite eintragen. Meine anderen Angaben sind aber richtig. Das so erhaltene Geld habe ich Eberhard gegeben, der mich begleitete. Ich weiß, dass ich gestern und heute Morgen besser die Wahrheit gesagt hätte. Aber Sie müssen auch verstehen, dass ich Eberhard decken wollte, mit dem ich mich sehr gut verstanden habe. Diesen ‚Walter' habe ich erfunden."

Die Vernehmung wird unterbrochen. Mittagspause. Die Kriminalisten in Hamburg und Neumünster verständigen sich darauf, die Ermittlungen in eine Hand zu geben, die Sonderkommission „Dr. König" soll fortan in der hanseatischen Hafenmetropole ihre Arbeit tun. Zuallererst nehmen sich die Ermittler vor, den Beweis dafür zu erbringen, dass Eberhard Troller tatsächlich als „Dr. König" aufgetreten ist. Die Jagd auf den Täter ist vorerst beendet, jetzt beginnt die Jagd nach Indizien und Beweisen. Es muss nachgewiesen werden, dass die vier Frauen, die sich bei der Kripo gemeldet und behauptet haben, mit einem „Dr. König" telefoniert zu haben, auch tatsächlich von derselben Person angerufen worden sind. Und es muss mit weiteren Fakten belegt werden, dass Troller gleich „Dr. König" ist. Schließlich gilt es, aufzuklären, welche Rolle Simone Hansen bei den Morden spielte. Mitwisserin? Mittäterin? Anstifterin? Helferin? Oder unwissend und somit unschuldig?

Während die Ermittler Troller für einen abgebrühten und unzugänglichen Mann halten, gilt die wohlerzogene und in kriminellen Dingen unbedarfte Simone Hansen als wunder Punkt des Duos. Entsprechend ist auch das Aussageverhalten der beiden Verdächtigen: Troller streitet alles ab, schweigt und verschanzt sich hinter seinem Rechtsanwalt, seine Freundin hingegen ist aussagewillig und redet, zeigt sich bisweilen zugänglich. Aus diesem Grund werden besonders geschulte Vernehmungsspezialisten auf Simone Hansen angesetzt. Sie wollen zuerst von ihr wissen, wie sie an Troller geraten sei.

Simone Hansen erzählt, sie habe Trollers Bekanntschaft über eine Annonce im „Hamburger Abendblatt" und der „Welt" gemacht, das sei vor etwa neun Monaten gewesen. In beiden Anzeigen habe das Gleiche gestanden: „Luzerner, Kosmopolit, sucht (…) per sofort oder später, Dame zum Kennenlernen." Den genauen Wortlaut könne sie nicht erinnern. Hat er sich als „Dr. med." ausgegeben? Nein. Als Chefarzt einer Klinik? Nein. Oder als vermögender Mann? Nein. Troller habe sich vielmehr als „Hotelkaufmann" bezeichnet. Sie habe auf diese Anzeige deshalb geschrieben, weil „mich das mit dem Luzerner einfach gereizt hat". Einige Tage später sei sie von Troller angerufen worden. Das erste Treffen habe in Zürich stattgefunden, damals habe sie sich bereits mit Scheidungsgedanken getragen. Auf diese Feststellung legt sie großen Wert. Was sie an Troller gereizt habe. „Einfach alles." Ob sie mehr über ihre Beziehung zu Troller sagen wolle. „Nein."

Die Kripo erfährt somit nichts über das Zusammenleben der Verdächtigen, ihr Verhältnis zueinander, eventuelle Spannungen, sexuelle Gewohnheiten, finanzielle Angelegenheiten oder Zukunftspläne. Die Verdachtschöpfung wird dadurch erheblich erschwert. Simone Hansen ist deutlich anzumerken, dass sie ihren Freund keinesfalls belasten möchte. So antwortet sie auf die Frage, woher der Nerzmantel stamme, der in ihrem Auto gefunden worden sei und zweifelsfrei einmal Margarethe Zenner gehört hatte, lapidar: „Ich habe diesen Mantel weder im Auto noch in meiner Wohnung gesehen. Ich habe keine Erklärung, woher der Mantel kommt." Auch die Herkunft des Revolvers, der ebenfalls in ihrem Wagen lag, ist ihr „unerklärlich". Sie habe erst im März „zum Selbstschutz" eine Gaspistole gekauft und stets im Kofferraum aufbewahrt. „Wie plötzlich aus der Gaspistole eine scharfe Waffe werden konnte, weiß ich nicht, das ist sehr komisch."

Dann unterziehen die Beamten Simone Hansen einem Kreuzverhör, und der Ton wird deutlich schärfer.

Kripo: „Herr Troller ist dringend verdächtig, nicht nur Frau Zenner, sondern auch eine andere Frau, mit der er sich über Heiratsannoncen in Verbindung setzte, kaltblütig ermordet zu haben. Was sagen Sie dazu?"

Simone Hansen: „Ich bin sprachlos, ich weiß gar nicht, was ich dazu sagen soll."

Kripo: „Lesen Sie täglich Zeitung?"

Simone Hansen: „Wenn ich das ‚Hamburger Abendblatt' nicht bekomme, lese ich die ‚Welt'."

Kripo: „Sind Ihnen Falschnamen von Herrn Troller bekannt?"

Simone Hansen: „Er hat sich einmal einer Maklerin am Telefon gegenüber als ‚Theodor Hansen' ausgegeben."

Kripo: „Hat Herr Troller zu irgendeiner Zeit vor seinen Namen oder einen Falschnamen einen akademischen Titel gesetzt?"

Simone Hansen: „In meinem Beisein nicht."

Kripo: „Spricht Herr Troller Fremdsprachen?"

Simone Hansen: „Er spricht Englisch recht fließend und auch Französisch recht gut. Ich kann das beurteilen, weil ich selbst etwas Englisch und auch etwas Französisch spreche."

Kripo: „Haben Sie in der letzten Zeit, wir meinen die Zeit nach dem 6. Juni, bei Herrn Troller auswärtige Währung gesehen?"

Simone Hansen: „Außer Schweizer Franken habe ich keine auswärtige Währung bei ihm gesehen."

Kripo: „Haben Sie zu irgendeiner Zeit bemerkt, dass Herr Troller sich mit dem Studium von Fachausdrücken der Medizin beschäftigte, oder hat er ein gewisses Grundwissen von solchen Dingen?"

Simone Hansen: „Nein, wir haben über Medizin nicht gesprochen."

Kripo: „Hat Herr Troller in der Zeit Ihrer Beziehung zu ihm etwas von einem Krankenhausaufenthalt erzählt?"

Simone Hansen: „Ja, er war in einem Luzerner Krankenhaus, wo er sich genau untersuchen liess."

Kripo: „Hat Herr Troller Ihnen gegenüber jemals über ein Augenleiden geklagt?"

Simone Hansen: „Nein."

Kripo: „Sagt Ihnen der Name Katharina Skrowonnek oder Katharina König etwas?"

Simone Hansen: „Aus der Zeitung weiß ich, dass in der letzten Zeit eine Katharina K. oder eine Katharina S. ermordet wurde."

Simone Hansen wird ein Foto von Katharina Skrowonnek gezeigt.

Kripo: „Kennen Sie diese Frau?"

Simone Hansen: „Nein. Wie bereits gesagt, habe ich in der Zeitung von dem Mord an der Katharina Skrowonnek gelesen. In diesem Zusammenhang habe ich auch von einem Dr. König gelesen. Den Namen Dr. König habe ich auf keinen Fall bei Herrn Troller gehört. Der Gedanke, dass Herr Troller in Zusammenhang mit dem Mord an Katharina Skrowonnek stehen könnte, ist mir bisher nicht gekommen. Ich habe dafür auch keinerlei Anlass gesehen."

Kripo: „Ist Ihnen nie der Gedanke gekommen, dass Herr Troller mit dem Mord an Margarethe Zenner zu tun haben könnte, noch dazu, wo Sie einige Tage vor der Presseveröffentlichung Schecks auf den Namen dieser Frau eingelöst haben?"

Simone Hansen: „In der Zeitung stand lediglich Margarethe Z. Der Vorname Margarethe ist genauso gewöhnlich wie ungewöhnlich, etwa wie Simone. Ich habe deshalb keinen Verdacht geschöpft."

Kripo: „Und Sie wollen mit Herrn Troller nicht darüber gesprochen haben? Das glauben wir Ihnen nicht!"

Simone Hansen: „Gut, es war so. Beim Lesen der Zeitung über den Leichenfund fiel mir schon der Vorname Margarethe auf. Ich erinnerte mich, dass ich Schecks auf den Namen Margarethe Zenner eingelöst hatte. Ich fragte Eberhard, ob er auch diesen Artikel gelesen habe und ob da ein Zusammenhang bestünde, also zwischen den Schecks und der Ermordeten. Eberhard schob diese Vermutung weit von sich, er fragte mich, wie ich auf so etwas käme. Worauf ich ihn auf die Namensgleichheit verwies. Eberhard versicherte mir nochmals, dass die Schecks von dieser Bekannten stammten, die ihm Geld schulden würde, und zwar eine Summe, die erheblich über dem eingelösten Betrag stünde. Ich fragte Eberhard noch zusätzlich, ob denn diese Frau Zenner noch eine zweite Scheckkarte besitzen würde, um auch Geld für ihren Bedarf abzuheben, wenn sie schon verreist wäre. Ja, sagte er, die Frau hätte eine zweite Scheckkarte."

Kripo: „Laut Ihrer Aussage hat Ihnen Herr Troller die Schecks zum Einlösen gegeben. Haben Sie das, ohne einmal nachzufragen, einfach so hingenommen?"

Simone Hansen: „Ich habe Eberhard schon gefragt, warum die Schecks nicht ganz ausgefüllt wären. Er sagte mir, dass ihm die Margarethe Geld schuldig wäre und dass sie ihm das auf diese Art und Weise zurückzahlen würde. Margarethe hätte dringend wegfahren müssen."

Kripo: „Haben Sie schon des Öfteren für Herrn Troller Schecks eingelöst?"

Simone Hansen: „Nein, das war das erste Mal."

Die Beamten spüren, dass Simone Hansen, sollte sie in die Morde verstrickt sein, so nicht beizukommen ist, und brechen die Vernehmung ab.

Schnell kann die Kripo nachweisen, dass alle Zeuginnen, die mit „Dr. König" telefonischen Kontakt hatten, tatsächlich von demselben Mann angerufen wurden – denn alle Frauen nennen als Chiffre-Nummer der Anzeige, auf die sie im „Hamburger Abendblatt" geschrieben haben, die „RK 8452497". Nun muss diese Erkenntnis aber noch mit den Opfern in Verbindung gebracht werden.

Von Gerhard Kramer, dem Freund von Margarethe Zenner, ist zu erfahren, dass das spätere Opfer die besagte Annonce gelesen haben muss, und zwar während des Rückflugs von Ibiza nach Hamburg einige Wochen vor ihrem Tod. Er habe nämlich beobachtet, wie Margarethe den Anzeigenteil des „Hamburger Abendblatts" durchgesehen und dabei erwähnt habe, dass da ein vermögender Arzt sei mit einem Grundstück in Nizza. An ihrem Arbeitsplatz findet die Kripo schließlich die Ausgabe des „Hamburger Abendblatts" vom 21./22. Mai. Passenderweise fehlen die Seiten 25 und 26, dort wurden die Heiratsannoncen abgedruckt. Dann weiß eine Arbeitskollegin des Opfers zu berichten, dass Margarethe am 1. Juni von einem Mann angerufen worden sei. Nach dem Telefonat habe Margarethe ihr gesagt, der Anrufer sei ein Arzt, ungefähr 35 Jahre alt, der in Nizza Grundbesitz habe, dessen Vater ebenfalls Arzt sei und eine Klinik betreibe. Margarethe Zenner habe nach dem Telefongespräch einige Angaben des Mannes anhand des Telefonbuches überprüft und gesagt: „Ja, das stimmt, der Vater hat eine Klinik."

Eine andere Arbeitskollegin sagt aus, Margarethe habe ihr erzählt, dass sie interessante Leute kennengelernt habe, darunter sei auch ein Arzt, der ein tolles Haus in Nizza habe. Margarethe habe auch erzählt, dass sie sich am 7. Juni mit diesem Arzt treffen werde. Der 7. Juni ist genau der Tag, an dem Margarethe Zenner letztmals lebend gesehen wurde.

Auch im Fall Katharina Skrowonnek besteht mittlerweile kein vernünftiger Zweifel mehr, dass das Opfer Kontakt zu „Dr. König" gehabt haben muss. Christina Kohlund, die Mutter des Opfers, hat der Kripo glaubhaft versichert, Katharina habe sich am Tatabend noch mit „einem Dr. König" treffen wollen. Auch habe Katharina nur auf Annoncen im „Hamburger Abendblatt" geantwortet.

Die Zeuginnen, die mit „Dr. König" lediglich telefoniert haben, berichten übereinstimmend, dieser Mann habe mehrfach erwähnt, Mitbesitzer einer Augenklinik in der Norderstedter Straße zu sein. Der mutmaßliche Serienmörder hat das weitere Vorgehen der Frauen offenbar kenntnisreich und zutreffend eingeschätzt und seine Vorgehensweise darauf abgestimmt, dass sich erste Überprüfungen der Angerufenen als zutreffend erweisen würden. Denn in der Norderstedter Straße 57 befindet sich tatsächlich eine Augenklinik, die nach ihrem Stifter benannt worden ist: Karl-Theodor König. Und mit genau dieser Erkenntnis hat sich nicht nur Margarethe Zenner zufriedengegeben und in eine tödliche Falle locken lassen. Nach alledem steht für die Kripo fest, dass nur eine Person mit den Zeuginnen und Opfern Kontakt aufgenommen hat: „Dr. König".

Der zweite wichtige, vielleicht schon entscheidende Schritt bei den Ermittlungen muss nun sein, zu beweisen, dass „Dr. König" und Eberhard Troller ein und dieselbe Person sind. Ein erster Durchbruch in diese Richtung deutet sich an, als am 23. Juni eine Frau bei der Mordkommission anruft und mitteilt, sie kenne „diesen Troller", sie wolle der Kripo „jederzeit gerne" erzählen, was sie mit ihm „durchgemacht" habe.

Gleich am nächsten Morgen sitzt Maria Aurbach im Präsidium zwei Kriminalbeamten gegenüber. Die 47-jährige Prokuristin erzählt der Kripo, sie sei im Januar in der Bar des Hotels „Sheraton" gewesen, als sich ein Pärchen neben sie gesetzt hätte. Obwohl der gut aussehende Mann, der sich als „Edgar Schramm" vorgestellt und mit leichtem schweizerischem Akzent gesprochen habe, in Begleitung gewesen sei, habe er unvermittelt begonnen, mit ihr zu flirten. Irgendwann habe sie dem Mann, mehr aus einer Sektlaune heraus, ihren Namen und ihre Telefonnummer mitgeteilt.

Noch am selben Abend habe der Mann bei ihr angerufen und sie eingeladen, „groß auszugehen". Wegen seiner „aalglatten Art" sei sie darauf aber nicht eingegangen. Der Mann habe danach in regelmäßigen Abständen angerufen und sie regelrecht bedrängt, sich mit ihm zu treffen. Um ihn loszuwerden, habe sie schließlich wahrheitswidrig behauptet, in festen Händen zu sein. Nur habe der Mann sich partout nicht von seiner Masche abbringen lassen, er habe vielmehr gesagt, ihm mache das nichts aus, auch er sei liiert, seine Freundin lebe in Stuttgart, es wäre doch nicht schlimm, wenn man sich für ein paar Tage oder Nächte amüsieren würde. Erst Wochen später habe der Mann aufgegeben und nicht mehr angerufen.

Ende Mai habe Maria Aurbach eine Annonce im „Hamburger Abendblatt" gelesen und darauf geantwortet, weil ihr der Text gefallen habe – ein Arzt mit Grundbesitz in Nizza, das habe sie sich gut vorstellen können. Am 29. Mai sei sie schließlich von einem Mann angerufen worden, der sich als „Dr. König" vorgestellt habe. Gleich zu Beginn sei sie gefragt worden, ob er noch vorbeikommen dürfe; dies habe sie abgelehnt. „Dr. König" habe sich als Arzt und Leiter einer Klinik in der Norderstedter Straße vorgestellt, auch sei seinerseits von einer Augenklinik in Itzehoe und einer „schönen Villa" gesprochen worden, für die er „unbedingt eine Frau" brauche.

Der Grund: Er sei nämlich seit eineinhalb Jahren verwitwet, seine Frau sei bei einem Verkehrsunfall ums Leben gekommen. Sein zehnjähriger Sohn besuche ein Internat in Schleswig. Als Maria Aurbach spontan von ihrer 15-jährigen Tochter erzählt habe, sei sie sofort danach gefragt worden, ob die Tochter in ihrem Haushalt lebe. Dann habe er noch wissen wollen, ob sie nach ihrer Scheidung „wenigstens gut abgefunden" worden wäre. Schließlich habe er das Gespräch „ganz unverblümt" auf geschäftliche Dinge gelenkt und sie gefragt, ob sie sich vorstellen könne, zwei Millionen Mark in sein Klinikprojekt in Itzehoe zu investieren. Sie habe geantwortet, dafür sei es doch noch etwas früh.

Fünf Tage später habe „Dr. König" erneut angerufen und angeboten, er wolle mit einer Flasche Champagner zu ihr kommen, "und zwar gleich". Maria Aurbach habe jedoch mit der Begründung abgelehnt, sie sei zu müde.

Die Zeugin erzählt schließlich, und in diesem Moment werden die Beamten hellhörig, dass ihr die Stimme dieses Mannes "von Anfang an bekannt vorgekommen" sei, sie habe aber zunächst keine Beziehung zu einer Person herstellen können. Erst als sie den Zeitungsbericht über "Dr. König" gelesen habe, sei bei ihr "der Groschen gefallen": "Edgar Schramm ist Dr. König."

Die Kripo hat noch während der Vernehmung herausgefunden, dass es einen "Edgar Schramm" in Hamburg nicht gibt. Deshalb werden Maria Aurbach acht Fotos von Männern vorgelegt, die sich ziemlich ähnlich sehen: 1,80 Meter bis 1,85 Meter groß, kurze mittelblonde Haare, nach links gescheitelt. Ob sie einen dieser Männer kenne, wird die Zeugin gefragt. Maria Aurbach zögert nicht und zeigt spontan auf das Foto Nummer vier: "Das ist Edgar." Sicher? "Ganz sicher!" Volltreffer. Auf eine Formel gebracht bedeutet dies: "Edgar Schramm" ist Eberhard Troller ist "Dr. König" – wenn Maria Aurbach die Wahrheit gesagt und sich nicht geirrt hat.

Zwei Tage später meldet sich erneut eine Frau bei der Mordkommission. Zwar ist Gerda Kamphausen ein Mann namens "Dr. König" unbekannt, dafür aber kennt sie Eberhard Troller umso besser – "dieser Hallodri". Noch am selben Tag erscheint die attraktive und sehr selbstbewusst wirkende Gerda Kamphausen im Präsidium und macht ihre Aussage. "Ich lebe in geordneten Verhältnissen, habe ein eigenes Geschäft und ein Haus in Blankenese", stellt die 45-jährige Kauffrau sich vor, um dann über ihr Verhältnis zu Troller zu berichten. "Eberhard habe ich am 12. April 1976 in Hamburg kennengelernt. Ich stand mit meinem Auto bei Rot an einer Ampel. Neben mir hielt ein Wagen älteren Typs. Der Mann am Steuer grüßte mich und meinte, dass wir uns doch kennen würden. Es war ganz offensichtlich, dass dieser Mann, den ich vorher noch niemals gesehen hatte, mit mir Kontakt aufnehmen wollte. Er fuhr mir nämlich hinterher, und an jeder Ampel versuchte er, mit mir ins Gespräch zu kommen. Er fragte, ob wir nicht irgendwo eine Tasse Kaffee trinken gehen könnten. Ich ließ mich breitschlagen. Wir fuhren ins ‚Collali' nach Pöseldorf, dort tranken wir an der Bar zwei Campari."

Über seinen Beruf habe er sich ausgeschwiegen, berichtet die Zeugin weiter, Troller sei redegewandt gewesen, sie habe ihn sympathisch gefunden, er sei „halt ein guter Unterhalter". Troller habe ein großes Allgemeinwissen erkennen lassen und sei vielseitig interessiert gewesen. Er habe sie an diesem Abend noch um ihre Telefonnummer gebeten, schließlich habe sie ihm ihre Visitenkarten gegeben. Einige Tage später sei sie von ihm im Geschäft angerufen worden, und man habe sich für den Abend zum Essen verabredet. Danach sei er ihr so „vertraut vorgekommen", dass sie Troller mit nach Hause genommen habe und mit ihm intim geworden sei. Er habe sie dazu „gedrängt", sie sei jedoch „eigentlich einverstanden" gewesen.

Bei den folgenden Treffen sei die Zeugin „sehr intensiv" nach ihren finanziellen Verhältnissen befragt worden. Für sie sei offensichtlich gewesen, „dass der Geld wollte". Er habe sie immer wieder mal um kleinere Beträge bis zu 2.000 Mark anzupumpen versucht, sie habe das aber abgelehnt, auch als Troller „mit Tränen in den Augen" erzählte, er sei arbeitslos und wolle „es noch einmal versuchen". Er habe von der Beteiligung an einem Hotel erzählt, ohne dabei konkret zu werden. Später sei von 50.000 Mark die Rede gewesen, die sie ihm habe vorstrecken sollen. „So ohne weiteres" habe sie Troller das Geld aber nicht leihen wollen, erst nach Prüfung der Geschäftsunterlagen habe sie ihm zwei Barschecks gegeben, die Rückzahlung sei in fünf monatlichen Raten zu je 10.000 Mark vereinbart worden; auf Zinsen habe sie verzichtet. Sichtlich verärgert erzählt Gerda Kamphausen das Ende der

Geschichte: „Aus der Beteiligung an diesem Hotel wurde dann nichts, weil ihm in Zürich angeblich 30.000 Mark gestohlen worden sein sollen. Mein Geld habe ich bis heute nicht zurückbekommen, nicht eine müde Mark."

Das Verhältnis zu Troller sei dann „ziemlich schnell abgekühlt", sie habe ihn nur einmal auf eine Party bei Freunden mitgenommen, „das hat mir gereicht". Niemand habe diesen Mann leiden können, er habe „großspurig und angeberisch" gewirkt. Auffällig und „richtig lästig" sei gewesen, dass Troller bei jeder Gelegenheit betont habe: „Ich liebe nur dich!" – und sie zur Heirat habe drängen wollen. Der Termin sei von ihm bereits festgelegt worden, sie habe sich darüber jedoch nur „lustig gemacht". „Als Eberhard auf seine Heiratsangebote von mir immer wieder nur ein Nein bekam, hat er mehrmals gesagt, dass er sich umbringen würde, wenn ich mich von ihm trenne. Das habe ich jedoch nicht ernst genommen, das war wohl eher so eine Redensart von ihm."

Die Aussagen der beiden Zeuginnen legen nahe, dass der smarte Eberhard Troller kriminologisch eher in die Kategorie der Betrüger und Heiratsschwindler einzuordnen ist. Und für die gilt allgemein: Sie wollen Geld, doch sie morden nicht. Auch Hinweise auf ein erhöhtes Aggressionspotenzial, sexuelle Perversionen oder Gewalttätigkeiten liefern die Vernehmungen überraschenderweise nicht. So sagte beispielsweise Gerda Kamphausen über Troller: „In sexueller Hinsicht hat Eberhard ein ganz normales Verhalten gezeigt. Er wollte mich nur mal zu einem Spielchen zu dritt animieren, also zwei Männer und eine Frau. Das habe ich aber abgelehnt. Er hat mir zwar Pornos der übelsten Art gezeigt, sonst war aber nichts, er ist auch nicht brutal geworden oder hat mich geschlagen."

Ganz andere Erfahrungen hingegen hat Sonja Troller mit ihrem geschiedenen Mann gemacht. Sie kommt aus freien Stücken ins Hamburger Präsidium und macht eine bedeutsame Aussage. „Eberhard ist eine Persönlichkeit mit zwei Seiten", erzählt die 41-jährige Vorsorgeberaterin und letztmalige Ehefrau Trollers. „Die eine Seite ist die liebe und nette Art, zum Teil fürsorglich. Er ist sensibel und leicht verletzbar. Die andere Seite ist sein Hang zur Kriminalität mit brutalem Vorgehen beim Durchsetzen seiner Vorstellungen. Er hat ein sehr selbstsicheres und gewandtes Auftreten. Er kommt vor allem bei Frauen gut an, man kann ihn als Frauentyp bezeichnen. Er ist sich seiner Wirkung durchaus bewusst. Er versteht es, sich Frauen gegenüber immer ins rechte Licht zu setzen. Obwohl er seine guten Seiten hat, überwiegt doch der schlechte Charakter."

Ihr Ex-Mann sei bei Streitigkeiten häufig alkoholisiert gewesen, habe „viel geredet und geschimpft, sich hineingesteigert, als wäre er weggetreten – er muss da irgendwie Mattscheibe gehabt haben". Obwohl er sie angeschaut habe, sei bei ihr der Eindruck entstanden, als würde er sie „gar nicht sehen, sondern durch mich hindurchsehen". Troller habe sie auch geschlagen, „mit der Hand ins Gesicht, an den Körper, überall dorthin, wo er mich gerade treffen konnte". Sie habe sich in diesen Situationen ruhig verhalten, um ihn zu besänftigen. „Wie ein kleines Kind" habe er sich danach wieder beruhigt, nach einer Zeit sei auch „wieder ein normales Gespräch möglich" gewesen. Diese Gewaltausbrüche und „Bewusstseinsstörungen" habe Troller jedoch nur dann gezeigt, wenn er zu viel getrunken habe, „in nüchternem Zustand war er gut zu haben".

Dann berichtet Sonja Troller von einem besonders gravierenden „Aussetzer" ihres Ex-Mannes: „In solch einer Situation hielt er mir mal ein Messer vor die Brust. Damals wollte er, dass ich den Scheidungsantrag zurücknehme. Er meinte: ‚Wenn du dich scheiden lässt, bringe ich dich um!' Nachdem ich ihn beruhigt hatte, ließ er das Messer ganz apathisch aufs Bett fallen. Kurz darauf sah er dort das Messer liegen und zeigte sich erstaunt und fragte mich: ‚Wie kommt denn das Messer da hin?' Als ich ihm vorhielt, er habe mich eben damit noch umbringen wollen, zeigte er sich darüber entrüstet und erstaunt."

Auch über das Sexualverhalten ihres geschiedenen Mannes weiß Sonja Troller Dinge zu berichten, die durchaus bei den Morden vorder- oder hintergründig eine bedeutsame Rolle gespielt haben könnten. Anfangs habe Troller sich „vollkommen normal benommen", dann sei jedoch „sein wahrer Charakter" zum Vorschein gekommen: „Er mochte pornographische Literatur und Filme, auch sadomasochistische Sachen, die haben ihn besonders stimuliert. Auf Dauer haben ihn normaler Geschlechtsverkehr und ‚Französisch' nicht befriedigt. Er schlug auch Gruppensex vor, dazu kam es auch. Dabei wurde er aber nicht ausfallend. Eberhard ist sadistisch veranlagt, er wollte gerne fesseln. Ich habe das aber nicht zugelassen. Einmal kam es vor, dass er mich mit seinem Kot beschmierte und auch mit Urin bespritzte; dies über den gesamten Körper. Es war einfach nur ekelhaft. Eberhard wollte auch Afterverkehr, ich aber nicht. Immer dann, wenn er bei mir nicht bekam, was er wollte, ist er zu anderen Frauen gegangen, auch Prostituierten.

Grundsätzlich wollte er all das machen, was er in Büchern gelesen oder Filmen gesehen hatte. Er hat beim Sex auch mal mit dem Gürtel geschlagen oder mit der Hand. Gebissen hat er nicht. Würgen kam auch nicht vor. Sein sexueller Trieb war nicht normal, er wollte bis zu fünfmal pro Tag Sex bis zum Orgasmus. Wenn er das nicht bekam, onanierte er ganz ungeniert bis zum Samenerguss. Ich konnte ihm die Befriedigung, die er brauchte, einfach nicht geben."

Troller sei sehr phantasiereich gewesen und habe ihr einmal davon erzählt, dass man leicht zu Geld kommen könne, wenn man reiche, alleinstehende Frauen in Höhlen locke und mit ihnen sadistische Spielchen treibe. Niemand würde dahinterkommen, wenn sie plötzlich verschwänden. Eine Blaupause für den Mord an Margarethe Zenner? Ungefragt berichtet die Zeugin schließlich von einer fixen Idee ihres Ex-Gatten: dem „Superorgasmus". Mit Hinweis auf die Geschichte von Max und Moritz habe Troller ihr einmal „ernsthaft" erzählt: „So wie die strangulierten Hühner vor ihrem Tod rasch ein Ei legen, so haben Frauen, die gewürgt werden, kurz vor ihrem Tod einen Superorgasmus." Sie habe das als „Schwachsinn" abgetan, er aber habe darauf beharrt und gesagt: „Das will ich auch mal erleben. Ich will wissen, wie das ist." Eine Vorlage für den Mord an Katharina Skrowonnek?

Abschließend erzählt Sonja Troller von der aktuellen Beziehung ihres ehemaligen Mannes, soweit ihr von ihm darüber berichtet wurde. In Simone Hansen habe er „endlich eine gefunden, die nicht so zimperlich" sei, mit der er „alles machen" könne, „und zwar in jeder Beziehung". Sie „muckt nicht auf", lasse sich die Schamhaare rasieren, habe Spaß am Gruppensex und Analverkehr, das sei „kein Problem bei ihr". Deshalb wolle Troller mit ihr zusammenbleiben und sie heiraten, sie habe „auch das entsprechende Geld".

Während die meisten Zeugen Troller durch ihre Aussagen belasten oder ein wenig schmeichelhaftes Bild dieses Mannes zeichnen, erweist sich seine Mutter, wie vielleicht auch nicht anders zu erwarten gewesen ist, als perfekte Leumundszeugin. Über seine Entwicklung und sein Wesen sagt sie der Kripo: „Eberhard hat sich körperlich und geistig altersmäßig entwickelt. Mir fiel auf, dass er eine schnelle Auffassungsgabe hatte. Er zeigte sich kontaktfreudig, hatte immer Freunde und hat auch viel gelesen, alles, was er in die Finger bekam. Meines Wissens zeigte er ab 15 Jahren Interesse für Mädchen, für damalige Verhältnisse war das recht früh. Eberhard war bei allen beliebt, er hatte Umgang mit vielen Menschen, war zuvorkommend, hilfsbereit und höflich. Ich erinnere mich an keine Vorkommnisse, bei denen er unangenehm aufgefallen wäre. Streitereien oder Raufereien gab es nicht. Wir hatten zu Hause eine Katze, die er gerne mochte. Meiner Einschätzung nach mag er Tiere und hat niemals ein Tier gequält oder getötet. Niemals war er roh und aggressiv, vielmehr feinfühlig und sensibel. Er ist ein aufgeschlossener, kontaktfreudiger Mensch."

Die Anziehungskraft Trollers auf gewisse Frauen ist fraglos enorm gewesen. So erfahren die Ermittler auch folgende Geschichte: Troller betörte eine verheiratete Frau. Sie stahl ihrem Noch-Ehemann 100.000 Mark für ihren Möchtegern-Ehemann, nämlich Troller, floh mit ihrem Geliebten, der ihr natürlich die Ehe „und ein tolles Leben" versprochen hatte, nach Kanada, wo sie, mittlerweile mittellos, von ihrem Galan schnell im Stich gelassen wurde. Das ungleiche Paar wurde erst wieder in Deutschland zusammengeführt, diesmal als Angeklagte vor einem Strafgericht. Er bekam drei Jahre wegen Betruges, sie ein Jahr wegen Familiendiebstahls. Während sie ihm förmlich verfallen war und noch während der Haft auf Heirat drängte, ließ er sich dies gerne gefallen, denn er versprach sich von dieser Ehe genau das, woran ihm am meisten gelegen war: Haftverschonung. Und so wurde noch im Gefängnis der Bund fürs Leben geschlossen. Als Troller schließlich entlassen wurde, zeigte er seiner Frau wieder die kalte Schulter, sie war für ihn inzwischen nutzlos geworden.

Die Ermittler müssen demnach auch auf folgende Frage eine Antwort finden: Warum sollte ein Mann wie Troller, der sich Frauen untertan und sie hörig machen konnte, dem sie alles schenkten oder besorgten, die sogar bereit waren, für ihn kriminell zu werden, zum mehrfachen Frauenmörder werden? Dagegen spricht allein schon die geringe Beute in beiden Fällen. Warum hätte Troller für ein paar hundert Mark morden sollen, wenn er bei anderen Frauen ohne allzu große Mühe ein Vielfaches von dem hätte bekommen können? Oder ging es dem charismatischen und charmanten Frauenversteher und Frauenverführer vielleicht gar nicht ums Geld?

Die Kripo hat mittlerweile erfahren, dass die Verhandlung vor dem Bezirksgericht in Luzern ausgesetzt wurde, da sich der wegen Vergewaltigung angeklagte Troller abgesetzt hatte. Und den Ermittlern in Hamburg liegt nun die Vernehmungsniederschrift der schweizerischen Polizei vor, in der Irmgard Grechtel, das Opfer, über ihr Martyrium berichtet – ein Protokoll des Grauens: „(...) Dabei lenkte er das Fahrzeug mit einer Hand und hielt mit der anderen ständig seine Pistole auf meinen Bauch gerichtet. Dabei erwähnte er immer wieder, dass er es ernst meine, und wenn ich seinen Anordnungen nicht Folge leiste, würde er mich sofort erschießen. (...) Ich musste dann den Liegesitz zurückklappen und mich selbst befriedigen. (...) Ich hatte den Eindruck, dass er nicht normal ist, und halte ihn für einen Psychopathen. (...) Er gab mir einen Steingutaschenbecher und zwang mich, in den Aschenbecher zu pinkeln. Danach musste ich meinen Urin trinken. (...) Später hat er mir in den Mund gepinkelt. Dabei hat er mir die Pistole an den Kopf gehalten. (...) Während ich rauchte, stand er in etwa zwei Meter Entfernung zu mir und sagte: ‚Merkst du jetzt, dass ich zu allem entschlossen und kurz davor bin, abzudrücken!' (...)"

Zu allem entschlossen gewesen sein muss auch der Mörder von Margarethe Zenner und Katharina Skrowonnek. Bei Ermittlungen im „Excelsiorhaus" – dort hatte Simone Hansen ein Appartement gemietet und mit Troller gewohnt – findet die Kripo etwas heraus, das sie dem Täter ein ganzes Stück näher bringt. Denn: Im „Excelsiorhaus" werden sämtliche Telefonate über eine automatisierte Telefonzentrale abgewickelt. Wird von einem Mieter ein Ferngespräch geführt, so muss er eine „9" wählen. Sobald dies passiert ist, schaltet der Telefonautomat auf einen Lochstreifen um und speichert die Nebenstelle, das Datum, die angewählte Nummer, das zeitliche Ende des Gesprächs, die Anzahl der Einheiten und die Gebühr.

Sämtliche Computerauszüge von März bis Juni 1977 werden

von der Kripo sichergestellt. Eine Auswertung ergibt, dass vom Telefonanschluss des Appartements Hansen/Troller aus alle vier Frauen angerufen wurden, die sich auf die besagte Heiratsannonce im „Hamburger Abendblatt" gemeldet und mit „Dr. König" gesprochen hatten. Das kann kein Zufall sein!

In diesem Zusammenhang gewinnt der Notizzettel wieder besondere Bedeutung, der auf einem Tisch im Arbeitszimmer von Margarethe Zenner gefunden wurde. Diese Aufzeichnung kann nur so interpretiert werden, dass „Dr. König", angeblicher Miteigentümer der Karl-Theodor-König-Klinik, bei Margarethe Zenner angerufen hat. Der Anrufer muss dem späteren Opfer die Telefonnummer des Appartements 334 genannt haben, in dem ausgerechnet Simone Hansen und Eberhard Troller wohnten. Es muss also der Mörder selber gewesen sein, der die verräterische Spur gelegt hat. Und es muss demzufolge „Dr. König" gewesen sein, der daraufhin Margarethe Zenner und Katharina Skrowonnek angerufen hat, um einen Kontakt anzubahnen.

Und wie passt Simone Hansen in dieses düstere Bild menschlicher Abgründigkeit? Die Beamten, die sie vernommen haben, berichten von einer Frau, die ausgesprochen berechnend und gefühlskalt sei, sich nicht aus der Ruhe bringen lasse und sehr überlegt wirke. Ihre Eltern indes kennen diese dunkle Seite ihrer Tochter nicht, erzählen sie in langen Gesprächen der Kripo. Zuallererst aber interessiert die Ermittler das Verhältnis zwischen Simone Hansen und Eberhard Troller, über das man bisher so wenig weiß.

Die Mutter dazu: „Nach dem Urlaub im Januar rief sie bei uns zu Hause an und teilte meinem Mann mit, dass sie für zwei oder drei Tage nach Zürich fliegen werde. Sie erwähnte dabei, dass ein Mann das Flugticket für sie hinterlegt habe, und sie solle diesem Mann folgen. Sie sagte noch, dass sie dorthin fliegen müsse, denn diesen Mann würde sie vielleicht einmal heiraten. Den Namen oder Einzelheiten hat sie nicht berichtet. Als sie aus

Zürich zurückkam, erzählte sie lediglich, dass es schön gewesen sei."

Ende Januar 1977 habe die Tochter wieder angerufen, sie käme noch vorbei und würde jemand zu Besuch mitbringen. Sie sei später in Begleitung eines Mannes gekommen – Eberhard Troller. „Wir, mein Mann, meine Tochter, Herr Troller und ich haben uns an diesem Abend nur über belanglose Dinge unterhalten. Trotzdem habe ich Herrn Troller meine Sorge über die Zukunft meiner Tochter vorgetragen. Meine Tochter wollte nach der Trennung von ihrem Mann ein neues Leben anfangen, und deshalb ist sie auch von Lübeck weggezogen, erst nach Neumünster, später nach Hamburg wegen Troller. Der meinte zu meinen Sorgen nur, Simone sei bei ihm in besten Händen. Troller hat an diesem Tag aber keinen guten Eindruck auf mich gemacht. Er hat ständig nur von sich gesprochen, und trotzdem konnte ich seinem Monolog nicht entnehmen, was er beruflich tat. Troller hat immer nur von irgendwelchen Beziehungen gesprochen, angeblich kannte er die Familien von Rheinbeck und von Bentheim. Ich hielt es damals schon nur für das Gerede eines Aufschneiders."

Der Vater: Es sei für ihn unerklärlich, wie seine Tochter auf „einen wie den" habe „hereinfallen" können. „Der benahm sich immer sehr großspurig und angeberisch, was ich nicht ausstehen kann. Ich selbst bin sehr bürgerlich erzogen. Troller sprach sehr geschwollen und brachte immer wieder zum Ausdruck, dass er nur reiche Leute kennen würde. Warum Simone an dem hängen geblieben ist – ich vermute, dass sie ihm irgendwie hörig ist."

Während Simone Hansen die große Unbekannte in diesem Kriminalfall bleibt, trägt die Kripo weitere Indizien und Beweise gegen ihren Geliebten zusammen. Eine Hotelangestellte des „Excelsiorhauses", die sich aufgrund der Presseveröffentlichungen an die Kripo wendet, berichtet den Ermittlern, sie habe für die

Mieter des Appartements 334 mehrere Bücher besorgen sollen, die Titel seien von Simone Hansen auf einem Zettel notiert worden. Die Zeugin legt den Zettel vor und zeigt bedeutungsvoll auf die Rückseite. Dort steht tatsächlich Brisantes: „Katharina Skrowonnek, 6412102". Später werden Schriftgutachter des Landeskriminalamtes den Autor „mit an Sicherheit grenzender Wahrscheinlichkeit" identifizieren: Eberhard Troller. Der Zettel beweist damit, dass der Verdächtige zumindest den Namen und die Telefonnummer des Opfers gekannt haben muss, obwohl Troller in seiner einzigen Vernehmung beteuert hat, Katharina Skrowonnek „niemals begegnet" zu sein und „nicht gekannt" zu haben.

Ein ziemlich gewöhnlicher Blumenstrauß, bestehend aus drei dunkelroten Ilona-Rosen, drei rosafarbenen Sonja-Rosen, vier blauen Iris und zwei Stielen Schleierkraut bringt Eberhard Troller weiter unter Druck. Das bunte Bukett stand einst auf dem Wohnzimmertisch von Katharina Skrowonnek. Nun verdächtigt die Kripo Troller, der Rosenkavalier gewesen zu sein, der die Frau am späten Abend des 6. Juni besucht und getötet haben soll. Dass das spätere Opfer zur Tatzeit den angeblichen Frauenarzt „Dr. König" zu empfangen beabsichtigte und dass der Blumenstrauß vor diesem Besuch noch nicht im Haus gestanden habe, hat die Mutter der Ermordeten bereits glaubhaft bezeugt. Inzwischen aber hat die Angestellte eines Blumenladens am Hamburger Hauptbahnhof auf Fotos vom Tatort nicht nur den Strauß Blumen „einwandfrei" wiedererkannt, sondern bei einer Gegenüberstellung im Präsidium auch Troller als den Käufer.

Ferner kann ermittelt werden, dass am 8. Juni in der DVK-Bank in Hamburg-Neustadt ein Kunde genau 319.000 Lire in Deutsche Mark umgetauscht hat. Und dies geschah ausgerechnet zu einer Zeit, in der Troller sich nachweislich in dieser Bank aufhielt. Zudem hat Simone Hansen in einer Vernehmung dazu ausgesagt, Troller habe sich zu diesem Zeitpunkt in der Bank mit der

Bemerkung kurzzeitig entfernt, Geld umtauschen zu wollen. Höchstwahrscheinlich stammte das Geld von Katharina Skrowonnek und sollte ihre Urlaubskasse für die unmittelbar bevorstehende Reise nach Italien sein.

Bislang gingen die Ermittler von zwei Mordopfern aus, jetzt aber gibt es ernst zu nehmende Hinweise auf weitere Taten. Bei der Festnahme Trollers wurde im Wagen seiner Freundin ein Revolver, Marke „Colt", Kaliber 38, Nummer 902055, gefunden. Mittlerweile hat sich herausgestellt, dass dieser Revolver bei einem Einbruch in das Anwesen Rabenkopfstraße 36 vier Monate zuvor in Hamburg gestohlen worden war. Am Tatort fand man die Leiche der 65-jährigen Haushälterin, die unter dubiosen Umständen gestorben war. Wie also ist Troller in den Besitz des Revolvers gekommen? War er am Tatort? Und Simone Hansen? War sie vielleicht auch da?

Kopfzerbrechen bereitet den Ermittlern zudem der Tod einer ehemaligen Freundin Trollers. Die 24-jährige Brigitte Holzmann wurde am 4. Dezember 1974 tot in ihrer Hamburger Wohnung gefunden. Die Leiche wies keine Verletzungen auf, allerdings konnte bei der Obduktion auch „keine anatomisch nachweisbare" Todesursache festgestellt werden. Natürlicher Tod? Oder hatte Troller seine Hände im Spiel? Ist die Kripo einem perfiden Serienmörder auf die Schliche gekommen, dem es gelingt, seine Opfer zu töten, ohne dass es jemand bemerkt?

Während mehr und mehr Indizien zusammengetragen werden können, die Troller schwer belasten, weiß man die Rolle seiner Freundin nach wie vor nicht sicher einzuschätzen. Im Fall Skrowonnek will eine Nachbarin am Abend des Mordes zwei Frauenstimmen gehört haben, nämlich die des Opfers und einer anderen Frau. Hat Simone Hansen ihren Freund begleitet? Darüber hinaus fand die Kripo in ihrem Appartement die Krokogeldbörse des Opfers, zu dessen Herkunft Simone Hansen bisher nichts gesagt hat. Warum nicht? Auch kann die Verdächtige keine Alibizeugen benennen. Weil sie zur Tatzeit am Tatort gewesen ist?

Im Fall Zenner hat Simone Hansen die dem Opfer geraubten Postschecks eingelöst und zunächst gelogen, sie habe die Schecks von einer männlichen Zufallsbekanntschaft bekommen. Hat sie die Unwahrheit gesagt, um Eberhard Troller zu schützen? Oder auch um sich selbst vor juristischen Konsequenzen zu bewahren, weil sie mit ihrem Freund gemeinsame Sache gemacht hat? Gerhard Kramer ist bei der Tatortbegehung aufgefallen, dass im Wohnzimmer zwei Polstersessel verstellt worden waren. Hat in einem der Möbel Simone Hansen gesessen? Und eine Arbeitskollegin des Opfers hat ausgesagt, ihr sei von Margarethe Zenner erzählt worden, sie habe „tolle Leute kennengelernt, darunter einen Arzt aus Nizza und seine Sprechstundenhilfe". War Simone Hansen die vermeintliche Assistentin?

Nach Wochen des Schweigens meldet die Verdächtige sich überraschend zu Wort, sie wolle wieder aussagen, lässt sie der Kripo über ihren Rechtsanwalt ausrichten, allerdings mache sie zur Bedingung, vorher die Ermittlungsakten studieren zu dürfen. Simone Hansen will wissen, was die Kripo weiß. Die Staatsanwaltschaft hat keine Bedenken, und der Verdächtigen werden die Akten vorgelegt. Danach ist sie tatsächlich aussagebereit. Für die Ermittler ergibt sich nun unverhofft die Chance, Simone Hansen auf den Zahn zu fühlen. Bei solcher Gelegenheit kann viel passieren. Die Hamburger Kripo schickt ihre besten Leute ins Rennen. Vielleicht gelingt es den Beamten, nicht nur das geheimnisumwitterte Verhältnis Simone Hansens zu Eberhard Troller aufzuhellen, sondern sie auch zu einem Geständnis zu bewegen – sofern sie tatsächlich mit ihrem Geliebten gemeinsame Sache gemacht haben sollte.

Simone Hansen wird am 14. September aus dem Untersuchungsgefängnis geholt. Die Vernehmung beginnt um 8.10 Uhr, anwesend sind neben der Verdächtigen und ihrem Rechtsanwalt zwei Kriminalbeamte, der Staatsanwalt und eine Angestellte, die das Gespräch protokollieren wird.

Die Ermittler bitten Simone Hansen zunächst, möglichst detailliert zu erzählen, wie sie mit Eberhard Troller in Kontakt gekommen ist.

„Ende November letzten Jahres habe ich im ‚Hamburger Abendblatt' und später in der ‚Welt' eine Bekanntschaftsanzeige mit etwa folgendem Inhalt gelesen: ‚Luzerner, Kosmopolit (…) sucht Dame zum Kennenlernen.' (Die Kripo hat diese Annonce bereits erfolgreich recherchiert, der ganze Text lautet: „Ein Luzerner sucht per sofort heiratswilliges weibliches Wesen! Sie soll zwischen 20–40 Lenze zählen, mit viel Herz und Liebe ausgestattet, aus bestem Hause sowie selbstständig sein; geschieden oder Kinder kein Hindernis. Er ist 38 Jahre jung, blond, selbstständiger Kaufmann, mehrsprachig, Kosmopolit, geschieden, ortsgebunden, ohne Anhang. Ich freue mich auf Ihre lieben Zeilen mit Bild [100 % Diskretion])" Ich habe unter Chiffre geantwortet, und zwar sinngemäß: ‚Ich habe Ihre Anzeige gelesen und würde Sie gerne kennenlernen.' Meine private Telefonnummer aus Neumünster habe ich dazugeschrieben, ein Bild von mir war nicht dabei.

Um den 20. Dezember herum hat Eberhard sich bei mir gemeldet. Er hat seinen echten Namen genannt und schlug vor, wir sollten uns noch am selben Tag treffen, und zwar in Zürich. Ich konnte mich aber nicht sofort entscheiden und bat ihn, in zehn Minuten noch einmal anzurufen. Bei diesem zweiten Anruf habe ich erfahren, dass Eberhard von Hamburg aus nach Zürich fliegen würde. Außerdem hat er mir gesagt, dass mein Flugticket am Flughafen bereitliegen würde. Ich flog dann mit der letzten Maschine nach Hamburg und traf dort gegen 21 Uhr ein. In der Ankunftshalle wartete ich auf die Maschine, mit der Eberhard kommen wollte. Zwischen uns war am Telefon kein Erkennungszeichen vereinbart worden, er hatte nur gesagt: ‚Wir sehen uns, müssen lachen und erkennen uns.' So war es dann auch tatsächlich.

Wir nahmen anschließend in einer Bar im Flughafen einen Begrüßungsschluck – Weißwein. Bei diesem ersten Gespräch in der Bar erzählte Eberhard mir, dass er im Herbst 1978 zweimal in Amerika gewesen sei und für eine Frau, die er habe heiraten wollen, Verträge abgeschlossen habe. Die Frau wäre dann eigenartig geworden, und er hätte die Heiratspläne verworfen. Zu meinen Vermögensverhältnissen hat er mich nicht gefragt. Es war ein ziemlich oberflächliches Gespräch. Eberhard erzählte mir noch, dass er den Verkauf einer Villa für 1,9 Millionen Mark vermitteln wollte und dafür eine Provision in Höhe von 100.000 Mark erhalten würde. Dazu ist es aber nie gekommen.

Von der Bar fuhren wir ins Hilton-Hotel. Dort haben wir gegessen und übernachtet. Eberhard wollte zwar mit mir schlafen, ich habe aber abgelehnt, da ich mit einem Mann, den ich gerade erst getroffen hatte, nicht gleich ins Bett gehen wollte. Am nächsten Tag machten wir einen Stadtbummel, und ich flog nachmittags zurück nach Hause. Eberhard hat alles bezahlt. Er fragte noch, wann wir uns wiedersehen könnten. Ich sagte, dass ich über Weihnachten eine Bekannte in Köln besuchen wolle, wir könnten uns danach treffen."

Simone Hansen erzählt weiter, Troller habe sie in Köln verabredungsgemäß angerufen, und sie hätten sich für den nächsten Tag in Frankfurt/Main verabredet. Man habe zwei Tage miteinander verbracht, Troller sei durchweg freundlich, zuvorkommend und charmant gewesen. „Er hat mir auch vom Äußeren her gefallen", begründet sie die Zuneigung für diesen Mann, „ich habe mich in diesen Tagen in ihn verliebt. Deshalb war ich jetzt auch einverstanden, mit ihm Sex zu haben. Er war dabei aber völlig normal."

In den folgenden Wochen habe sich ihr Verhältnis zu Troller stabilisiert, berichtet Simone Hansen, irgendwann, wahrscheinlich im Januar 1977, sei auch über „Heirat und Kinder" gesprochen worden, sie wisse aber nicht mehr, von wem die Initiative ausgegangen sei. Um mehr Zeit miteinander verbringen zu können, habe Troller ihr vorgeschlagen, sich eine Wohnung in Hamburg zu nehmen. Er habe ihr schließlich das Appartement im „Excelsiorhaus" besorgt, und ab dieser Zeit hätten sie dort zusammen gewohnt.

Nach einer einstündigen Pause, in der Simone Hansen mit ihren Eltern sprechen durfte, lenken die Kripobeamten das Gespräch auf das Portemonnaie aus Krokodilleder, das einst Katharina Skrowonnek gehört hat. Die Zeit der sanften und vorbereitenden Fragen ist nun vorbei. Es wird Ernst.

Kripo: „Seit wann besitzen Sie diese Geldbörse, und wo haben Sie die her?"

Simone Hansen: „Diese Geldbörse habe ich als Nachtragsgeburtstagsgeschenk von Eberhard am 7. Juni bekommen, eingewickelt in Geschenkpapier."

Kripo: „Wann und wo hat Herr Troller Ihnen das Portemonnaie gegeben?"

Simone Hansen: „Eberhard hat sie mir am Nachmittag des 7. Juni gegeben. Er hat sinngemäß gesagt: ‚Ich habe da noch mal was für dich!' Woher er die Geldbörse hatte, weiß ich nicht, er hat dazu nichts gesagt."

Kripo: „Frau Hansen. Sie werden hier nochmals eindringlich zur Wahrheit ermahnt. Bleiben Sie dabei, dass Sie das Portemonnaie von Herrn Troller bekommen haben?"

Simone Hansen: „Ich bin mir der Tragweite dieser Aussage voll bewusst. Aber ich bleibe dabei."

Um jeden Zweifel auszuschließen, wird Simone Hansen die besagte Krokogeldbörse gezeigt. Sie bestätigt nochmals, genau dieses Portemonnaie von ihrem Freund geschenkt bekommen zu haben. Die Ermittler wittern Morgenluft. Denn die Brisanz dieser Aussage muss Simone Hansen bewusst gewesen sein, schließlich hatte sie aus den Akten erfahren, dass die Geldbörse noch kurz vor der Tat im Hause Skrowonnek aufbewahrt worden war – demnach kann nur der Täter das Portemonnaie geraubt haben. Simone Hansen wird nach Trollers finanziellen Verhältnissen gefragt. Sie sei mit ihm zweimal in Zürich bei einer Versicherung gewesen, dort habe er jeweils Geld erhalten, zusammen 15.000 Schweizer Franken. Auch habe Troller als Mitgesellschafter eines Hotels monatlich 5.000 Mark verdient, angeblich. Und zu Schulden ihres Freundes sagt sie: „Er musste noch 8.000 Mark aus einem Kredit tilgen. Aus seinen Erzählungen wusste ich auch, dass das Haus seiner Mutter belastet worden war, in welcher Höhe, weiß ich nicht. Und dann war da noch ein Volvo, den er finanziert hat." Troller habe „insgesamt zum Geldausgeben geneigt", sie habe ihn aber jeweils „gebremst".

Bald kommen die Beamten auf einen Aspekt zu sprechen, der für die Ermittlungen von großer Bedeutung ist und bislang widersprüchlich geschildert wurde: das sexuelle Verhalten Eberhard Trollers – mal soll er der zärtliche und verhaltensunauffällige Liebhaber gewesen sein, mal der nimmersatte und perverse Wüstling. Und wie war es bei Simone Hansen?

„Er hat sich mir gegenüber ganz normal und keinesfalls abartig verhalten", sagt sie den Vernehmungsbeamten und dem Staatsanwalt. „Ich würde sagen, dass Eberhard ein sehr potenter Mann ist. Ich kann das sagen, weil ich Vergleichsmöglichkeiten habe. Er konnte sich lange zurückhalten, bis er zum Höhepunkt kam. Nach einer Pause war er aber sofort wieder bereit. Das möchte ich schon als ganz normal bezeichnen. Zu Beginn unserer Beziehung hat Eberhard einmal von mir verlangt, dass ich ihn auspeitsche. Er lag auf dem Bauch, und ich sollte ihn leicht auspeitschen. Ich habe ihm auch einige Schläge gegeben. Wir wollten einfach mal ausprobieren, ob mir das gefällt. Das tat es aber nicht, damit war die Sache auch erledigt. Dann hat er mal versucht, mit mir den Afterverkehr durchzuführen. Aber dagegen habe ich mich gewehrt. Eberhard ist in meinen Augen ein Mann, der sexuell normal veranlagt ist." Auch seine Persönlichkeit und sein Verhalten ihr gegenüber seien „immer akzeptabel" gewesen, Simone Hansen beschreibt Troller als „charmanten, zuvorkommenden, lieben und netten Kerl", der „manchmal etwas über den Durst getrunken" habe. „Seine Intelligenz steht etwas über dem Durchschnitt", sagt sie, ihr Freund sei „redegewandt und hat anderen Menschen gegenüber ein sicheres Auftreten". Früher habe sie den Eindruck gehabt, Troller sei „offen und ehrlich" gewesen. Dass dies nicht immer so gewesen sei, habe sie erst aus den Polizeiakten erfahren. Nur gelegentlich sei er „aufbrausend", manchmal habe er „auf den Putz gehauen", er sei aber „kein Angebertyp".

Der Vernehmungsmarathon wird unterbrochen, erst nach dem bevorstehenden Wochenende soll es weitere Gespräche geben. Nach wie vor lastet auf Simone Hansen der schwerwiegende Verdacht, ihrem Freund bei zwei Morden behilflich gewesen zu sein oder sogar mitgemacht zu haben. Allerdings hat sie bisher nur Dinge erzählt, die Troller in Verlegenheit bringen können. Die Aussagen dieser Frau sind auch deshalb schwer einzuschätzen, weil sie wohl umfangreich zur Sache aussagt, zu ihrer Person indes nur diesen einen Satz herausbringt: „Dazu sage ich nichts." Die Persönlichkeitsstruktur dieser Frau bleibt nebulös.

Mittlerweile trägt die akribische Tatortarbeit der Kriminalisten weitere Früchte. Im Schlafzimmer von Katharina Skrowonnek lag neben dem Bett eine gelbe Klemmleuchte, auf der Handschuhspuren gesichert werden konnten. Im Wagen von Simone Hansen fand die Kripo im Seitenfach der rechten Tür ein Paar graue Autofahrerhandschuhe, die Troller gehörten und ausschließlich von ihm benutzt worden sein sollen. Nun liegt das Vergleichsgutachten des Landeskriminalamtes vor: Zweifelsfrei stammen die auf der Leuchte gefundenen Spuren von Trollers Schweinslederhandschuhen. Dies führt zu der Vermutung, dass der Verdächtige im Schlafzimmer des Opfers Handschuhe getragen hat, und diese berechtigte Annahme belastet gerade Troller besonders schwer. Denn derjenige, der im Wohnbereich seiner neuen Bekanntschaft mit Handschuhen agiert, tut dies gewöhnlich nur dann, wenn er verräterische Spuren tunlichst vermeiden möchte.

Troller, der zu den gegen ihn erhobenen Vorwürfen nach wie vor hartnäckig schweigt und die Kripo in diversen Briefen als „ausgemachte Trottel" verspottet, könnte auch eine weinrote Tragetasche zum Verhängnis werden, die ebenfalls im Wagen seiner Freundin gefunden wurde. Zwei Zeugen, nämlich Gerhard Kramer und ein Freund, haben diese Tragetasche zweifelsfrei als Margarethe Zenner gehörend erkannt. Der Freund ist sich so sicher, weil er, von Beruf Modedesigner, an dieser Tasche noch wenige Tage vor dem Verschwinden des Opfers aus einem langen Riemen zwei kurze Tragegriffe gemacht und diese nun eindeutig als seine Arbeit wiedererkannt habe. Und es kommt noch besser: Einer der Rechtsanwälte Trollers lässt bei einem Gespräch mit der Kripo durchblicken, sein Mandant habe ihm gegenüber die Taten eingeräumt. Die Beweislage ist damit so gefestigt, dass mit einer Verurteilung Trollers zu rechnen ist, auch ohne sein Geständnis.

Ganz anders liegen die Dinge bei Simone Hansen. Fraglich ist nach wie vor das Motiv, wäre sie tatsächlich bei den Morden dabei gewesen. Warum sollte eine Frau wie Simone Hansen, attraktiv, intelligent und finanziell unabhängig, zwei Raubmorde begehen oder dabei Hilfe geleistet haben? Fest steht indes: Sollten keine weiteren Indizien für eine Mittäterschaft oder Hilfeleistung gefunden werden und sollte Troller generell die Aussage verweigern, käme sie glimpflich davon. Deshalb sind die Vernehmungen der Verdächtigen von immenser Bedeutung. Wird es der Kripo gelingen, ihr von Angesicht zu Angesicht die Wahrheit zu entlocken?

Die Kriminalbeamten eröffnen Simone Hansen zunächst, es

habe mittlerweile nachgewiesen werden können, dass von ihrem Appartement aus Telefonate von „Dr. König" geführt worden seien. Sie habe nichts davon mitbekommen, entgegnet sie gelassen, auch die getöteten Frauen kenne sie nicht, sie habe nur in der Zeitung über die Fälle gelesen. Weiter wird Simone Hansen aufgefordert mitzuteilen, was sie und Troller in der Zeit vom 5. Juni, mittags, bis zum 8. Juni, nachmittags, unternommen hätten.

Als hätte es ihre vorherigen Aussagen gar nicht gegeben, belastet Simone Hansen ihren Freund nun mit einem Mal schwer. Vielleicht hat ihr nicht gefallen, was sie über Troller aus den Akten erfahren musste – dass er sie nämlich nicht nur einmal dreist mit anderen Frauen betrogen hat und seine Liebesschwüre nur heiße Luft gewesen sind. So sagt sie zum Ablauf des 6. Juni im Wesentlichen Folgendes aus: Sie sei gegen 11 Uhr aufgestanden und habe Einkäufe für das Frühstück gemacht. Nach dem gemeinsamen Frühstück von 12 Uhr bis 12.30 Uhr sei sie ins Bad gegangen und habe geduscht. Danach habe Troller das Bad benutzt. Gegen 15.15 Uhr habe sie das Appartement verlassen, um ihr Auto aus der Garage zu holen. Troller sei etwa eine Viertelstunde später nachgekommen, man sei zu einer Bank gefahren. Nach verschiedenen gemeinsamen Besorgungen hätten sie nun ein Café aufgesucht. Von dort aus habe Troller telefoniert, mit wem und warum, wisse sie nicht. Um kurz vor 18 Uhr seien sie zu einer Firma gegangen, ihr Freund habe dort seine Bewerbungsunterlagen abgegeben. 20 Minuten später sei Troller in einen Sex-Shop gegangen. Nach einer halben Stunde habe er den Laden wieder verlassen, mit einer Tragetasche in der Hand. Danach sei man zum Hauptbahnhof gefahren, wo Troller ihr einen Blumenstrauß gekauft habe. Einen „Gegenstand, der in Papier eingewickelt war", habe er auf die Rückbank des Wagens gelegt. Sie wisse nicht, was das gewesen sei, „vielleicht noch ein Blumenstrauß".

Etwa um 19 Uhr seien sie zu Hause angekommen und hätten eine Stunde darauf zu Abend gegessen. Danach habe Troller sie gebeten, eine Hals-Hand-Fuß-Fessel anzulegen, die er „wohl aus dem Sex-Shop hatte". Dies habe sie getan, er habe aber in sexueller Hinsicht nichts weiter verlangt, auch sei sie „nicht nackt, sondern angezogen" gewesen. Sie habe die Fesseln kurz darauf wieder abgenommen. Gegen 21.50 Uhr habe Troller mit der Bemerkung, er müsse noch einmal weg, die Wohnung verlassen. Er habe die Tüte bei sich gehabt, die er aus dem Sex-Shop mitgebracht habe, außerdem den Gegenstand, den er nach dem Blumenkauf im Hauptbahnhof auf den Rücksitz des Autos gelegt habe. Sie sei darüber „total wütend gewesen", weil sie mit ihm ihren Geburtstag habe feiern wollen. Da Troller dennoch habe gehen wollen, habe sie zu ihm gesagt: „Mach, was du willst, scher dich zum Teufel!" Um 22.30 Uhr habe sie sich „frustriert" schlafen gelegt. Troller sei erst nach zweieinhalb bis drei Stunden zurückgekehrt. Er habe einen „leicht angetrunkenen Eindruck" gemacht, sie habe sich aber schlafend gestellt, weil sie von Trollers Verhalten „immer noch sehr enttäuscht" gewesen sei.

„Um Eberhard zu decken", wie Simone Hansen nun zugibt, habe sie bisher „in verschiedenen Punkten nicht die Wahrheit gesagt". Mit ihrer jetzigen Aussage indes bringt sie Troller in schwere Erklärungsnot: Sie verweigert ihm für die Zeit, in der Katharina Skrowonnek ermordet wurde, ausdrücklich ein Alibi. Und sie erzählt, dass Troller Stunden vor der Tat am Hauptbahnhof einen Blumenstrauß gekauft habe, vielleicht sogar einen zweiten – der ominöse „Gegenstand" auf der Rückbank ihres Wagens könnte durchaus dieses Bukett gewesen sein –, den er später mitgenommen habe, als er gegen 21.30 Uhr gegangen sei. Ist die Verspätung von „Dr. König" bei Katharina Skrowonnek vielleicht damit zu erklären, dass Troller seine Freundin an ihrem Geburtstag nicht so früh alleine lassen wollte?

Simone Hansen hingegen weist jedwede Form einer Beteiligung an den Morden weit von sich. Sie habe mit Troller „keine gemeinsame Sache gemacht", beteuert sie immer wieder gebetsmühlenartig. „Ich war wohl etwas naiv", versucht sie ihr mitunter eigenartiges Verhalten zu erklären. Und dabei bleibt sie.

Nach mehrmonatigen intensiven und erfolgreichen Bemühungen steht die Kripo unmittelbar vor dem Abschluss der Ermittlungen. Eberhard Troller gilt als überführt, Simone Hansen als verdächtig. Auch wenn das Motiv für die Morde an Katharina Skrowonnek und Margarethe Zenner nicht zweifelsfrei herausgearbeitet werden konnte, glauben die Ermittler die Beweggründe des Täters beziehungsweise der Täter zu kennen. So heißt es im Abschlussbericht der Mordkommission hierzu: „Die Frage nach dem Motiv stand von Anfang an im Mittelpunkt der Ermittlungen. Da Troller die Taten bestritten hat, Frau Hansen ganz offensichtlich ihre Tatbeteiligung verschleierte und Troller deckte, konnte ein Motiv nicht eindeutig herausgestellt werden. Vordergründig war das Motiv Habgier, denn beide Opfer waren beraubt worden.

Als Nächstes war an ein sexuelles Motiv zu denken, insbesondere wenn man Trollers Neigungen berücksichtigt. Beide Opfer waren entkleidet, und im Fall Zenner lag eine postmortale Schändung vor, die Leiche wies unter anderem Verletzungen an den Brustwarzen auf. Die Tatsache, dass Troller mit sexuellen Fesselwerkzeugen Frau Skrowonnek aufsuchte, diese vor ihrem Tod Alkohol und Medikamente in einer Quantität zu sich genommen hatte, wie es ihren Gewohnheiten absolut widersprach, macht ein sexuelles Motiv denkbar. Zumal davon ausgegangen werden kann, dass Frau Skrowonnek die mehr als therapeutische Dosis eines diphenhydraminhaltigen Präparates nicht freiwillig eingenommen hat. Dieses Medikament in Verbindung mit dem festgestellten Alkohol sollte das Opfer wahrscheinlich in seiner Widerstandskraft schwächen und für sexuelle Spiele gefügig machen."

Nach knapp achtmonatiger Untersuchungshaft wird Simone Hansen in die Freiheit entlassen, weil der dringende Tatverdacht der Beihilfe zu zwei Morden gegen sie nicht mehr aufrechterhalten werden kann. Die Hamburger Todesermittler machen eine Faust in die Tasche, glauben sie doch nach wie vor daran, dass diese Frau mehr Schuld auf sich geladen hat, als bisher erkennbar geworden ist.

Die Beziehung zwischen Troller und Simone Hansen hat auch diese für beide entbehrungsreiche Zeit überdauert, in der sie sich nicht sehen durften, überhaupt war jede Form des Kontakts untersagt. Jetzt ist das anders. Sie kann ihm jetzt wenigstens schreiben, und er kann ihr antworten. Besonders Troller leidet unter der zwangsweise verordneten Einsamkeit und Enthaltsamkeit. Fast jeden Tag lässt er seine Freundin wissen: „Hasi, Du mußt mehr Kontakt mit mir halten, denn Briefe die 6–8 Wo alt sind bringen ja kaum Nutzen für uns, muß viel kürzer sein! Klar, hast etwas Bammel wegen STA (Staatsanwaltschaft, Anm. S. H.), verstehe Dich sehr gut, u. zu B. gehst ungern, wegen Kohle, – aber er drängt ja nicht, gibt Dir Zeit! Also rufe öfter bei ihm an, ja, bitte! Ich warte auf jedes Wort von Dir wie ein Verdurstender! Sag, Liebes, warum hast Du am 23. so wenig geschrieben?? Warum schreibst nicht mal 10 Seiten? Aber bin ja doch sehr zufrieden, sehe Du bist bei mir, denkst genauso intensiv an mich u. weiß u. fühle u. spüre es überall – Du liebst mich, Deinen Mann! Und was gibt mir hier weiter Kraft u. Hoffnung, Geduld u. Ausdauer! Schnulli, ich weiß, Du wirst immer zu mir halten, wirst mir wieder raushelfen – denn die Liebe von uns ist unbesiegbar, ist total und 1000 % stärker wie alle Mächte der Welt, sie gibt uns alle Kraft für unseren Sieg!! Und wir werden, müssen einfach siegen, egal wie!! Unsere Liebe wird uns den Kampf gewinnen lassen, ja! Liebe ist unbesiegbar!!! Immer!!! Also werden wir den Weg finden, ok!! Ich liebe, liebe, liebe Dich!!"

Simone Hansen hält an dem vermutlichen Serienmörder

Eberhard Troller fest, der als Serien-Sex-Unhold „Dr. Mord" in den bunten Blättern eine beachtliche Popularität erreicht hat, obwohl sie mittlerweile in Freiheit ist und sie nicht ernsthaft damit rechnen darf, es werde ihrem Freund bald ähnlich ergehen. „Habe gestern Deine wunderschönen Rosen bekommen", schreibt sie ihm. „Sie sind ein Gedicht. Ich habe mich unsagbar darüber gefreut. Liebling, danke dafür. Viel lieber hätte ich sie von Dir persönlich entgegengenommen. Wann das wohl wieder sein wird? Aber laß mal den Kopf nicht hängen, verliere ihn auch nicht. Du hast mich. Vergiß das nie! Wenn Du auch nichts von mir hörst, so sind meine Gedanken doch immer bei Dir. Und jetzt, da ich draußen bin, wird einiges leichter. Der Stein, oder besser gesagt der Fels, der Dir und mir vom Herzen gefallen ist, war doch sehr groß. Wir werden es schon schaffen. Ich bin da recht zuversichtlich.

Nächste Woche werde ich wahrscheinlich zwei Wochen wegfahren. Ich weiß noch nicht, wohin. Aber ich muss mich einfach erholen. Du verstehst mich!? Ich wünsche mir nichts so sehr, als daß Du bei mir wärst. Ohne Dich ist alles so trübe und leer. Verzweifle nicht! 50 % von uns ist draußen und das andere wird. Nicht den Mut verlieren und etwas Geduld haben. Ich weiß, das ist leicht gesagt. Aber bedenke, daß ich weiß, wie es da drin ist. Es ist also nicht einfach so daher gesagt. Glaube mir, ich möchte Dich lieber gestern draußen haben als morgen. Nur braucht alles Zeit. Das verstehst Du doch, ja? Weißt Du, ich möchte doch mit Dir nachher in Ruhe leben und nicht immer mit der Faust im Nacken. Verstehst Du das? Ich glaube schon, ich bin sicher, ja. Ich liebe Dich, mein Herz! Und ich verlaß Dich nicht. Wir gehören einfach zusammen. Und wir werden kämpfen! Das ist doch richtig? Oder? I love you!"

In einem ihrer Briefe, die von den Ermittlungsbehörden mitgelesen werden, offenbart sie erste Hinweise darauf, warum es gerade Troller war, dem sie bedingungslos folgte – und folgt.

„Mein Gott, Eberhard", schreibt sie, „ich habe Angst vor der Zukunft. Es ist alles so entsetzlich einsam und traurig ohne Dich. Wie schön es doch wäre, wenn Du wirklich da wärst. Mein Gott, wir würden in der Sonne liegen, irgendwo am Strand und uns liebhaben und zärtlich sein, ganz einfach einander spüren, fühlen, die Haut atmen und glücklich sein. Wann wird das wohl wieder sein können? Wann nur? Wie sehr vermisse ich Dich doch! Manchmal könnte ich richtig schwermütig werden. Niemand, mit dem ich reden könnte, weißt Du, richtig reden. Niemand, mit dem ich über meine Probleme und Nöte sprechen könnte. Ich kann das doch nur mit Dir. Du bist in mein Innerstes eingedrungen. Du weißt mehr von mir als sonst jemand. Mit Dir konnte ich über alles reden, wirklich über alles!"

Während seine Freundin sich mehr und mehr in Wunschträumen und Melancholie verliert, brütet Troller über Ausbruchsplänen, unentwegt – oder trauert Gelegenheiten nach, die Wärter zu übertölpeln und zu fliehen. Simone Hansen lässt er an alldem wie selbstverständlich teilhaben: „Liebling, wenn wir – Du! – nicht vorher etwas unternimmst, dann – gute Nacht Deutschland! Gestern war ich für ca. eine Std. in Stadt, bei Arzt röntgen mit Scanner, – es wäre eine Sache einer Sekunde gewesen u. ich wäre bereits heute frei! Aber woher soll man so einen Transport wissen? Um 8 h hieß es, 9 h Transport! Fuhr mit VW Bus, 1 Fahrer u. 1 Kripotyp los! Bei Arzt war ich allein im Röntgenraum, draußen warteten sie. Aber war 3. Stock, leider! Kripo hatte Knarre, Fahrer auch! Dachte – jetzt 1 Mann, 1 Auto, – ich wäre sofort weggewesen. 1 Mann mit 1 Knarre, u. alles wäre gelaufen, – aber so, kaum 'ne Chance! Bei Rückweg <u>vor</u> Bus, da dachte ich – jetzt –, aber wohin mitten in Stadt! – links stand Fahrer u. sperrte Seitentür auf, ich Mitte, rechts Kripotyp, hatte mir am rechten Handgelenk ‚Zange' angelegt, links steckte mein Gelenk u. er hielt die 2. Schlaufe in seiner linken Hand, eine kleine Drehung u. mein Gelenk splittert od. Arm bricht! Als er die Zange öffnete, war ich zwar 2–3 Sek. frei, – aber beide standen ja links und rechts hinter mir! Es war eine <u>kleine</u> Chance, hätte ich so getan als würde ich einsteigen, Fuß halb im Bus u. dann sofort Kripotyp umgestoßen, er fällt hin u. ich starte zum Sprint! Aber, 1.) der Fahrer hätte ja auch – was ich ja nicht weiß, – blitzschnell sich auf mich stürzen können, od. 2.) so nicht, ich wäre weggekommen, wären mir beide logo sofort nach u. hätten 100 % von hinten geschossen, trotz Leute! Sagen zwar, tun sie nicht in Stadt, aber wenn ja, dann gezielt! Und ich wäre jetzt eventuell im Sarg od. querschnittsgelähmt in Klinik! Auf Beine hätten die nie gezielt, – ABlatt (gemeint ist das „Hamburger Abendblatt", Anm. S. H.) – ‚Auf d. Flucht erschossen' Schlagzeile! Kennt man interne Dienstanweisung? Nein! Trotzdem, je länger ich darüber nachdenke, desto mehr sage ich mir jetzt, ich hätte es trotzdem wagen sollen, ja! Ja, u. noch mal ja! Liebling, ich komme hier raus, glaub mir das – ich komme hier raus!!"

Trollers hochfliegende Pläne und Träume erfüllen sich erst einmal nicht. Er bleibt Gefangener der Justiz, Gefangener seiner perversen Phantasien, Gefangener seiner problematischen Persönlichkeit. Im Mai 1979 kommt der Fall endlich vor Gericht. Kurzum: Troller wird angeklagt, Katharina Skrowonnek erstickt und Margarethe Zenner erwürgt zu haben. In den übrigen Verdachtsfällen sind die Verfahren durch die Staatsanwaltschaft eingestellt worden, weil sich kein hinreichender Tatverdacht begründen ließ. Simone Hansen muss sich nur wegen Betruges, Urkundenfälschung und Hehlerei verantworten. Fast 120 Zeugen werden während der 16 Verhandlungstage gehört, die unisono genau das bestätigen, was sie bereits bei der Kripo ausgesagt haben.

Besonderes Aufsehen erregt nur der Auftritt einer Frau, die Troller besonders gut kennt, die sich aber erst jetzt zu einer Aussage durchringen konnte: Yvonne Berger, 49, die erste Ehefrau des Angeklagten. Die Zeugin erzählt, sie habe bereits ein halbes

Jahr das Café „Alter Bahnhof" in Hamburg betrieben, als sie Troller im August 1969 kennengelernt habe. Er sei zunächst charmant und zuvorkommend gewesen. Obwohl Troller viel von Geschäften mit Gemälden und Plänen von einer eigenen Galerie gesprochen habe, sei er „eigentlich mittellos" gewesen und habe ihr „nur auf der Tasche gelegen". Erst nach ihrer Heirat im Dezember 1969 habe er sein wahres Gesicht gezeigt. Die Trauung habe in Bern stattgefunden, und auf der Rückfahrt habe Troller einem Trauzeugen gesagt: „Jetzt habe ich sie, jetzt wird sie mich kennenlernen." Von nun an habe er immer mehr Geld von ihr verlangt und auch die Geschäftskasse „geplündert".

An ein besonders belastendes Ereignis könne sie sich ausgesprochen gut erinnern, berichtet die sichtlich mitgenommene Yvonne Berger. Obwohl sie schwanger gewesen sei, habe Troller mit einem jungen Mädchen, das Gast in ihrem Lokal gewesen sei, ein Verhältnis angefangen. Darüber habe sie sich „so aufgeregt", dass sie ihr ungeborenes Kind verloren habe. Einmal, erinnert sich die Zeugin, sei sie sogar schwer misshandelt worden. Der Angeklagte habe nach Geschäftsschluss zu Hause noch eine Gulaschsuppe essen wollen und verlangt, sie solle ebenfalls von der Suppe probieren. Sie habe sich jedoch geweigert. Darüber sei Troller in heftige Wut geraten und habe sie wahllos ins Gesicht geschlagen und an den Haaren gezogen. Nach etwa einer Viertelstunde habe er plötzlich von ihr abgelassen, auf die Uhr geschaut und gesagt: „Jetzt ist es halb drei, jetzt reicht es."

Gleich mehrere Experten für die Abgründe der menschlichen Seele bemühen sich während der Hauptverhandlung, dem Persönlichkeitsprofil Trollers Schärfe und Tiefe zu geben. Zusammengefasst ergibt sich dieses Bild: Der Angeklagte sei überdurchschnittlich intelligent, sein Wortschatz und die Fähigkeit zu formulieren, ebenfalls. Dies, einhergehend mit großem Charme, gestatte es ihm, sich selbst nachhaltig darzustellen und in den Mittelpunkt zu rücken. Troller sei kontaktfreudig bis zur Distanzlosigkeit, extrem egozentrisch, höchst eitel, neige zu maßloser Selbstüberschätzung und sei nicht fähig, seine eigene Limitiertheit zu erkennen. Andererseits fehle ein „echter Persönlichkeitskern", der Charakter des Angeklagten werde insbesondere bestimmt von einem ausgeprägten Minderwertigkeitskomplex, Haltschwäche und einer Neigung, in Belastungssituationen nicht standzuhalten, sondern aufzugeben. Das Scheinen sei für ihn wichtiger als das Sein, das übertriebene Darstellungsbedürfnis sei in einer dauerpubertären, ans Kindliche grenzenden Unreife und damit verbundenen Omnipotenzgedanken begründet. Eine zerstörerische Tendenz sei unübersehbar, wobei der Angeklagte ethische Werte und Normen nicht gelten lasse.

Die sadistische Perversion Trollers sei nur im Kontext mit diesem Persönlichkeitsbild zu sehen, sie sei ein Teil von ihm und dürfe nicht isoliert betrachtet werden. Auf die ihm vorgeworfenen Verbrechen bezogen sei die gestörte Sexualität nur eine von mehreren Komponenten. Beim Angeklagten liege eine Kernneurose mit Krankheitswert vor. Allerdings habe er voll schuldhaft gehandelt und könne für sich keine Schuldminderungsgründe reklamieren.

Simone Hansens Charakterprofil hingegen bleibt gänzlich unerörtert. Das Gericht belässt es bei einer groben Beschreibung ihrer bereits aktenkundigen Vita, ohne herausfinden zu wollen, warum gerade die beiden Angeklagten so gut harmonierten und wer die treibende Kraft in dieser Beziehung war – auch bei ihrem verbrecherischen Tun.

Obwohl Troller von Beginn an jede Beteiligung an den Taten abstreitet und sich dabei stets gebärdet wie ein Clown, der einfach nicht erwachsen werden will und das Gericht und etliche Zeugen, vor allem weibliche, fortwährend provoziert, ist die Beweislage eindeutig, die Indizien sind erdrückend. Simone Hansen hingegen, die ihren Geliebten ursprünglich schwer belastet hat, dann aber ihre Aussagen überraschend zurückzog, schließlich wieder demonstrativ zu ihm hielt, gibt sich distanziert, als ginge sie all das nichts an, und schweigt beharrlich.

Doch es kommt, wie es kommen muss. Nach vierwöchiger Verhandlung wird das erwartete Urteil gesprochen: zweimal Lebenslänglich für Troller wegen zweifachen Mordes „aus Habgier" und „zur Befriedigung des Geschlechtstriebes" – Höchststrafe. Simone Hansen, nach Meinung des Gerichts seine willfährige Geliebte, die alle sexuellen Eskapaden Trollers ertrug und mittrug, bekommt wegen besagter Vermögens- und Fälschungsdelikte ein Jahr auf Bewährung. Obwohl einiges dafürspricht, dass diese undurchsichtige und unnahbar gebliebene Frau mehr gewusst oder getan haben könnte, als ihr letztlich nachzuweisen gewesen ist, bleibt dem Gericht keine andere Wahl, als „in dubio pro reo" zu entscheiden. „Was immer sie gewusst haben mag, steht hier nicht zur Debatte", versucht der Vorsitzende die milde Entscheidung des Gerichts zu erläutern. „Wenn sie mehr gewusst hat, ist sie zu bedauern, weil sie Troller ausgeliefert ist."

In der schriftlichen Urteilsbegründung heißt es zum Ablauf der Taten: Troller habe Margarethe Zenner am 1. Juni 1977 angerufen und sich als „Dr. König" ausgegeben. Es sei ihm gelungen, das Interesse der Frau zu wecken und sich mit ihr an einem unbekannt gebliebenen Ort zu verabreden und zu treffen, und zwar zwischen dem 5. Juni, 16.15 Uhr und dem 7. Juni. Troller habe „den Entschluss gefasst, das Opfer auf sadistische Art und Weise zu quälen und zu töten, um sich sexuell zu befriedigen", und anschließend zu berauben. Er habe Margarethe Zenner schließlich planmäßig erwürgt. Vor dem Todeseintritt sei das Opfer „in Höhe der Brüste mit einer mehrrändigen Ledergeißel ausgepeitscht" worden. Nach dem Tod der Frau habe er ihr zahlreiche Schnittverletzungen an den Augen zugefügt. Einige Zeit später sei Troller in die Wohnung der Getöteten gegangen und habe dort einen Nerzmantel, eine weinrote Reisetasche, 15 Post-Euroschecks und die dazugehörige Scheckkarte geraubt.

Kurze Zeit vor der Ermordung Margarethe Zenners habe Troller beschlossen, Katharina Skrowonnek zu töten. Am 6. Juni habe er Katharina Skrowonnek gegen 22 Uhr besucht und die Frau dazu überredet oder gezwungen, die Überdosis eines Medikaments zu nehmen und reichlich Alkohol zu trinken. Um seinen perversen Bedürfnissen freien Lauf zu lassen, habe er danach das geschwächte Opfer erstickt. Der nackte Leichnam sei von Troller im Schlafzimmer aufgebahrt worden. Wahrscheinlich habe er auf das Opfer uriniert, bevor es mit einem Waschlappen gereinigt worden sei. Hiernach habe Troller versucht, alle Spuren zu beseitigen. Seinem Tatplan entsprechend seien von ihm schließlich 320.000 Lire und eine Krokogeldbörse geraubt worden, die er am nächsten Tag Simone Hansen zum Geburtstag geschenkt habe.

Zu den Motiven Trollers stellt das Gericht fest: „Der Angeklagte suchte in beiden Fällen seine geschlechtliche Befriedigung darin, bei seinen Opfern den von ihm im Zusammenhang mit einer gewaltsamen Tötung erwarteten ‚Superorgasmus' der Frauen auszulösen." Dafür spreche vor allem die Todesart beider Opfer, die Aussagen zweier Zeuginnen, denen gegenüber Troller geäußert habe, dass der ‚Superorgasmus' beim Tod durch Erwürgen eintrete, und die zahlreichen Schlagverletzungen im Brustbereich bei Margarethe Zenner, die ihr vor dem Tod beigebracht worden seien und „mit Sicherheit extreme Todesängste verursacht" hätten. Dazu passe auch die Aussage der Zeuginnen, Troller habe ihnen gesagt, dass die Angst der Opfer beim ‚Superorgasmus' eine wichtige Rolle spiele, wenn nicht gar Bedingung sei.

Daneben sei Habgier als gleichrangiges Motiv anzusehen. Dies ergebe sich schon daraus, dass der Angeklagte seit Jahren Frauen bei jeder sich bietenden Gelegenheit um größere oder kleinere Beträge prellte, um so seinen ausschweifenden Lebenswandel finanzieren zu können. Auch sei Geldgier ein Trollers Verhalten bestimmendes Element gewesen. So habe er Beziehungen immer dann grundlos beendet, wenn er seine Partnerinnen ausgeplündert habe oder diese ihm weitere finanzielle Hilfen verweigert hätten. Auch die Tatsache, dass er die Interessentinnen auf Zeitungsannoncen ausführlich zu ihren finanziellen Verhältnissen befragt habe, zeige, dass Troller möglichst viel über die Vermögenslage seiner Opfer habe erfahren wollen, so auch bei Margarethe Zenner und Katharina Skrowonnek.

Während Troller nach der Urteilsbegründung für unabsehbare Zeit hinter hohen Gefängnismauern verschwindet, verlässt Simone Hansen, die ihren Ex-Geliebten während des Prozesses keines Blickes gewürdigt hat, den Gerichtssaal als freier Mensch. Viele Prozessbeobachter, allen voran die Ermittler der Mordkommission, bezweifeln jedoch, dass Simone Hansen so unschuldig ist, wie sie tut. Und sie hoffen insgeheim darauf, dass es zwischen den Angeklagten einmal zum Bruch kommen werde. Wird Eberhard Troller auch dann schweigen?

Neumünster, Theresienstraße, 12. Mai 1984, 7.35 Uhr.

Ein Zivilwagen der Kripo hält abrupt vor dem Haus Nummer 102a. Zwei Beamte steigen aus, schauen kurz auf das Klingelbrett, schellen, warten, schellen kurz darauf noch einmal, werden eingelassen und kommen nach etwa zehn Minuten wieder heraus, allerdings nicht allein. Sie haben eine etwa 45 Jahre alte und recht attraktive Frau in ihre Mitte genommen: schulterlanges brünettes Haar, in der Mitte gescheitelt, schmale Lippen, schlank, feminin, elegant gekleidet. Es ist Simone Hansen, die sich mittlerweile von Eberhard Troller losgesagt hat und zu ihrem ersten Ehemann zurückgekehrt ist.

Der Grund für ihre Verhaftung: Troller hat, nachdem sich Simone Hansen von ihm getrennt und auch kein Geld mehr geschickt hatte, seine ehemalige Freundin mit einem Geständnis schwer belastet. Er hat nicht nur die beiden bisher bestrittenen

Morde eingeräumt, wegen denen er verurteilt worden ist, sondern noch einen weiteren an einer 69-jährigen Haushälterin im Februar 1977. Man hatte ihn auch dieses Mordes bereits verdächtigt, weil im Wagen von Simone Hansen ein Revolver gefunden worden war, der einmal dem Chef der Getöteten gehört hatte. Allerdings ist die Frau augenscheinlich nicht getötet worden, sondern an Erbrochenem erstickt. Und in allen drei Fällen, behauptet Troller nun, sei Simone Hansen nicht nur anwesend, sondern „die treibende Kraft" gewesen. Mit den Worten „Es darf keine Zeugen geben" habe Simone Hansen ihren Lover jeweils unmissverständlich aufgefordert, die Opfer zu töten.

Auch wenn Troller gemeinhin als ausgesprochen unglaubwürdig gilt, haben seine Aussagen zumindest teilweise Gewicht, beispielsweise dann, wenn er erzählt, die Taten und die Beteiligung seiner Geliebten habe er gleich nach seiner Festnahme im Juni 1977 gestanden – nur nicht der Kripo, sondern seinen damaligen Rechtsanwälten, die er nach seinem jüngsten Geständnis vor dem Staatsanwalt von ihrer Schweigepflicht entbunden hat. „Ohne Simone wäre das doch alles nicht passiert", will er ihnen damals unter Tränen gestanden haben. Doch stützt sich der dringende Tatverdacht des „gemeinschaftlich verübten zweifachen Mordes" gegen Simone Hansen nicht nur auf die Angaben des bereits Verurteilten, sondern auch auf eine Reihe schwerwiegender Indizien. Die Beschuldigte verweigert diesmal die Aussage, und zwar von Beginn an. Simone Hansen lässt aber nichts unversucht, um sich als Opfer eines perfiden Racheplans zu inszenieren, den Troller ausgeheckt haben soll, der verschmähte Liebhaber und vormalige Freund. Sie schreibt in ihrer Verzweiflung sogar an das Justizministerium und verweist bissig auf den angeblich einzig Schuldigen „in dieser unsäglichen Schmutz- und Hetzkampagne": „Heute weiß ich, Troller ist der Satan in Person. Sein Hass muss grenzenlos sein. Er will mich demütigen und vernichten."

Doch Simone Hansens Überzeugungsversuche bleiben fruchtlos, jetzt will ihr niemand mehr glauben. Am 19. Februar 1985 wird der Prozess gegen sie eröffnet. Was der Staatsanwalt der Angeklagten vorwirft, ist nicht nur ungeheuerlich, sondern auch eine kriminologische Sensation: „Simone Hansen hat aus Habgier, zur Verdeckung einer anderen Straftat, zur Ermöglichung einer weiteren Straftat, nämlich eines Raubes, und zur Befriedigung des Geschlechtstriebs zwei Menschen vorsätzlich getötet." Dass Frauen in Serie morden, ist schon ein sehr seltenes Ereignis, aber dass eine Frau dabei aus sexuellen Motiven tötet, das kommt – zumindest hierzulande – einmal in hundert Jahren vor.

Simone Hansen will keine Aussage machen, weder zur Person noch zur Sache. Sie will auch nicht sagen, ob sie mit Eberhard Troller verlobt war oder ist. So erfährt man durch die Verlesung des ersten Urteils nur, dass die Angeklagte von 1965 bis 1977 verheiratet war, zur Zeit der Taten mit Troller liiert und nicht vorbestraft gewesen ist. Das reicht gewiss nicht aus, um sich ein Bild von dieser Frau zu machen. Strategie? Hilflosigkeit? Oder hat sie einfach Angst, dass bei der Erörterung ihrer Vita etwas herauskommt, das besser verborgen bleiben sollte?

Troller, der zwielichtige Kronzeuge, möchte jetzt überraschenderweise auch nicht mehr aussagen. Der Grund: Er will durch die Ermittlungsbehörden getäuscht und zu einem Geständnis verleitet worden sein. Angeblich seien seine Aussagen „unter Druck und aufgrund falscher Tatsachen erpresst worden". Man habe ihm nämlich erzählt, Simone Hansen wolle „einen Amerikaner heiraten und mit ihm nach Kalifornien abhauen". Aus diesem Grund habe er seine vorherigen Angaben bei der Kripo nun widerrufen, er stütze sich dabei auf Paragraph 136a der Strafprozessordnung – jene Norm, die über verbotene Vernehmungsmethoden Auskunft gibt. Die „Freiheit der Willensentschließung und Willensbetätigung" des Beschuldigten darf demnach unter anderem nicht durch „Täuschung" hervorgerufen worden sein. Sollte die Kripo Troller tatsächlich mit einer fiktiven Liaison Simone Hansens gelockt haben, dürfte sein Geständnis tatsächlich nicht als Beweismittel gelten.

Das Gericht behilft sich mit einem gängigen juristischen Trick, indem es die Kriminalbeamten als Zeugen hört, die Troller seinerzeit vernommen haben. So kann der Zeuge schweigen, und das Gericht erfährt dennoch aus erster Hand, was Troller ausgesagt hat. Kommt jetzt endlich Licht in dieses düstere Kriminaldrama?

Einer der Vernehmungsbeamten schildert am zweiten Prozesstag Trollers Tatversionen. Demnach soll Margarethe Zenner bei einem „flotten Dreier" selbst den Wunsch geäußert haben, durch leichtes Würgen sexuell stimuliert zu werden. Während er seine Hand bald von ihrem Hals zurückgezogen habe, sei Simone Hansen diejenige gewesen, die weiter zugedrückt habe, bis das Opfer nach einem kurzen Aufbäumen gestorben sei. Und eben diese Simone Hansen sei es gewesen, die Katharina Skrowonnek heimlich Tabletten in den Wein gegeben habe. Als die Frau später benommen gewesen sei und sich nicht mehr habe wehren können, habe seine damalige Geliebte dem Opfer ein Kissen aufs Gesicht gedrückt, bis es tot gewesen sei. Allerdings seien die Tötungen „nicht geplant" gewesen – „Betriebsunfälle" eben. Auch habe man nicht vorgehabt, die Opfer zu berauben. Ist das wieder eines dieser „Lügenmärchen", wie der Staatsanwalt Trollers vormalige offenkundig unwahre Aussagen zu bewerten pflegte?

Nun soll der damalige Anklagevertreter für Klarheit sorgen, der mittlerweile aus dem Staatsdienst ausgeschieden ist. Einer der Rechtsanwälte hatte ihm nämlich von Trollers Geständnis unmittelbar nach seiner Festnahme erzählt. Der Zeuge berichtet nun, Troller soll, als er von seinem Anwalt in der Haftanstalt besucht worden sei, „am Boden zerstört" gewesen sein. Wörtlich habe Troller gesagt: „Das liegt an der Simone, die hat immer gesagt, es dürfen keine Belastungszeugen übrig bleiben. Sie war die treibende Kraft." Weiter habe Troller zugegeben, man habe die Frauen ausnehmen, mit ihnen „aber auch Spaß haben" wollen. Auch habe er, der Zeuge, von Trollers Anwalt erfahren, dass Simone Hansen bis 1982 in Raten etwa 5.000 Mark an seine Kanzlei gezahlt habe. War das eine Art Schweigegeld für den Geliebten, der sie so lange aus den Morden herausgehalten hatte?

Am fünften Verhandlungstag sorgt ein ominöser weißer Zettel für Aufsehen und Verwunderung – und Gerhard Kramer, der ehemalige Freund von Margarethe Zenner. Er will nämlich in der Wohnung des Opfers nach dessen Tod ein Stück Papier gefunden haben, auf dem zwei Namen geschrieben standen. Der erste, „Dr. König", überrascht niemanden, der zweite dafür umso mehr: „Hansen". Nicht nur der erstaunte Vorsitzende hält dies für eine „Sensation", sollte der Zeuge die Wahrheit gesagt haben.

Der Vorsitzende hakt deshalb nach: „Sind Sie sich da ganz sicher mit dem weißen Zettel?"

Gerhard Kramer: „Vollkommen sicher!"

Vorsitzender: „Warum haben Sie den weißen Zettel erst heute zum ersten Mal erwähnt?"

Gerhard Kramer: „Ich bin nicht danach gefragt worden. Die Polizisten hatten ihn damals mitgenommen."

Der Zeuge muss auf Drängen des Staatsanwalts schwören, gerade die Wahrheit gesagt zu haben. Hat die bislang so schweigsame und stoisch wirkende Angeklagte bei verschiedenen Gelegenheiten gerne einmal abschätzig, spöttisch oder belustigt gelächelt, wirkt sie jetzt sehr nachdenklich. Allerdings kann im weiteren Verlauf des Prozesses auch durch die Vernehmung der Kriminalbeamten, die für die Tatortarbeit und die Verwahrung der Beweismittel zuständig waren, nicht geklärt werden, ob es den besagten Zettel gegeben hat, und wenn ja, warum er bei der Kripo abhandengekommen ist.

Simone Hansen hat im Vorfeld des Prozesses einer psychiatrischen Untersuchung nicht zugestimmt. Darum sollte ein Gutachter während der Verhandlung versuchen, die Persönlichkeitsstruktur der Angeklagten zu durchdringen, um deren Schuldfähigkeit beurteilen zu können. Es könnte durchaus so gewesen sein, dass Simone Hansen, wie viele Frauen vor ihr, Troller verfallen oder hörig war, dass sie demnach in ihrer Entscheidungsfreiheit beeinträchtigt gewesen war. Oder andersherum: Sie bestimmte, und er parierte. Oder noch anders: gemeinsamer Tatplan, gemeinsame Tatausführung, gleiche Schuld. Der Sachverständige kann indes nichts Wesentliches zur Wahrheitsfindung beitragen. Seine plausible Begründung: „Frau Hansen hat hier nichts gesagt, was ich hätte beurteilen können."

Den Staatsanwalt ficht das sich mehr und mehr verfinsternde Schweigen der Angeklagten nicht an. Für ihn steht vielmehr fest, dass der beruflich gescheiterte Troller die finanziellen Reserven seiner Lebensgefährtin, bedingt durch seine Verschwendungs- und Großmannssucht, bis Ende Juni 1977 restlos aufgebraucht hatte. Deshalb hätten beide beschlossen, sich neue Geldquellen zu erschließen, und zwar alleinstehende, betuchte Frauen, die sie über Zeitungsannoncen kennenlernen, „ausnehmen und in sexuelle Aktivitäten einspannen wollten". Unter den Interessentinnen, die sich auf das Inserat im „Hamburger Abendblatt" gemeldet hätten, seien auch die beiden Opfer gewesen.

Die Taten sind nach Ansicht des Anklagevertreters so abgelaufen: Troller und die Angeklagte hätten Margarethe Zenner in die besagte Ruine gelockt, sie sexuell missbraucht und gefoltert und „durch Gewalteinwirkung gegen den Hals" getötet, schließlich verstümmelt. Tags zuvor hätten beide am späten Abend Katharina Skrowonnek besucht, betäubt, ebenfalls „sexuelle Manipulationen vorgenommen", das Opfer hiernach erstickt und anschließend beraubt. Von einem „Betriebsunfall" könne keine Rede sein, die Taten seien vielmehr gezielt und planmäßig „zur Befriedigung des Geschlechtstriebs und aus Habgier" verübt worden.

Dass Troller die Morde nicht alleine begangen haben kann, schlussfolgert der Staatsanwalt im Fall Zenner aus dem Tatortbefund und im Fall Skrowonnek aus der Zeugenaussage einer Nachbarin, die außer der Stimme des Opfers noch eine zweite Frauenstimme gehört habe. Auch das frühe Geständnis Trollers nach seiner Festnahme sei als Beweis für die Täterschaft der Angeklagten zu werten. Auch wenn der Zeuge zunächst vielfach gelogen habe, sei er doch in diesen entscheidenden Punkten glaubwürdig. Die juristische Konsequenz dafür soll sein: „Lebenslange Freiheitsstrafe wegen zweifachen Mordes." Simone Hansen ist empört, erstmals gibt sie ihre Zurückhaltung auf und redet wild gestikulierend auf ihren Verteidiger ein.

Der räumt in seinem anschließenden Plädoyer zwar ein, dass viel gegen seine Mandantin spreche, doch hält er dem Staatsanwalt auch vor, „nicht einen einzigen Sachbeweis vorgelegt" zu haben. Zudem seien „bei kritischer Betrachtung" Trollers Angaben „nicht verwertbar", dieser Mann sei zu wahren Aussagen gar nicht fähig und darum als Zeuge ein „Nullum". Konsequenz: „Freispruch."

„Viel ist über mich geredet worden, ich wurde nach allen Regeln der Kunst durch den Schmutz gezogen, über mich wurden Lügen verbreitet, dass sich die Balken bogen und dass es zum Himmel stank. Dennoch bin ich ruhig geblieben, wie Sie sehen." So beginnt Simone Hansen ihre Verteidigungsrede. Mit leiser, aber eindringlicher Stimme sagt sie: „Lassen Sie mich nun mit einem Gleichnis beginnen." Die Angeklagte vergleicht sich mit einem Stück Holz, das auf einem Fluss dahintreibe, über ein Wehr gespült, dort von Strudeln auf der Stelle herumgedreht werde und nicht mehr vom Fleck komme. Sie habe aber schließlich doch ihren Weg gefunden, lässt sie das Gericht wissen – im Gefängnis: „Dort bin ich zu einem Kind Gottes geworden, durch den Glauben an Jesus."

Über ihren ehemaligen Lebensgefährten sagt sie: „Ich lernte

Troller als faszinierenden Mann kennen, ich lernte ihn als Satan kennen, der log, um mich ins Gefängnis zu bringen. Aber ich hasse ihn deshalb nicht. Herr Troller ist krank. Er ist krank, weil ihm der Glaube an Jesus Christus fehlt." Das Verhältnis zu ihm sei so gewesen: „Ich gab diesem Mann meine Liebe, eine aus dem tiefsten Inneren kommende Liebe, die er noch von keiner anderen Frau bekommen hat. Deshalb fühlte er sich von mir angezogen, klammerte sich an mich wie eine Mutter. Das hat nichts mit Sex oder schwarzen Messen zu tun."

Überhaupt sei das Mütterliche ein zentrales Thema im Leben Trollers gewesen, er habe in allen Frauen nur die verlorene Mutter gesucht, behauptet Simone Hansen. Erst recht habe er sich im Gefängnis an sie geklammert, und als sie ihm ihren „Rockzipfel entzogen" und keine „lieben Briefe" mehr ins Gefängnis geschrieben habe, sei er „furchtbar enttäuscht und zornig" gewesen und habe sich um seine vermeintliche Geborgenheit gebracht gefühlt – und nur aus diesem Grund „das falsche Geständnis abgelegt". Ohne Wesentliches zur Sache ausgesagt zu haben, schließt Simone Hansen ihren Vortrag, der sich wie eine Predigt angehört hat, nach einer Dreiviertelstunde mit der Bemerkung: „Ich wünsche Ihnen Weisheit und Einsicht. Möge Gott sie Ihnen geben, damit Sie erkennen, dass ich unschuldig bin."

Am 23. März 1985 findet einer der bemerkenswertesten Fälle der deutschen Kriminal- und Justizgeschichte mit der Urteilsverkündung seinen endgültigen Abschluss. Die meisten Prozessbeobachter halten es mit dem Staatsanwalt und rechnen mit einer lebenslangen Haftstrafe für die Angeklagte. Doch es kommt anders. Die Kammer sieht es nämlich als erwiesen an, dass Troller am 6. Juni 1977 Katharina Skrowonnek zweimal anrief, sich als „Dr. König" ausgab und gemeinsam mit Simone Hansen gegen 22 Uhr im Haus des Opfers erschien. Schnell erkannte Troller, dass es ihm und seiner Geliebten nicht gelingen würde, Katharina Skrowonnek auszunehmen. So entschied Troller, die

Frau zu töten und zu berauben. Er zwang sie unter massiven Drohungen, Schlaftabletten zu nehmen und Alkohol zu trinken. Simone Hansen verstärkte den Entschluss Trollers, die Frau zu töten, als sie sagte: „Keine Belastungszeugen!" Darauf erstickte Troller das Opfer mit einem Kissen in der Hoffnung, bei Katharina Skrowonnek hierdurch einen „Superorgasmus" auszulösen.

Als schwerwiegendes Indiz für eine Täterschaft Simone Hansens lässt das Gericht das Aufgeben der Zeitungsannonce gelten, die Angeklagte habe gewusst, was Troller damit bezweckte, und somit seine Vorbereitungs- und Täuschungshandlungen unterstützt. Ein herausragendes Indiz für die Mitwirkung der Angeklagten im Fall Skrowonnek sei die durch eine Nachbarin bezeugte Anwesenheit einer weiteren weiblichen Person am Tatort. „Hierfür kommt nur die Angeklagte in Betracht", begründet der Vorsitzende den Schuldspruch. Der Besitz der Krokogeldbörse sei „eine weitere Beweistatsache" für ein Mitwirken Simone Hansens. Den Aussagen Trollers folgt das Gericht nur so weit, als sie unmittelbar nach seiner Festnahme gemacht wurden. Alles andere sei „Gerede". Konsequenterweise wird die Angeklagte im Fall Margarethe Zenner freigesprochen, da keine objektiven Beweise für eine Täterschaft der Angeklagten vorhanden seien. Unter dem Strich bleibt nach Auffassung des Gerichts die „psychische Beihilfe" zur Ermordung Katharina Skrowonneks, „indem Simone Hansen den Täter in seinem Tatentschluss bestärkte". Eine Mittäterschaft, wie sie die Staatsanwaltschaft angenommen habe, sei nicht nachzuweisen gewesen. Simone Hansen wird für acht Jahre ins Gefängnis geschickt, ein mildes Urteil, bedenkt man die Forderung der Staatsanwaltschaft und die Feststellung des Gerichts, es habe sich bei der Tötung Katharina Skrowonneks „um eine besonders verabscheuungswürdige Tat gehandelt". Der Angeklagten wurde bei der Strafzumessung letztlich zugutegehalten, „in gewisser Weise" von Troller abhängig und „eventuell" alkoholbedingt enthemmt gewesen zu sein.

Die Geschichte von Eberhard Troller und Simone Hansen ist ein trauriges Lehrstück darüber, wie Menschen, die gegensätzlicher nicht sein können, dennoch – oder gerade deswegen – zueinanderfinden, wie Menschen sich in ihrer Destruktivität gegenseitig ergänzen und verstärken können, wie Menschen sich in einer Beziehung überhöhen und verlieren und wie genau diese Menschen an ihren eigenen Ansprüchen und Schwächen, die sie erst für den anderen attraktiv gemacht haben, letztlich scheitern müssen. Simone Hansen wird mit der Metapher vom Stück Holz und dem Fluss recht gehabt haben. Nur wer das Stück Holz war und wer der Fluss, ist ungewiss.

KAPITEL 2

Wenn mal ein Krieg ausbricht

„Klaus sagte mir am Montagmorgen,
dass wir an diesem Tag ‚einen suchen gehen'.
Er meinte damit, einen Menschen umbringen.
Wen, hat er nicht gesagt.
Er wollte von Hagen aus ein paar Leute anrufen.
Derjenige, der erreicht würde, sollte getötet werden.
Wen es treffen würde, war ihm anscheinend vollkommen egal.
Wir sollten mit meinem Wagen zu demjenigen hinfahren.
Wenn er keinen erreichen würde,
wollte er sich einfach einen suchen.
Was dann passieren würde,
davon hatte ich keine Vorstellung, nur halt umbringen."

„Es lief alles ab wie ein Film.
Ich wollte nicht denken und nicht fühlen,
ich wollte nichts hören und nichts sehen.
Ich habe alles verdrängen wollen, bis heute.
Es war wie in einem bösen Traum."

Ein schmuckloses Haus in der sauerländischen Provinz, eingeklemmt zwischen Wellblechschuppen und einer Schraubenfabrik, dahinter nur noch dichter Wald, der die Berghänge vollends bedeckt. Das Spezialeinsatzkommando der Dortmunder Polizei ist schon in der Nacht verdeckt in Stellung gegangen; Klaus Rogoll, ein mit Haftbefehl gesuchter Gewalttäter, soll festgenommen werden. Für die vermummten und speziell geschulten Polizisten ist dies ein Routine-Fall, auch wenn der Gesuchte bewaffnet sein soll und als gefährlich gilt. Der 27-Jährige wird verdächtigt, zwei Tage zuvor, am 15. März 1996, im 30 Kilometer entfernten Dorsten ein schweres Verbrechen begangen zu haben. Ermittlungen der Kripo Recklinghausen haben nun in den Altenaer Ortsteil Dahle geführt. Hier soll sich der mutmaßliche Mörder bei seiner Freundin verbergen. Um die junge Frau beim Zugriff nicht zu gefährden, soll gewartet werden, bis sie das Haus verlässt.

Nach stundenlangem Warten in klirrender Kälte wird gegen 11.15 Uhr endlich die Haustür geöffnet. Alle Einsatzkräfte werden alarmiert: Es geht los. Eine sehr schlanke und eher kleine Frau Anfang bis Mitte 20 kommt heraus und geht zielstrebig zu einem grauen VW Golf, steigt ein, startet, fährt los. Der Wagen wird von zwei Beamten in Zivil erst gestoppt, als er vom Versteck des Gesuchten aus nicht mehr gesehen werden kann. Die Frau weist sich aus. Es ist Diana Brüggemann, die Freundin des Festzunehmenden. Ihr wird mitgeteilt, dass sie „wegen eines Polizeieinsatzes" vorerst nicht zurück in ihre Wohnung könne. Die 25-Jährige ist perplex und übergibt den Polizisten ihre Wohnungsschlüssel. „Die brauchen wir jetzt, die bekommen Sie aber wieder", wird ihr noch gesagt, bevor sie in einem Wagen der Kripo weggebracht wird.

Die Fahrt, während der kein Wort gesprochen wird, dauert nur einige Minuten und endet auf der Polizeiwache in Altena. Diana Brüggemann wird von zwei Kriminalbeamten empfangen, die sie zunächst als Zeugin belehren: Sie soll „wahrheitsgemäß aussagen", braucht „sich selbst nicht zu belasten", darf „niemand wissentlich falsch beschuldigen". Ihr wird aber auch gesagt, es könne gegenwärtig nicht ausgeschlossen werden, dass sie von der Tat „zumindest im Nachhinein" erfahren habe. Sollte sie dieses Wissen nicht preisgeben, drohe „eine strafrechtliche Verfolgung wegen Strafvereitelung". Schlimmer noch. Falls „sich herausstellen sollte", zeichnen die Beamten ein düsteres Szenario, dass ihr „die Tathandlung bekannt" sei, müsse sie „mit einer vorläufigen Festnahme rechnen".

Diana Brüggemann ist konsterniert. Eben noch sinnierte sie darüber, ob sie nicht besser einen neuen Wagen kaufen solle, nun das: Die auffällig dünne Frau mit den hellblonden, schulterlangen Haaren sitzt auf einem unbequemen Holzstuhl zwei Kriminalpolizisten gegenüber, die keine freundlichen Gesichter machen, die sie mit einem ungeheuerlichen Verdacht konfrontieren und ihr unterschwellig vorwerfen, sie wisse „von der Sache Granitza".

„Nein", bricht sie ihr Schweigen. „Nein, ich weiß davon nichts. Absolut gar nichts. Ich habe doch eben erst von Ihren Kollegen erfahren, was der Klaus gemacht haben soll. Das glaube ich nicht. Das kann doch nicht wahr sein!" Sie schüttelt mit dem Kopf und verschränkt die Arme vor der Brust.

„Erzählen Sie doch mal von sich und Klaus. Wie war das zwischen Ihnen?", fragt einer der Beamten.

Diana Brüggemann würde am liebsten fortlaufen oder unsichtbar werden. Obwohl ihr keine Handschellen angelegt worden sind, kommt es ihr vor, als sei sie gefesselt. Bewegungslos sitzt sie da. Das Herz schlägt ihr bis zum Hals. Sie hat Mühe, ihre Aufregung zu verbergen. Eine solche Situation ist ihr vollkommen fremd. Derartige Dinge kennt sie nur aus dem Fernsehen. Der Blick ist leer und auf die kahle weiße Wand vor ihr gerichtet, keine drei Meter entfernt. Sie wirkt geistesabwesend und schweigt. Diana Brüggemann zeigt keine Gefühle. Nur die Oberschenkel bewegt sie kaum merklich hin und her.

„Also?"

Die junge Frau vermeidet den Blickkontakt, weil sie nicht weiß, wie sie sich verhalten soll, und weil sie befürchtet, man könne ihr die Anspannung ansehen. Sie hat nämlich etwas zu verbergen. Dann nimmt sie all ihren Mut zusammen.

Seit mehreren Monaten sei sie wieder mit Klaus zusammen, sagt sie, sein Privatleben würde sie aber nicht weiter interessieren. „Der macht sein Ding, ich mach meins."

„Das ist aber recht ungewöhnlich!", geht einer der Kommissare dazwischen. „Sie leben zusammen, Sie wohnen zusammen, Sie schlafen zusammen – und wollen nichts voneinander wissen? Frau Brüggemann!"

„Verstehen Sie das bitte richtig", erwidert die Zeugin, „das mit Klaus ist doch nur eine Bettbekanntschaft. Okay, ich bin froh, dass er jetzt wieder bei mir ist. Er hat mich vor einiger Zeit wegen einer anderen verlassen, und ich bin so lange alleine gewesen."

Dann wird nach dem Alibi gefragt.

Klaus sei am Donnerstagnachmittag weggefahren, antwortet Diana Brüggemann. Er habe ihr jedoch nicht gesagt, wohin. Und sie habe auch nicht nachgefragt. Sie habe große Angst vor ihm, weil er sie früher häufig und heftig geschlagen habe. Dies sei jedoch in den letzten Monaten nicht mehr vorgekommen. Ihre Eltern seien strikt gegen diese Beziehung; Klaus dürfe auch nicht mit ihren Eltern in Kontakt kommen. „Das ist alles."

Plötzlich wird die Tür aufgestoßen, ein Beamter kommt herein und bedeutet seinen Kollegen, man möge sich doch kurz austauschen. Es wird so leise gesprochen, dass Diana Brüggemann nichts verstehen kann. Nach einigen Minuten wird das Frage-Antwort-Spiel wieder aufgenommen.

„Frau Brüggemann. Uns wird gerade mitgeteilt, dass in Ihrer Wohnung ein Gewehr gefunden worden ist."

„Na und? Das gehört mir doch nicht. Was denn für ein Gewehr?"

„Das wissen Sie besser als wir!"

Diana Brüggemann antwortet nicht. Sie glaubt, es sei besser, jetzt nichts mehr zu sagen.

„Das Gewehr wurde nicht in einem Versteck gefunden", erklärt der ältere Beamte mit lauter werdender Stimme. „Es stand im Wohnzimmer an der Wand. Für jedermann gut sichtbar. Für Sie auch. Sie müssen davon gewusst haben!"

Schweigen.

„Frau Brüggemann. Lassen Sie doch die Fisimatenten, Sie machen alles nur noch schlimmer!"

Diana Brüggemann bleibt sich treu. Kein Wort mehr.

„Gut, wie Sie wollen. Frau Brüggemann, Sie sind vorläufig festgenommen. Es besteht der dringende Verdacht der Strafvereitelung. Sie werden jetzt in eine Zelle gebracht."

Eine Angestellte der Polizeiwache wird hinzugerufen. Diana Brüggemann, die jetzt den Status einer Beschuldigten hat, soll körperlich durchsucht werden. In ihrer Hosentasche wird schließlich ein auf rosa Papier handgeschriebener Zettel gefunden, offenbar verfasst von Klaus Rogoll. Der Text belastet Diana Brüggemann schwer:

„Liebe Diana-Maus,
jetzt <u>muss</u> einfach alles gut werden.
Ich bin zwar ein wenig unbefriedigt,
weil es nicht so ablief, wie ich wollte,
aber immerhin ist das Ergebnis doch
zufrieden stellend, oder???
Es wird jetzt alles gut werden!
Ich danke Dir, daß Du mir geholfen
und mich so sehr unterstützt hattest.
<u>Dir</u> gehört mein Herz!
Auch wenn ich mal ein Arschloch bin.

Mir gehen halt oft die Nerven durch.
Tut mir leid!
Ich liebe Dich, ich liebe Dich,
ich liebe Dich, ich liebe Dich
und ich liebe Dich.

Dein Blöd-Knubbel

P. S.: Nach dem Lesen verbrennen."

Diana Brüggemann schweigt auch zu dem verräterischen Zettel und wird kurz darauf in eine Gewahrsamszelle gebracht, die sich im Keller des Polizeigebäudes befindet.

„Bist du das, Diana?!", tönt es mit einem Mal lautstark aus der Nebenzelle.

„Klaus?"

„Was haben die denn von dir gewollt?"

„Ich bin nur deinetwegen hier! Die haben mir vorgeworfen, ich hätte etwas von dem Gewehr gewusst."

„Du weißt doch gar nichts von den Waffen. Die habe ich doch immer vor dir im Bettkasten versteckt. Ich werde denen sagen, dass ich dich geschlagen und dass ich dich gezwungen habe. Dann mach doch eine Anzeige gegen mich, weil ich dich mal mit einer Waffe bedroht habe. Ich war doch das Schwein." Nach einer Pause. „Diese verdammten Schweine!"

„Die durchsuchen jetzt meine Wohnung."

„Da werden die auch das Gewehr finden. Diana, ich liebe dich!"

„Ich liebe dich auch. Klaus, ich liebe nur dich!"

Dann wird einige Minuten nicht gesprochen, bis Rogoll fragt: „Wobei sollst du mir denn geholfen haben?"

„Du sollst jemanden erschossen haben!"

„Und dabei sollst du mir geholfen haben? Unsinn! Du hast mir doch nur Geld gegeben und damit geholfen."

Die Gefangenen werden schließlich zur Ruhe ermahnt, um weitere Kommunikation und Absprachen zu verhindern. Kurze Zeit später bringt man Diana Brüggemann und Klaus Rogoll ins Polizeipräsidium Recklinghausen. Die Ermittler haben den Tatablauf mittlerweile rekonstruieren können: Kurz vor Mitternacht steht ein bewaffneter Mann vor dem Haus der Familie Grübbel in Dorsten-Rhade und schellt. Die Mutter öffnet die Haustür, kann nicht genau erkennen, mit wem sie es zu tun hat, hört aber den Unbekannten sagen: „Da ist was mit dem roten Sierra passiert." Der Wagen gehört dem Freund ihrer Tochter, der regelmäßig bei den Grübbels übernachtet. Da muss wohl ein Unfall passiert sein. Maria Grübbel weckt das junge Paar. Thomas Granitza ist noch gar nicht richtig wach, als er die Treppe hinuntergeht. Unten im Hausflur trifft der 25-Jährige auf den Mann, der geschellt hat. Sekunden später fallen zwei Schüsse. Mit zerfetztem Oberkörper bricht Thomas Granitza zusammen, tödlich getroffen von zwei „Sauposten", grobem Schrot, verfeuert mit einer Pumpgun. Der Täter kann unerkannt flüchten.

Der Verdacht richtet sich nun gegen Klaus Rogoll, weil die Mutter des Opfers ihn an seiner Stimme wiedererkannt hat. Der Kripo sagte sie schon eine Viertelstunde nach der Tat wutentbrannt: „Ich weiß, wer ihn umgebracht hat. Der Rogoll, der war das. Ich kenne seine Stimme. Der hat hier dauernd angerufen: ‚Der Thomas kommt heute nicht nach Hause. Der ist tot, den haben wir plattgemacht!' Ich habe Thomas immer wieder gesagt: Geh zur Polizei. Aber ihr habt ja nichts unternommen. Und jetzt hat er ihn umgebracht!" Kurze Zeit später ist es der Kripo Recklinghausen, zuständig auch für Tötungsdelikte, die sich in Dorsten ereignen, gelungen, das Schlupfloch des bekennenden Neonazis ausfindig zu machen. Der Hinweis, „mal in Altena bei der Freundin vorbeizufahren", ist aus dem familiären Umfeld des Mordverdächtigen gekommen.

Klaus Rogoll, gebürtig aus Gladbeck, einer Kleinstadt im

Ruhrgebiet, gilt als überzeugter Rechtsextremist. Für die Ermittlungsbehörden ist der Mann kein unbeschriebenes Blatt, sein Vorstrafenregister liest sich wie das Inhaltsverzeichnis des deutschen Strafgesetzbuches: Volksverhetzung, Aufstachelung zum Rassenhass, Nötigung, Körperverletzung, gefährliche Körperverletzung, Störung der Totenruhe, Sachbeschädigung, Diebstahl, öffentliche Aufforderung zu Straftaten, Verbreiten pornographischer Schriften, Urkundenfälschung, Betrug. Mehr noch: Mehrfach hat er Kripobeamte, Staatsanwälte und Richter, aber auch Aussteiger aus der rechten Szene bedroht, ihnen auch mal Briefbombenattrappen ins Haus geschickt oder Gewehrkugeln mit dazu passendem Begleitschreiben: „Die nächste bekommst du in den Kopf!" Die Mutter seiner ehemaligen Verlobten hat er ein Jahr lang mit diffusen Telefonanrufen traktiert: „Du dicke Sau, ich bring dich um, die ganze Familie müsste man ausrotten. Man sollte euch alle durchficken." Auch Mitarbeiter des Arbeitsamtes in Gladbeck sind seinen Hasstiraden ausgesetzt gewesen. Zitat aus einem seiner Drohbriefe: „Man sollte langsame Beamte als Volksverräter an die Wand stellen und erschießen."

Schon als Teenager geriet Rogoll ins Visier der Verfassungsschützer. Zehn Jahre glaubte man, ihn „unter Kontrolle" zu haben, dann tauchte er plötzlich ab. Schwerwiegende Gewalttaten hat dieser Mann bis dato allerdings nicht verübt. Soweit bekannt. Und jetzt: ein kaltblütiger Mord, bei dem ihm seine Freundin behilflich gewesen ist? Noch am späten Abend wird Diana Brüggemann abermals vernommen. Sie soll sagen, ob sie etwas von dem Mord weiß oder sogar mitgemacht hat.

Obwohl sie als Beschuldigte auch schweigen darf, ohne dass ihr daraus ein Nachteil entsteht, macht sie eine Aussage. „Gleich zu Anfang möchte ich sagen, dass ich mit dem Mord nichts zu tun habe", beginnt sie einen längeren Monolog. „Ich war nicht dabei. Ich habe den Klaus nicht nach Dorsten begleitet und auch nicht nach Dorsten oder in die Nähe von Dorsten gefahren. Ich möchte an dieser Stelle auch gleich sagen, dass ich im Auftrag von Klaus für ihn mehrere Telefonanrufe gemacht habe, von einer Telefonzelle aus. Klaus hat die Nummer eingetippt, und ich habe gesprochen. Ich sollte nach einem Mann fragen, der Thomas heißt. Den Namen der Frau, mit der ich geredet habe, kannte ich nicht. Sie sagte nur, dass ihr Sohn nicht zu Hause ist. Dreimal habe ich dort angerufen, das letzte Mal vor einigen Tagen. Diesmal war ein Mann am Telefon, der mir sagte, dass er nicht wüsste, wann der Thomas wiederkommen würde."

Diana Brüggemann wirkt nun gelöster und beantwortet bereitwillig weitere Fragen. Sie erklärt den Beamten, sie habe nur nach Thomas fragen und sich nach seiner Erreichbarkeit erkundigen sollen. Sie habe dies getan, weil sie „sonst eins draufgekriegt" hätte. Rogoll habe ihr einmal erzählt, dass er von Thomas Granitza „verraten" worden sei. Er, Rogoll, sei angeklagt worden, einen „Nazi-Text" geschrieben zu haben. Zum Beweis habe Rogoll ihr eine Passage aus der Anklageschrift zu lesen gegeben, der zu entnehmen gewesen sei, Thomas Granitza habe gegen ihn bei der Polizei ausgesagt.

Bei den Anrufen im Hause Grübbel habe sie sich als „Sabine" ausgegeben. Weil ihr Freund jeweils die Rufnummer gewählt habe, könne sie nicht sagen, in welchem Ort angerufen worden sei. Die Anrufe seien nicht von Altena aus erfolgt, man sei dafür immer nach Werdohl gefahren, in eine Nachbarstadt. Ihr sei die Sache „auch komisch vorgekommen", aber sie habe keine andere Möglichkeit gesehen, als ihm gefällig zu sein. „Sonst hätte es Prügel gesetzt."

Am Tag nach der Tötung des Thomas Granitza sei ihr Freund gegen 19 Uhr wieder zu Hause gewesen und habe „ganz euphorisch gewirkt". Er habe ihr nochmals den ominösen Abschnitt der Anklageschrift gezeigt und gesagt, sie müsse sich „jetzt keine Sorgen mehr machen". Sie habe ihm indes gesagt, er solle sie „mit all den Sachen in Ruhe lassen".

Die Beamten werden hellhörig und beginnen Fragen zu stellen.

„Was meinen Sie damit?"

„Er erzählt immer nur, dass ihn alle ankacken und nerven. Ich soll die Einzige sein, der er vertrauen könne. Er wollte sich jetzt bessern. Er ist immer so aggressiv."

„Ist auch darüber gesprochen worden, was er am Freitagabend gemacht hat?"

„Er sagte, dass er das erreicht hätte, was er sich vorgenommen hatte. Es sei aber nicht zu seiner Zufriedenheit gelaufen. Er hat es mir auch auf einen rosafarbenen Zettel geschrieben. Diesen Zettel habe ich Samstagnachmittag auf dem Fußboden im Flur gefunden. Klaus hatte den Zettel dort für mich hingelegt, er war in einer Flaschenpost."

„Was meinte er damit, sein Ziel erreicht zu haben?"

„Ich dachte, dass er wohl einen erwischt hat, der ihn angekackt hat."

„Was meinen Sie mit ‚erwischt'?"

„Ja, aufgelauert. Jetzt weiß ich, dass er ihn angeblich erschossen haben soll."

„Hat er mal damit gedroht, jemanden umzubringen?"

„Das hat er öfter gemacht. Er hat auch mich und meine Familie bedroht. Ich habe diese Drohungen ernst genommen. Er sagte immer, dass er sich an den Leuten rächen wollte, die ihn ins Gefängnis gebracht hätten. Auch an den Polizisten, Richtern und Staatsanwälten."

„Haben Sie auf diese Drohungen reagiert?"

„Ja, klar. Er hat mich erpresst. Ich habe mal für ihn in Österreich ein Gewehr gekauft, und zwar auf meinen Namen. Das war in einem Geschäft am Dreiländereck in Bregenz. Der Kauf war problemlos. Ich bin mit meinem Auto und dem Gewehr über die Grenze gefahren, Klaus mit dem Bus. Später haben wir uns hinter der Grenze wieder getroffen. All das habe ich gemacht, weil ich ihn nicht verlieren wollte. Die Waffe sollte eigentlich für mich sein. Wenn mal ein Krieg ausbricht, sollte ich bewaffnet sein."

„Können Sie mal so eine Bedrohung durch Klaus schildern?"

„Ja. Das war mit einem Gewehr mit abgesägtem Lauf. Er hat es mir an den Hals gehalten und gedroht, dass er mich und meine Familie umbringt, wenn ich nicht das tue, was er will. Er drohte auch immer, dass er mich anzeigen würde, weil ich das Gewehr rübergeschmuggelt hätte. Er würde auch dafür sorgen, dass ich meinen Job als Verkäuferin verliere."

„Hat er mal Namen von Personen genannt, die er bedroht hat?"

„Er hat zwar Namen genannt, die kenne ich aber nicht. Er hat mir auch Fotos gezeigt von Leuten, an denen er sich rächen wollte, weil sie ihn ins Gefängnis gebracht oder Aussagen gegen ihn gemacht hatten. Diese Fotos lagen in einem Koffer, der im Schlafzimmer auf dem Schrank steht. Da durfte ich nie dran. Ein paar Fotos lagen auch auf dem Schränkchen im Wohnzimmer. Zwei oder drei Fotos lagen obenauf. Bei diesen Personen war eine angekreuzt beziehungsweise eingekreist. Das war dieser Thomas, bei dem ich mehrfach angerufen habe."

„Hat Klaus konkret gesagt, dass er diesen Thomas töten will?"

„Nein. Er hat es mir so nicht gesagt. Er hat nur gemeint, dass er sich rächen will. Wie, hat er nicht gesagt. Zumindest nicht konkret."

Als Diana Brüggemann über Magen- und Kopfschmerzen klagt, wird die Vernehmung um 23.25 Uhr abgebrochen. Klaus Rogoll hat zu diesem Zeitpunkt bereits gestanden, Thomas Granitza erschossen zu haben. Zunächst wurde der 100-Kilo-Mann nach seinem Motiv gefragt. „Ich wollte ihn ursprünglich nicht umbringen", erklärte er. „Ich wollte ihn, wie früher schon mal, nur bedrohen. Ich wollte ihm die Kanone eigentlich nur vor den Kopf halten. Ich wollte, dass er seine Aussage aus dem Jahr 1994 wieder zurücknimmt. Da hatte er mich angezeigt, weil ich angeblich von ihm einen Steckbrief veröffentlicht haben soll."

Tatsächlich hatte Rogoll Steckbriefe des späteren Mordopfers an Straßenbäume geklebt und den damals 24-Jährigen als „Faschist" gebrandmarkt, ihn des „Kameradenverrats" bezichtigt und öffentlich dazu aufgefordert, „ihm Verstand einzubläuen". Als wenig später im Sumpf der ewig Gestrigen „schwarze Listen" in Mode kamen, auf denen Adressen und Persönlichkeitsprofile bestimmter „Volksschädlinge" und „Gegner" vermerkt waren, fügte Rogoll den Namen seines verhassten Ex-Kameraden hinzu. Seine Begründung: „Der Granitza gibt sich als Skinhead aus, ist aber in Wirklichkeit ein Polizeispitzel. (…) Verrat ist eines der widerwärtigsten Verbrechen, die ein Mensch begehen kann. (…) Wir empfehlen, diese Subjekte zu ächten und zu meiden! Weitere Anregungen sparen wir uns, da wir kein Ermittlungsverfahren wegen der ‚Aufforderung zu Straftaten' auf uns lenken wollen."

Der Tathergang sollte sich so abgespielt haben: „Irgendwann kam der Thomas die Treppe herunter. Ich weiß gar nicht, ob ich im Treppenhaus gewartet hatte. Er stand irgendwo oben über mir. Ich sah an seinem Gesichtsausdruck, dass er mich erkannte. Er griff sofort mit seiner rechten Hand in seine Tasche, ich weiß nicht, ob es die Hosen- oder Jackentasche war. Ich glaubte instinktiv, der würde eine Pistole herausholen und mich erschießen. Ich habe mein Gewehr durchgeladen und geschossen. Ich habe nur in seine Richtung gefeuert. Ich weiß nicht, wo ich ihn getroffen habe. Ich habe weggeguckt." Es sollte also „Notwehr" gewesen sein. Eine naive Schutzbehauptung, die von der Kripo mühelos widerlegt werden kann. Denn: Das Opfer besaß gar keine Pistole, auch kein Gewehr, nichts, mit dem es seinen Mörder hätte bedrohen können. Am nächsten Morgen werden die Vernehmungen fortgesetzt. Diana Brüggemann hat mittlerweile verstanden und verinnerlicht, dass sie mit der Kripo kooperieren sollte, will sie nicht Gefahr laufen, selbst hart bestraft zu werden. Vielleicht geht es ja so noch einmal glimpflich ab, hofft sie.

Die Beamten fragen eingangs wieder nach den Telefonaten, die sie mit der Familie Grübbel geführt hat. Sie wiederholt ihre Version der Ereignisse, ohne sich an Details wie Telefonnummern oder Namen erinnern zu können. Dann kommen die Ermittler auf die „Flaschenpost" zu sprechen, jenen rosafarbenen Zettel, der in Diana Brüggemanns Hosentasche gefunden wurde und den sie gelesen haben muss. Ob sie dazu eine Erklärung abgeben wolle, wird sie gefragt. Sie will. Und ihr ist dabei bewusst, dass die nun folgenden Aussagen sie der Lüge überführen werden und einem Geständnis gleichkommen.

„Das war so", beginnt sie zu erzählen. „Klaus berichtete mir, dass er in Dorsten gewesen war. Dort sei er zu der Freundin des Thomas an das Haus herangegangen und habe geklingelt. Eine Frau habe geöffnet. Ihr habe er erzählt, dass er etwas an einem Sierra abgefahren hätte. Die Frau hielt ihn wohl für den Nachbarn."

Diana Brüggemann versagt die Stimme. Sie schlägt die Hände vors Gesicht und beginnt zu weinen. Einer der Vernehmungsbeamten reicht ihr ein Taschentuch. Nach einigen Minuten kann es weitergehen.

„Ich kann mich nicht mehr genau an das erinnern, was er gesagt hat", erklärt sie. „Ich war doch wie vor den Kopf geschlagen und konnte all das gar nicht richtig aufnehmen. Auf jeden Fall kam der Thomas ins Treppenhaus, und der Klaus hat zweimal auf ihn geschossen."

„Warum zweimal?"

„Er wollte sich an ihm rächen, da er ihn bei der Polizei verraten hatte. Oder eine Anzeige gemacht hatte. So was halt."

„Wie haben Sie auf diese Nachricht reagiert?"

„Ich war total sauer. Ich wollte nichts davon hören. Ich war wütend und enttäuscht."

„Kamen Sie auf den Gedanken, die Polizei zu informieren?"

„Ja, den Gedanken hatte ich. Aber ich hatte zu große Angst vor ihm. Und mir wurde bewusst, dass er seine Drohungen ernst meint."

„Wie ist der Satz ‚Ich danke Dir, daß Du mir geholfen und mich so sehr unterstützt hattest' zu verstehen?"

„Damit ist meine finanzielle Unterstützung für Klaus gemeint. Ich habe ihn praktisch ausgehalten und immer durch die Gegend gefahren. Das war wohl auch dafür, dass ich für ihn telefoniert habe." Diana Brüggemann hält für einen Moment inne. „Auf keinen Fall bedeutet es", fährt sie energisch fort, „dass ich ihn bei seiner Tat in irgendeiner Form unterstützt habe. Ich wusste nicht, wohin er an diesem Tag fuhr und was er vorhatte."

Die Beamten geben sich mit dieser Antwort zufrieden und legen Diana Brüggemann die Kopie eines Briefumschlags vor. Darauf steht geschrieben: „Ich breche jetzt noch mal kurz auf, das Jagdfieber hat mich wieder erfaßt. Vielleicht habe ich ja jetzt Glück!"

„Wie ist das zu verstehen?", wollen die Kripomänner wissen.

„Dieser Brief müsste in der Küche in der Nähe der Kaffeemaschine gelegen haben, das müsste Ende Januar gewesen sein." Sie erinnert sich. „Ja, das war die Telefonrechnung für Januar. Er ist sehr oft unterwegs gewesen, um Leute ausfindig zu machen oder Adressen von Leuten rauszukriegen, an denen er sich rächen wollte. Er hat mir Namen der Leute genannt. Nur den Thomas hat er mir auf einem Foto gezeigt."

„Was wollte Klaus mit den Leuten machen, wenn er sie ausfindig gemacht hätte?"

„Er wollte es ihnen heimzahlen und ihnen das wiedergeben, was er im Gefängnis hatte durchmachen müssen. Er hat sein Auto und seine Wohnung durch den Gefängnisaufenthalt verloren. Er sagte nie konkret, was er meinte oder was er mit den Leuten machen würde. Er sagte immer ‚fertigmachen'. Wenn er einen Horrorfilm gesehen hatte, dann sagte er, dass er das auch mit diesen Leuten machen wollte. Ich habe ihm einfach nicht zugetraut, dass er einen Menschen tötet. Diese Drohungen habe ich als Spinnerei angesehen. Natürlich wusste ich, dass er gewalttätig und brutal ist. Er hat es ja oft genug an mir ausgelassen. Auch mir hat er gedroht, mich zu töten."

„Hatten Sie Angst, wenn Klaus auf die ‚Jagd' ging?"

„Nein, hatte ich ehrlich gesagt nicht. Ich habe mir darüber einfach keine Gedanken gemacht."

Diana Brüggemann will ihrem Freund bei dem Mord an Thomas Granitza nicht geholfen und erst danach davon erfahren haben. Nach dem Aussageverhalten der Frau und den vorliegenden Beweisen eine durchaus glaubwürdige Annahme. Dass sie der Kripo zunächst vorgeschwindelt hat, sie habe von der Tat nichts gewusst, wird ihr höchstwahrscheinlich eine Anklage wegen Strafvereitelung einbringen. Diana Brüggemann ist erleichtert. Die für sie unangenehmen und anstrengenden Vernehmungen bei der Kripo, die durchwachte Nacht in der Gefängniszelle, der seelische Druck, Zukunftsängste – all das ist nun Vergangenheit. Die Kriminalbeamten wirken auf sie längst nicht mehr so energisch-bedrohlich und erklären ihr, wie es weitergehen wird. Sie soll am späten Nachmittag aus dem Polizeigewahrsam entlassen und von zwei Beamten nach Altena gefahren werden. Dort will man ihre Wohnung nochmals gründlich durchsuchen. Sie ist einverstanden.

Kurz vor der Abfahrt treffen drei Beamte der Kripo Dortmund im Präsidium ein. Sie bringen der Recklinghäuser Mordkommission brisante Informationen aus einer vormaligen „Vermisstensache", die sofort eine neue Ermittlungsstrategie erforderlich machen. Im Fokus der Ermittlungen steht nun abermals Diana Brüggemann, die man schon hatte gehen lassen wollen. Und als sich wenig später das Bundesamt für Verfassungsschutz meldet, überschlagen sich die Ereignisse. Auch in diesem

Fall soll sich der Tatverdacht gegen Klaus Rogoll richten. Die Ermittler fragen sich nun: Wie passt Diana Brüggemann in all das hinein? Hat sie auch hiervon gewusst? Oder gar mitgeholfen oder mitgemacht?

Gegen 17.30 Uhr verlassen Diana Brüggemann und drei Kriminalbeamte Recklinghausen, die Fahrt geht absprachegemäß nach Altena. Von den neuen Verdächten wird ihr nichts gesagt. Etwa eine halbe Stunde später erkundigt Diana Brüggemann sich, ob sie denn nach der Durchsuchung in Altena bleiben könne. Ja, wird ihr versichert – allerdings sei dafür Voraussetzung, dass sie die volle Wahrheit gesagt habe und bei der bevorstehenden Durchsuchung ihrer Wohnung keine weiteren belastenden Beweismittel gefunden würden.

Dann sagt einer der Beamten einen Satz in die bedrückende Stille hinein, der Diana Brüggemann so heftig trifft und erschüttert wie ein Keulenschlag: „Wenn wir bei Ihnen fertig sind, müssen wir Sie leider noch einmal auf die Polizeiwache mitnehmen. Sie müssen in einer anderen Ermittlungssache vernommen werden."

Andere Ermittlungssache! Diana Brüggemann kann zunächst keinen klaren Gedanken fassen. Sie sitzt einfach nur da, den Blick betroffen nach draußen gerichtet. Gehöfte, Wälder und Wiesen ziehen nur schemenhaft an ihr vorüber, sie ist wie gelähmt, entkräftet. Fünf Minuten benötigt die Frau, um sich wieder zu fangen. Dann fragt sie mit leiser Stimme:

„Ich habe doch alles gesagt, was soll ich denn noch sagen?"

„Kennen Sie eine Frau Schäfer?"

„Ja, ich habe mal ihre Katzen in Pflege genommen."

„Kennt der Klaus die Frau Schäfer auch?"

„Ja, wir waren mal da."

„Wo?"

„In ihrer Wohnung."

Danach schweigt der Kommissar eine Zeit. Nach ein paar Minuten nimmt er den Faden wieder auf.

„Kennen Sie auch eine Frau Körner?"

„Ja."

„Woher?"

„Von der Frau Schäfer, ich habe sie mal dort in der Wohnung gesehen. Aber nur einmal."

„Als Sie deren Katzen holten?"

„Nee. Aber ich wollte ..." Diana Brüggemann bricht mitten im Satz ab.

„Kennen Sie eine Frau, die einen englischen oder amerikanischen Namen hat?" Der Beamte, der bisher nach vorn geschaut hat, dreht sich um.

„Nur eine Sarah."

„Das hört sich aber nicht englisch oder amerikanisch an."

„Ja, aber so ähnlich hieß die."

„Wer ist das denn?" Der Kommissar versucht Blickkontakt herzustellen, dem sich Diana Brüggemann verweigert. Ihre Antwort kommt zögerlich.

„Der Klaus kennt die."

„Kennt der Klaus die Frau Körner *und* die Sarah?"

Keine Antwort.

„Ich wiederhole meine Frage." Der Ton des Beamten wird schärfer. „Kennt der Klaus die Frau Körner *und* die Sarah?"

Diana Brüggemann verliert endgültig die Beherrschung und schreit: „Ich weiß doch, was ihr hören wollt!"

„Und?"

Rückblende. November 1993. Diana Brüggemann sitzt tagsüber gelangweilt und desillusioniert an der Kasse eines Supermarktes, abends schwärmt sie für ihren Traummann: David Hasselhoff, den „Knight Rider" und „Baywatch"-Star. Die 22-Jährige ist schmächtig und schüchtern, wirkt etwas verhärmt und wird von Männern kaum beachtet. Einen festen Freund hatte sie bisher nicht. Diana wohnt in einer Einliegerwohnung im Haus der

Eltern. Dann meldet sich überraschend telefonisch ein Mann bei ihr und behauptet, er habe ihr einen Brief geschrieben, sie habe geantwortet, und jetzt sei es doch an der Zeit, sich persönlich kennenzulernen. Der Mann ist Klaus Rogoll. Diana kann sich an einen Brief beim besten Willen nicht erinnern, da sie aber tatsächlich hin und wieder auf Kontaktanzeigen schreibt, denkt sie nicht weiter darüber nach und willigt ein.

Das Treffen findet in einem Eiscafé statt. Klaus bringt rote Rosen mit, weiß sich auszudrücken, plaudert nett und entspricht auch sonst Dianas Vorstellungen: 1,85 Meter groß, 100 Kilo schwer, kräftig – ein ganzer Kerl eben. Er erzählt, dass er unehelich geboren worden sei, sein Vater, ein Österreicher, soll bei einem Unfall ums Leben gekommen sein, als Klaus noch ein Baby war. Aufgewachsen sei er bei seiner Mutter und seinen Großeltern. Wegen seiner politischen Gesinnung habe man ihn auf der Realschule geschasst. Nach der Hauptschule habe er eine Lehre als Tischler und Dachdecker begonnen, diese jedoch nicht beendet. Wenn Diana ihn fragt, wo und was er denn bisher gearbeitet habe, wird er unkonkret, dies und das halt. Er bekomme Arbeitslosengeld, das würde ihm genügen. Er sei eben nicht der Typ Mensch, der jeden Morgen früh aufsteht und zur Arbeit geht. Das sei doch nur etwas für Spießer.

Diana verknallt sich Hals über Kopf in Klaus, der sehr charmant sein kann und seiner Freundin jeden Wunsch erfüllt. Nach nur wenigen Wochen werden sie ein Paar. Auch sexuell harmonieren die beiden. Sie schätzt seine Zärtlichkeit, er ihre Bereitwilligkeit. Grobheiten oder Perversionen kennt sie von ihm nicht. Gemeinsam genießen sie stundenlange Spaziergänge in den Wäldern der Umgebung, Klaus ist naturverbunden und beeindruckt seine Freundin mit profundem Wissen über bestimmte Tierarten und Pflanzen. Diana vertraut Klaus vollends, ihr Leben hat eine wundersame Wendung genommen.

Und deshalb begehrt sie nicht auf, als Klaus nach und nach

sein wahres Gesicht zeigt, nachdem er bei ihr eingezogen ist, ohne Möbel, nur mit einer Reisetasche. Wenn Diana morgens zur Arbeit fährt, verschwindet er mit dem Bus. Wo er sich aufhält und was er dort macht, weiß niemand. Spätabends kehrt er zurück. Auf Nachfrage heißt es nur: „Das geht dich nichts an." Dianas Eltern, denen Klaus möglichst aus dem Wege geht, ist dieser komische Kauz höchst suspekt. Ihre Tochter aber verkennt die Realität und lässt sich von einem Gefühl, das sie für Liebe hält, blenden. Sie lässt es sich sogar gefallen, wenn er sie aus nichtigem Anlass ohrfeigt.

Diana, die etwa 6.000 Mark Schulden hat und nur vom Überziehungskredit ihres Girokontos lebt, muss ihren Freund aushalten und gibt ihm 300 Mark Taschengeld im Monat, dazu bestreitet sie seinen Lebensunterhalt und kommt für Kost und Logis auf. Seine Gegenleistung? Null. Er bastelt lieber mit Kriegsspielzeug und klebt Panzer oder Flugzeuge zusammen. Von seiner rechtsradikalen Gesinnung weiß Diana wenig. Sie ahnt auch nicht, dass er bereits mehrfach verurteilt wurde und auch wegen verschiedener Taten in Haft war, bei denen er schon damals sein enormes Aggressionspotenzial hatte erkennen lassen.

Mitte des Jahres 1991 wurde Rogoll angeklagt. Er war nicht von der Polizei oder einem Gesinnungsgenossen angezeigt worden, sondern von seiner damaligen Freundin. Die hatte er wiederholt verprügelt, sie sogar gezwungen, den Inhalt von zwei Pralinenschachteln zu schlucken und eine Mixtur aus Schnaps und Milch zu trinken. Auch war sie von ihm bedroht worden: „Halt bloß die Schnauze, sonst stirbst du!" Sie aber hatte ihn angezeigt.

Verhandelt wurde ebenfalls eine andere Auseinandersetzung, nämlich zwischen Rogoll und Thomas Granitza, seinem früheren Gesinnungsgenossen und Nacheiferer. Der junge Mann hatte sich für kurze Zeit von Rogoll inspirieren und animieren lassen, er war absorbiert worden von der verquasten Halbwelt der braun behemdeten Spinner und Phantasten. Rogoll hatte ihm gegenüber eindrucksvoll von unverbrüchlicher Kameradschaft und Geborgenheit bei den Rechtsextremen geschwärmt, getragen von der „völkischen Vision", die fernab der Realität Menschenverachtung proklamierte und propagierte.

Irgendwann war es Thomas Granitza zu viel geworden: „Macht euren Scheiß ohne mich!" Rogoll aber hatte den Abtrünnigen zwangsweise bekehren wollen. Eine gemeinsame Bekannte, die zufällig Zeugin geworden war, beschrieb dem Gericht das unheimliche Bekehrungsszenario so: „Das war im Keller vom Klaus. Ich bin da einfach so reingeplatzt. Der Thomas saß gefesselt auf einem Stuhl, und der Klaus hielt ihm eine abgesägte Schrotflinte in den Mund. Mir rief er zu: ‚Verpiss dich, du Schlampe!' Ich bin dann abgehauen." Thomas Granitza war schließlich auf Drängen seiner Freundin auch zur Polizei gegangen und hatte seinen Peiniger angezeigt. Zum Prozess erschien Rogoll in Braunhemd, schwarzer Hose und Stahlkappenschuhen. Er hob den Arm zum Hitlergruß und tönte vollmundig: „Ich bin ein Kriegsgefangener nach der Genfer Konvention." Den Vorfall mit Thomas Granitza räumte er bereitwillig ein. „Warum sollte ich lügen? Wahrheit ist eine deutsche Tugend", spöttelte er. Die Sache mit seiner Ex-Freundin indes bestritt Rogoll. „Das ist mit meiner Ehre als Nationalsozialist nicht vereinbar", schützte er vor. Dieses Mal ließ es das Gericht nicht mit einer Bewährungsstrafe glimpflich abgehen, Rogoll wurde für 14 Monate ins Gefängnis geschickt.

Zwischen Diana und Klaus kommt es jetzt häufiger zum Streit. Wenn sie nicht pariert oder wenn ihm seine Freundin lästig wird, weil sie bei ihm mehr soziale Verantwortung einfordert, verlässt er wutentbrannt die Wohnung oder schlägt zu. Dennoch hält sie an ihm fest. Die Beziehung wird mit der Zeit merklich lockerer, mal ist er eine Woche da, mal nicht. Diana ahnt zu diesem Zeitpunkt nicht, dass ihr Freund schon seit einigen Monaten regen Briefkontakt zu einer jungen Amerikanerin hat. Sharyl

Preston lebt in einer kleinen Ortschaft in North Carolina. Die alleinerziehende Mutter einer vierjährigen Tochter ist Anhängerin der Neonazi-Bewegung „The movement" – sie versteht diese Vereinigung jedoch in erster Linie als Betätigungsfeld zur privaten Kontaktanbahnung, und zwar weltweit. Mehr als 200 Computerbriefe verschickte die 19-Jährige an inhaftierte Gleichgesinnte. Einer, der seine Strafe gerade abgesessen hatte, antwortete mit einem Foto, das die etwas einfältige und weltfremde Sharyl nachhaltig beeindruckte. Es zeigte Klaus Rogoll, rausgeputzt in SA-Uniform und den Arm zum obligatorischen Hitlergruß erhoben, hinter sich die imposante Kulisse mächtiger Berge.

Klaus gibt sich alle Mühe, Sharyl für sich zu gewinnen. Er schickt ihr Musikkassetten, man schreibt sich, tauscht Fotos aus, telefoniert schließlich miteinander. Die Fernbeziehung entwickelt sich, Klaus lernt sogar Englisch, um sich mit Sharyl besser verständigen zu können. Als Diana zufällig einen Brief und ein Foto ihrer Nebenbuhlerin wider Willen findet, beschwichtigt Klaus: „Das ist doch rein kameradschaftlich. Mach dir keine Sorgen. Die ist doch in Amerika. Und da wird sie auch bleiben." Das ist gelogen. Denn schon jetzt ist geplant, dass Sharyl in nächster Zeit ihren Brieffreund in Deutschland besuchen soll, und zwar nicht nur für ein paar Tage oder einige Wochen, sondern für längere Zeit. Das hierfür nötige Geld hat Klaus bereits überwiesen, die Flugtickets spendiert er ebenfalls. Tatsächlich aber hat Diana alles bezahlt, ohne zu wissen, wofür Klaus das Geld brauchte.

Im August 1994 kommt es zum Bruch zwischen Diana und Klaus, als er sich ausgerechnet an ihrem Geburtstag ihren Wagen leihen und jemand vom Frankfurter Flughafen abholen will, angeblich eine „Theresa", die „amerikanische Verwandte eines deutschen Kameraden". Diana weiß es nicht, doch sie ahnt es: „Theresa" ist Sharyl. Trotzdem haut sie nicht auf den Tisch, sondern macht eine Faust in der Tasche und lässt ihren Freund gewähren. Am Nachmittag ist Klaus wieder zurück, allein. „Theresa" will er nach Hagen zu Freunden gebracht haben. Wenig später verlässt er wort- und grußlos die Wohnung und kommt nicht wieder. Ein Eifersuchtsdrama nimmt seinen Lauf.

Klaus hat in der Zwischenzeit bei seiner Mutter in Gladbeck Unterschlupf gefunden. Dort wohnt jetzt auch Sharyl, deren Tochter bei Verwandten in den USA geblieben ist. Die ersten anderthalb Monate verbringt Sharyl im Schlafzimmer, weil Klaus häufig unterwegs ist und sie sich mit der Hausherrin nicht versteht. Wenn Klaus nicht bei Sharyl ist, der er schon nach zwei Wochen einen Heiratsantrag macht, ist er bei Diana. Von ihr lässt er sich gerne Geld geben, hat auch weiterhin Sex mit ihr, wenn sie es will. Diana spürt, dass sie Klaus verloren hat, doch sie gibt nicht auf. Sie lässt sich die Haare rot färben – wie Sharyl. Sie schreibt Klaus unzählige Briefe, fleht am Telefon: „Komm doch zurück! Du bist der Einzige!" Wenn Sharyl abhebt, schreit Diana: „Verschwinde! Er gehört mir!" Klaus liest die Bittbriefe erst gar nicht, am Telefon gibt er sich wortkarg oder legt einfach auf.

Das stachelt Diana nur noch mehr an, sie will um ihren Möchtegern-Freund kämpfen. Dass der sich mit einer „Ami-Schlampe" abgibt, erträgt sie nicht. Immer wieder fährt Diana nach Gladbeck, postiert sich vor dem Mehrfamilienhaus, in dem Klaus wohnt, oder auf der anderen Straßenseite – sie schellt, wird abgewiesen, fährt nach Hause, schläft nicht, kommt zurück, wartet, verzweifelt. Irgendwann wird es ihr zu viel. Sie schellt Sturm. Als endlich geöffnet wird, hastet sie die Treppen hinauf bis in die dritte Etage, klingelt und klopft an der Wohnungstür. Klaus öffnet, Diana stürmt wortlos hinein und besprüht Sharyl, die nichts ahnend in der Küche steht, mit Tränengas. Klaus geht dazwischen, zerrt Diana ins Schlafzimmer, prügelt auf sie ein. Dann kehrt Ruhe ein. Sharyl geht ins Badezimmer, um sich das Tränengas aus dem Gesicht zu wischen. Diana ist vom Kampf gezeichnet, das Gesicht verquollen und blutverschmiert.

Sharyl fordert Klaus auf, die Polizei zu verständigen. Der lehnt ab. Sharyl ist mittlerweile bewaffnet. Sie hält in der rechten Hand eine Dachlatte, in die eine Vielzahl von Nägeln hineingeschlagen worden sind. Diesen Knüppel hat Klaus gebastelt, für alle Fälle, wenn mal jemand kommt, der Ärger macht. Als Klaus und Sharyl den Eindringling mit vereinten Kräften nach draußen befördern wollen, greift Diana unvermittelt nach Sharyls Handtasche, die an der Garderobe hängt. Sie vermutet darin eine Pistole. Klaus hat ihr nämlich mal erzählt, Sharyl habe eine Waffe, um sich gegen sie verteidigen zu können. Fehlanzeige. Diana gibt ihren Widerstand schließlich auf und verlässt die Wohnung.

Am 17. November 1994 heiraten Klaus und Sharyl. Das Paar kennt sich kaum. Paradoxerweise ist dies wohl der Grund, warum Sharyl sich überhaupt blind auf dieses Abenteuer einlässt. Die Feierlichkeit verläuft standesgemäß. Klaus trägt unter seiner Lederjacke ein braunes SA-Hemd, und statt Kochtöpfen und Bratpfannen gibt es reichlich Orden aus dem Dritten Reich. Sharyl ist enttäuscht und entsetzt, doch sie lässt die obskure Prozedur über sich ergehen.

Zu Hause bei seiner Mutter stolpert sie in die nächste Beziehungsfalle. Die Schwiegermutter verklärt ihren Sohn zu einem kreuzbraven und unschuldigen Jungen, der beschützt werden muss; sie, Sharyl, ist dagegen unwillkommen, störend, böse. Sie versucht trotzdem nett zu sein, doch die Schwiegermutter zeigt ihr die kalte Schulter und beschwört Verwandte und Freunde der Familie, die Frau ihres Sohnes zu meiden, schon gar nicht mit ihr zu sprechen. Die mütterliche Eifersucht bedroht das junge Ehepaar wie ein Gewitter, das nicht weiterziehen will. Sharyl ist mehr oder weniger gefangen im ehelichen Schlafzimmer. Nur wenn die Schwiegermutter tagsüber in der Bank arbeitet, schleicht sie sich in die Küche. Tapetenwechsel. Nur selten wird sie zu Kameradenabenden mitgenommen. Die Sprache der dunkel gekleideten Typen, die ihr gegenübersitzen, versteht sie nicht, ihr merkwürdiges Gehabe auch nicht.

Klaus sieht sie in der nächsten Zeit immer seltener. Mal ist er bei einem „Parteifreund", mal bei einem „Herrenabend". Wo er sich tatsächlich herumtreibt, weiß sie nicht. Er hält sie dumm. Auch sonst kümmert er sich nicht um seine Gattin, die schon mal vor einem leeren Kühlschrank steht und hungern muss. Sharyl stellt ihn irgendwann zur Rede, fordert ein, er möge sich doch verhalten wie ein Ehemann und nicht wie ein Eheflüchtling, sie wolle die Abende und Nächte nicht allein, sondern mit ihm verbringen. Warum er sie denn überhaupt geheiratet habe, will sie wissen. Klaus heuchelt Verständnis, säuselt, er wolle sich ändern, alles werde gut. Falsche Versprechungen. Um Ausreden hingegen ist er nicht verlegen. Wenn es ihn hinaustreibt aus der 54-Quadratmeter-Wohnung, muss er „Kameraden beistehen", angeblich – weil die betrunken sind, randalieren, bedroht werden oder einfach seine Hilfe brauchen. Was seine Frau darüber denkt, ob sie leidet, interessiert nicht. Hauptsache weg.

Und dann lernt Sharyl den janusköpfigen Charakter ihres Mannes kennen, seine dunkle Seite. Als Sharyl ihm erstmals mit einer Trennung droht, packt er sie kurzerhand am Hals und würgt sie. Danach sperrt er seine Frau im Schlafzimmer ein. Erst als Sharyl nach Tagen verspricht, so etwas werde sich nicht wiederholen, lässt er sie frei. Bei ähnlichen Anlässen tritt er die Badezimmertür ein, bedroht und verflucht seine Frau, bringt ihr aber am nächsten Tag Blumen. Sharyl ist überfordert, und sie bekommt Heimweh. Sie kann nicht verstehen, wie aus nichtigem Anlass und blitzartig der böse Klaus zum Vorschein kommt – das „Monster". Besonders irritiert ist sie von seinen Wutausbrüchen und Hasstiraden. Jeder, der sich nicht in seinem Sinne verhält, oder schlimmer noch, sich seinen Anweisungen widersetzt, wird erst als „verdammter Bastard" verhöhnt, dann mit dem Tode bedroht: „Den bringe ich um!" Dennoch nimmt Sharyl seine

Verbrechensankündigungen nicht ernst und lacht ihn meist aus. Für sie ist Klaus einfach nur der grobschlächtige Kerl mit dem weichen Kern, der sich nicht benehmen kann.

Silvester 1994. Klaus ist mal wieder den ganzen Tag nicht zu Hause, da bekommt Sharyl spätnachmittags einen Anruf. Es ist Klaus. „Du, Schatz, ich schaffe das bis heute Abend nicht. Hier fährt kein Bus mehr. Ich muss wohl nach Hause laufen. Warte nicht auf mich." Klaus hat nämlich andere Pläne. Er wird sich an diesem Abend mit Diana Brüggemann verloben, die eine Trennung von Klaus nicht akzeptiert und sich immer wieder angeboten und ihn finanziell unterstützt hat. Jetzt wird sie mit seinem Eheversprechen belohnt. Endlich! Dass Klaus verheiratet ist, weiß sie nicht. Diana hat goldene Ringe besorgt und natürlich auch bezahlt. Ihr missfällt zwar, dass keine Verwandten von Klaus an dem Fest teilnehmen, nicht einmal seine Mutter, doch sie nimmt es hin. Klaglos, wie so häufig.

Eine Woche später fällt Sharyl auf, dass Klaus an der linken Hand einen Ring trägt, der vorher nicht da war. Sie bedrängt ihn, den Ring vorzuzeigen. Er sträubt sich lautstark, doch Sharyl beharrt darauf. Klaus gibt ihr schließlich den Ring, und sie liest die Gravur: „Diana 31.12.1994". Bevor Sharyl nachfragen kann, nimmt Klaus sie in den Arm. „Schatz, das ist doch nur eine Erinnerung an diesen Abend, nichts weiter." Sharyl bleibt misstrauisch. Schließlich ist Diana ihre Erzfeindin. Da sie aber nicht weiß, dass mit einem solchen Ring in Deutschland auch ein Verlöbnis dokumentiert wird, lässt sie die Sache auf sich beruhen. Allerdings macht Sharyl zur Bedingung, dass Klaus den Fingerschmuck nicht mehr trägt. Um ganz sicherzugehen, kassiert sie den Ring.

Diana sieht Klaus selten und unregelmäßig, er kommt, wenn ihm danach ist. Meistens braucht er Geld. Sie hofft dennoch, mit ihm ein geregeltes Leben führen zu können, eine Familie zu gründen, irgendwann. Diese verlockende Vorstellung wird zum

Albtraum, als sie, Kontrolle muss sein, in Klaus' Portemonnaie ein Foto findet, dass ihn und Sharyl zeigt. Hochzeit! Klaus wird umgehend zur Rede gestellt. Der weiß sich zu helfen und erfindet eine krude Geschichte: Das mit Sharyl habe doch nichts mit Gefühlen zu tun; er habe sie nur geheiratet, um ihr in Deutschland einen Aufenthalt zu ermöglichen; und er sei diese Ehe doch nur zum Schein eingegangen. „Was tut man nicht alles für eine Kameradin." Diana glaubt ihm kein Wort. „Du lügst!", faucht sie ihn an. Klaus versucht es mit einer anderen Story: Jetzt will er die Heiratsurkunde nicht unterschrieben haben, er sei also gar nicht verheiratet. Diana stellt keine weiteren Fragen und kapituliert, weil sie von Klaus keine Ehrlichkeit erwarten darf. Das hat sie mittlerweile verstanden. Nur kommt sie nicht von ihm los. Sie will auch nicht. Lieber einen verlogenen Freund als gar keinen.

Auch Klaus setzt der fortwährende Beziehungsstress zu. Das ständige Hin und Her, die Rast- und Ruhelosigkeit, die heftigen Zerwürfnisse. Doch er kann und will sich nicht entscheiden. Klaus wird zusehends aggressiver, bedroht Frau und Verlobte, zertrümmert Möbel. Sharyl erzählt er immer wieder mal, „ein paar Leute umgelegt" zu haben. Die Zahl der Opfer schwankt: zwei, fünf oder auch mal sieben. Sie glaubt es nicht. Und er freut sich darüber. Dann wiederum kündigt er an, einen „Verräter" töten zu wollen: Thomas Granitza. Sharyl hält auch diese Androhung für das übliche Gerede und lässt es auf sich beruhen, zumal sie diesen Mann nicht kennt. Vollends suspekt wird ihr Klaus indes, als er nach dem Horror-Thriller „Das Schweigen der Lämmer" sagt, es wäre „supergeil", eine Frau in einen Wald zu entführen und zu foltern. Auch das Gewaltepos „Natural Born Killers" inspiriert ihn: „Wir beide könnten doch wie dieses Pärchen im Film auftreten", sagt er seiner Frau mit einer Ernsthaftigkeit, die sie irritiert. Sharyl hält ihren Mann mittlerweile für psychisch krank und rät ihm, endlich Hilfe anzunehmen, egal von wem. Klaus lehnt jedoch brüsk ab und verliert sich mehr und mehr in diffusen Gewaltphantasien, deren Realisierung ihm niemand zutrauen will.

Anfang März 1995 hat Sharyl endgültig die Nase voll, als Klaus ihr nahelegt, sie solle „irgendwo als Putzfrau anfangen", damit man versorgt ist. Sie wolle sich jedoch nicht scheiden lassen, sagt sie, nur zurück in die Heimat, er könne nachkommen, sobald sie Arbeit habe. Klaus fällt der Abschied schwer, weil er ahnt, dass ihn seine kriminelle Vergangenheit bei der beabsichtigen Einreise in die USA einholen wird. Und dem Versprechen seiner Frau, ihn bald besuchen zu kommen, misstraut er. In seiner Not knüpft er wieder zarte Bande zu Diana, die von Sharyls Abreise begeistert ist und bei der er schon kurze Zeit später einziehen darf.

Während Klaus sich von Diana abermals aushalten lässt, schreibt er seiner Frau, mal liebevoll, mal im Befehlston, dann flehentlich, später drohend: „Du erklärst mir, dass Du nur eine Woche im Dezember kommen willst (…) in ein Hotelzimmer (…) OK, wenn Du nur das willst, können wir das machen, aber ich will mehr (…) Du weißt das! Ich nehme an, dass Du nicht verstanden hast, was ich will. Ich will, dass Du mit Deiner Tochter für immer nach Europa kommst! Ich möchte mit Dir und Jenny in einer Familie leben! (…)

Und eine Sache (…) ich wünschte, Du hättest Dein Haar so, wie bei Deiner Ankunft in Deutschland im August 1994: lang, sanft, über die Stirn und in derselben alten Farbe, die die Natur Dir gegeben hat. Wenn Du Locken im Haar hast, nehme ich eine Schere und schneide es ab! Ich hasse Locken! Nur Schwarze und Juden haben Locken! Erinnere Dich: Du wolltest, dass ich mein Haar wachsen lasse und es so lang trage. Jetzt will ich, dass Du meinen Wunsch akzeptierst! (…)

Ich werde auf Dich warten (…) auf der anderen Seite. Lebe Du, lebe, und in 20, 30 oder 40 Jahren kommst Du zu mir und ich werde für Dich da sein. Dann sind wir wiedervereint, wir werden für immer zusammen sein (...) in Ewigkeit. Sharyl, ich liebe Dich für immer. Ich sehe Dich in Valhalla. (...)

Erinnere Dich: Ich habe Dir das Geld für Deinen Flug geschickt und Du solltest es behalten. Ich hoffe, Du hast das getan. Oder nicht? Wenn Du hier in Europa sein wirst, zahle ich alles für Dich, aber wenn Du weg von mir bist oder wenn Du nicht kommen willst, bekommst Du nichts von mir. (Oh, wenn Du eine Scheidung von mir willst, bekommst Du eine von mir: den Tod). Sharyl, hast Du verstanden?"

Im Mai stellt sich heraus, dass Sharyl nicht nach Deutschland zurückkehren will und wird, vorerst jedenfalls. Sie hat in ihrer Heimat eine Arbeit als Servierin gefunden und möchte diese Stellung nicht aufgeben. Auch ist ihr endlich aufgegangen, dass die nicht enden wollende Liebelei zwischen Klaus und Diana, der „dummen Landpomeranze", inakzeptabel ist. Zudem frustriert ihr Ehemann sie, der förmlich Telefonterror betreibt, zu jeder Tageszeit anruft, zu Hause, auf der Arbeit, überall dort, wo er sie erreichen kann. Als sie es nicht mehr aushält und er sich nicht davon abbringen lässt, droht sie mit Scheidung. Klaus dreht durch und schickt seiner Frau Geschenke der besonderen Art: zunächst eine mit Schießpulver und Schrotkügelchen präparierte Zigarette, wenig später eine Flasche Likör, versetzt mit Haloperidol, einem Antipsychotikum. Sharyl ist nach den Todesdrohungen jedoch misstrauisch geworden. Sie lässt die absenderlosen Päckchen unangetastet und übergibt die merkwürdige Post der örtlichen Polizei.

Sharyl nimmt den Fehdehandschuh auf und wehrt sich mit einem „Rundschreiben", das sich wie ein Fahndungsaufruf liest und wohl auch so gemeint ist: „Gesucht von der amerikanischen Regierung und der deutschen Regierung. Klaus Rogoll ist 27 Jahre alt und ist bekannt dafür, Neonazigruppen anzugehören. (...) Jedes Mitglied der NS-Bewegung wird davor gewarnt, Kontakt mit der Person namens Klaus Rogoll aufzunehmen, da er sich seinen Mitstreitern gegenüber als gefährlich und instabil erwiesen hat. Er ist jederzeit mit einer Schrotflinte oder Pistole bewaffnet. (…) Er kontaktiert nun seine Frau mit Todesdrohungen. (…) Er hat Drohbriefe geschrieben und verdeutlicht, daß NICHTS, nicht einmal ein Nationalsozialist seine Freiheit stören oder seine Pläne, sie zu ermorden, verhindern könnte. Wenn jemand Informationen hat, die zur Verhaftung oder Aufspürung der bekannten Person führen könnten, bitte senden Sie die Informationen an (…)"

Klaus kontert im Kommunikationsnetz der US-Neonazis und verschickt einen Steckbrief über „die Hure", die mit „mindestens 56 Männern im Bett war", darunter einem „Nigger", und bietet jedem Gesinnungsgenossen, der ihm beweisen könne, „dass dieser Abschaum tot ist, 100.000 Dollar in cash". Klaus ist außer sich vor Wut. Verrat. Wieder Verrat! Unzählige Male wählt er die Telefonnummer seiner Frau und spricht auf ihren Anrufbeantworter unmissverständliche Nachrichten: „Ich komme mit einem falschen Pass. Ich stelle dich. Ich töte dich!" Nur zwei Menschen können zu diesem Zeitpunkt beurteilen, dass diese Drohungen ernst gemeint sind und ernst genommen werden sollten. Denn nur sie wissen, dass Sharyl seit kurzem mit einem Mann verheiratet ist, der einen kaltblütigen und grausamen Mord begangen und der an seinem verbrecherischen Tun sogar Gefallen gefunden hat.

18. März 1996, gegen 18.05 Uhr, auf der Autobahn 45, Fahrtrichtung Frankfurt am Main, wenige Kilometer vor der Ausfahrt Lüdenscheid-Nord. Der dunkelblaue VW Passat rast mit 150 Kilometern pro Stunde auf der linken von drei Fahrspuren durch die Dunkelheit den Berg hinauf. Vorne sitzen zwei Kriminalbeamte, hinten links ein weiterer, daneben Diana Brüggemann. Die eben gestellte Frage flammt immer wieder durch ihren Kopf: *„Kennt der Klaus die Frau Körner und die Sarah?"*

Die junge Frau verliert endgültig die Beherrschung und schreit: „Ich weiß doch, was ihr hören wollt!"

„Und?"

„Der Klaus hat die Körner umgebracht. Ja, das hat er. Und ich musste dabei zusehen. Er hat mich gezwungen." Diana Brüggemann beginnt zu weinen. „Ja, ich war dabei. Er hat sie in den Wald geführt, einen Strick um den Hals gelegt und zugezogen. Ich musste auch an einer Seite ziehen. Dann hat er einen Klappspaten genommen und ihr auf den Kopf geplästert, bis sie tot war. Dann hat er sie in das Loch geschmissen."

„Und was ist mit der Sarah?"

Diana Brüggemann antwortet spontan: „Ja, die hat er auch umgebracht."

„Mit dem Klappspaten?"

„Nein, die hat er erstochen."

Rogoll ist somit des dreifachen Mordes verdächtig, verübt an zwei Frauen, die er flüchtig kannte, einem ehemaligen Freund und Neonazi-Spezi. Und Diana Brüggemann hat bei mindestens einem Mord mitgemacht.

Der Wagen verlässt die Autobahn. Zunächst geht es zu einer Leihwagenfirma. Klaus Rogoll hat dort den Wagen ausgeliehen, mit dem er nach Dorsten gefahren ist, um Thomas Granitza zu erschießen. Nachdem einer der Beamten den Schlüssel geholt hat, zeigt Diana Brüggemann den Abstellort des Wagens. Der Ford Sierra steht im Wendehammer einer Nebenstraße im Zentrum von Lüdenscheid. Ein Abschleppunternehmen wird mit der Sicherstellung des Wagens beauftragt, es sollen Spuren gesichert werden. Während auf den Abschlepper gewartet wird, wendet Diana Brüggemann sich an die Kripobeamten: „Ich soll Ihnen jetzt wohl zeigen, wo die liegt."

Kopfnicken. „Wo liegt die Leiche denn?"

„Die liegt in der Nähe meiner Wohnung im Wald, da bei den Fischteichen."

Zehn Minuten später stehen die Beamten und Diana Brüggemann tatsächlich am Erdgrab von Angelika Körner. Die 26-jährige Fabrikarbeiterin aus Dortmund gilt seit dem 17. Juli 1995 als „vermisst", die Kripo vermutete jedoch von Beginn an ein Verbrechen. Jetzt ist es Mord.

Diana Brüggemann wird kurze Zeit später vernommen. Stockend und etwas widerwillig sagt sie aus, nach wie vor hemmt sie die Angst vor der Rache ihres Freundes. So dauert es einige Tage, bis sie bereit ist, die volle Wahrheit zu sagen, ohne die eigene Rolle und Verantwortlichkeit kleinzureden oder Dinge zu verschweigen, die ihr unangenehm sind, für die sie sich schämt. Diana Brüggemann gesteht, an der Tötung von Angelika Körner beteiligt gewesen zu sein und von zwei weiteren Morden, die Rogoll begangen haben soll, gewusst zu haben. Endlich kommt Licht ins Dunkel, eine der mysteriösesten Mordserien der deutschen Nachkriegsgeschichte steht kurz vor der Aufklärung.

Tötung der Angelika Körner am 17. Juli 1995 in Altena.

Die Vorgeschichte: „Es war der 16. Juli 1995, das Datum werde ich nicht vergessen, ein Sonntag. Am Tag zuvor hatte ich mit Klaus einen großen Streit. Er hatte mit der Sharyl telefoniert und flippte total aus. Das war in der Zeit vorher schon öfter vorgekommen. Ich wusste gar nicht, warum er so aufgebracht war, wenn er mit Sharyl telefoniert hatte. Ich konnte die Gespräche nicht verstehen, denn der Klaus sprach mit ihr auf Englisch. Ich verstehe kaum etwas davon.

Auf jeden Fall reagierte er sich dann an mir ab. Er schlug mir ins Gesicht, ich bekam ein blaues Auge und eine geschwollene Lippe. Sein Knie rammte er mir einmal in den Magen. Das hat er öfter gemacht. Außerdem riss er mir Kopfhaare aus, was auch regelmäßig vorkam. Zu Hause hat er mich regelrecht eingesperrt. Er schraubte die Fenstergriffe ab, nahm mir den Hausschlüssel ab, das Telefon, welches ich zu dieser Zeit noch hatte, machte er unbrauchbar, indem er den Hörer ausstöpselte und ihn versteckte. Ich konnte die Wohnung ohne seine Einwilligung nicht mehr verlassen. Auch konnte ich niemanden anrufen und um Hilfe bitten, zum Beispiel bei meinen Eltern.

Klaus hat mich von Samstag bis Sonntag nicht mehr aus der Wohnung gelassen und wie eine Gefangene behandelt. Ich hätte am Sonntag eigentlich Frühdienst gehabt. Klaus ließ mich mit meiner Arbeitsstelle telefonieren, ich musste mich für Montag krankmelden. Mit der Begründung, ich hätte einen Verkehrsunfall gehabt, habe ich das auch gemacht. Klaus stand während des Telefonats neben mir. Mir blieb keine Chance, mich ihm zu widersetzen. Er war äußerst aggressiv. Seine ganze Wut ließ er an mir aus. Ich bekam immer wieder Schläge von ihm, überallhin.

Der Grund, warum ich nicht zur Arbeit fahren durfte, war der, dass ich ihn nach Hagen zum Bahnhof bringen sollte. In den späten Vormittagsstunden sind wir losgefahren. Bis dahin habe ich mich nur in der Wohnung aufgehalten, lag teilweise auf dem Bett, schlafen konnte ich aber nicht. Immer wieder drohte er mir: ,Wenn du Scheiße baust, bist du tot!' Die Stunden kamen mir wie eine Ewigkeit vor."

Der Tatplan: „Klaus sagte mir am Montagmorgen, dass wir an diesem Tag ,einen suchen gehen'. Er meinte damit, einen Menschen umbringen. Wen, hat er nicht gesagt. Er wollte von Hagen aus ein paar Leute anrufen. Derjenige, der erreicht würde, sollte getötet werden. Wen es treffen würde, war ihm anscheinend vollkommen egal. Wir sollten mit meinem Wagen zu demjenigen hinfahren. Wenn er keinen erreichen würde, wollte er sich einfach einen suchen. Was dann passieren würde, davon hatte ich keine Vorstellung, nur halt umbringen."

Das Motiv: „Klaus wollte mich in die Pfanne hauen; in der Hand haben, damit ich ihn nicht bei der Polizei verraten kann.

Es sollte ihm nicht so ergehen wie mit seiner letzten Freundin. Die hatte ihn bei der Polizei verpfiffen, und deshalb hatte er in den Knast gemusst. Er wollte nie mehr in den Knast, weil er dort so schlechte Erfahrungen gemacht hatte. Er hat immer gesagt: ‚Lebend kriegen die mich nicht mehr.'"

Die Tat: „Wir sind mit meinem Wagen nach Hagen zum Hauptbahnhof gefahren. Klaus wollte von dort aus telefonieren. Er hat ein paar Nummern gewählt, aber niemand ging dran. Dann hat er die Angelika Körner erreicht. Die kannte er wohl flüchtig über einen Kumpel. Er sagte ihr, dass er Ärger mit einem Kameraden hätte. Sie solle ihm helfen. Die hat keine Fragen gestellt und war sofort einverstanden. Klaus vereinbarte mit ihr, sie sollte an einer Straßenecke in Dortmund auf uns warten. Klaus hat danach zu mir gesagt: ‚Die nehmen wir mit.' Da wurde mir klar, dass er die umbringen wollte. Ich kannte die kaum, hatte sie vorher nur einmal gesehen. Zu diesem Zeitpunkt wusste ich noch nicht, dass sie wohl was von Klaus wollte. Die war aber gar nicht sein Typ, auch wenn die mir ziemlich ähnlich war: gutgläubig, naiv, doof. Wir haben Angelika in Dortmund-Applerbeck an einer Kreuzung abgeholt. Sie war etwas älter als ich, recht klein, hatte ein helles Blümchenkleid an und trug dunkle Stoffturnschuhe. Auffällig an ihr war so eine komische Brille mit buntem Kunststoffgestell. Sie ist eingestiegen, und wir sind zu mir in die Wohnung gefahren. Klaus sagte ihr, dass der Typ, mit dem er Ärger hätte, bald kommen würde. Wir waren gegen 16 Uhr in meiner Wohnung. Sie hat sich im Wohnzimmer hingesetzt, und wir haben uns ganz normal unterhalten. Alkohol haben wir nicht getrunken, nur Cola. Irgendwann hat Klaus zu mir gesagt, dass die Angelika nun wüsste, wo er sich aufhält, deshalb müsste die ‚sowieso weg'. Da standen wir in der Küche. Ich habe noch versucht, Klaus davon abzubringen. Ich wollte, dass er sie laufen lässt. Aber er ließ nicht mit sich reden. Dann haben wir die Angelika mit Paketklebeband gefesselt. Ich musste ihre Hände auf dem

Rücken festhalten, er hat sie gefesselt. Die Angelika hat sich nicht groß gewehrt, sie hat nur gefragt: ‚Was soll das?' Danach hat er ihr den Mund verklebt, sie konnte nichts mehr sagen. Vielleicht hat sie das für ein Spiel oder einen Scherz gehalten.

Als Nächstes kam von Klaus der Auftrag, ihre Handtasche auszuräumen. Während die Angelika ferngesehen hat, haben wir ihre Sachen kaputtgemacht, ihre EC-Karte usw. Mir selbst ging es zu diesem Zeitpunkt ausgesprochen mies. Ich habe es nicht ertragen, weiter im Wohnzimmer zu bleiben, wo die gefesselte Angelika war. Ich konnte ihr auch nicht mehr ins Gesicht sehen. Irgendwie wollte ich alles verdrängen. Deshalb blieb ich auch die meiste Zeit im Schlafzimmer. Eine Flucht war für mich auch unmöglich. Klaus hatte die Wohnungstür von innen abgeschlossen. Meinen Schlüssel hatte er mir schon vorher abgenommen. Die Fenster konnte man nicht öffnen, nur die Griffe an den vergitterten Fenstern hatte er drangelassen. Außerdem, da bin ich mir total sicher, wäre ich an Klaus gar nicht vorbeigekommen. Hätte ich was versucht, wäre ich wahrscheinlich im Vorgarten gelandet. Später bin ich ins Badezimmer gegangen. Auf dem Weg dorthin sah ich, dass die Angelika immer noch angezogen und mittlerweile auch an den Füßen gefesselt auf der Couch lag. Nur ihre Schuhe waren ausgezogen. Ich ging aus dem Gefühl heraus baden, völlig dreckig zu sein. Irgendwie wollte ich mich von allem säubern, was aber natürlich nicht gelang. Es lief alles ab wie ein Film, ich wollte nicht denken und nicht fühlen, ich wollte nichts hören und nichts sehen, sondern ich habe alles verdrängen wollen, bis heute. Ich dachte, ich wäre in einem bösen Traum.

Etwa eine Stunde war ich im Bad. Ich bin angezogen ins Bad gegangen und bin angezogen wieder herausgekommen. Dabei musste ich durch das Wohnzimmer zurück ins Schlafzimmer. Die Zimmer liegen hintereinander, so dass man durch das Wohnzimmer gehen muss. Deshalb musste ich an der Couch, auf der

Angelika lag, vorbei. Da sah ich, dass sie nun ganz nackt war. Sie hatte nicht mehr das Klebeband um die Hände gebunden. Stattdessen hatte sie nun ihre Arme vor dem Körper mit einem Seil verbunden. Auch die Füße waren mit diesem Seil verknotet. Angelika konnte sprechen und sagte, sie würde sich genieren, von mir nackt gesehen zu werden. Klaus holte ihr deshalb eine Decke und legte sie über sie. Ich dachte mir sofort, dass Klaus mit ihr was gemacht, also vergewaltigt hatte. Im Schlafzimmer fand ich dann zwei oder drei Kondome, ausgerollt. Ich war total geschockt. Meine Wut richtete sich nur gegen Klaus, nicht gegen die Angelika. Ich war also nicht eifersüchtig auf Angelika, sie tat mir einfach nur leid. Die Situation war unerträglich gespannt. Ich musste weinen. Angelika tat mir leid, weil ich mitbekam, was sie alles durchmachen musste. Arme Frau. Ich tat mir aber auch unheimlich leid. Etwas später kam Klaus zu mir ins Schlafzimmer. Er legte sich neben mich auf das Bett. Dann wollte er mit mir kuscheln, mich küssen und streicheln. Dabei fragte er, ob ich nicht Lust hätte, bei ‚einem flotten Dreier' mitzumachen. ‚Die Gelegenheit ist günstig', meinte er. Er hatte vorher schon immer von so was gesprochen, also er mit zwei Frauen. Das war sein Wunschtraum. Ich wehrte ihn aber ab und sagte klipp und klar, dass ich da nicht mitmachen würde. Nach einer Zeit ließ er von mir ab und ging zurück ins Wohnzimmer. Ich blieb im Bett liegen. Was sich dann weiter im Wohnzimmer abspielte, kann ich nicht sagen. Die Tür zum Wohnzimmer war fest verschlossen, das Fernsehen lief auf Zimmerlautstärke. Ich wollte, wie auch schon beim Baden, nichts sehen und nichts hören. Ich bekam nur mit, dass Klaus der Angelika Cola anbot und sie auch trank. Sie durfte sich auch das Fernsehprogramm aussuchen. Sie hat zu keinem Zeitpunkt um Hilfe gerufen."

Die Tötung: „Mitten in der Nacht hat er ihr ein schwarzes Betttuch über den Kopf gestülpt, und wir haben sie zu meinem Auto getragen. Sie war jetzt auch geknebelt. Wir haben sie in den

Kofferraum gelegt. Das ging ohne Probleme. Sie hat sich nicht besonders gewehrt. Ich bin gefahren, Klaus hat bestimmt, wo es hingeht. Im Wald haben wir angehalten, sind ausgestiegen und haben eine Stelle gesucht, wo wir Angelika vergraben könnten. Sie war noch im Kofferraum. Klaus hatte einen Klappspaten mitgenommen, und wir haben etwa eine Stunde lang gegraben, immer abwechselnd. Danach haben wir Angelika aus dem Kofferraum geholt und zu der Stelle geführt, wo das Loch war. Klaus legte ihr ein Seil, das so dick wie mein Daumen ist, mit einer Drehung um den Hals, dass man von beiden Enden aus ziehen konnte. Er sagte mir, ich solle mit am Seil ziehen. Das habe ich auch gemacht. Sie hat überhaupt nicht geschrien. Dann wurde sie ohnmächtig, hat geröchelt. Da sie noch nicht tot war und er sie nicht erschießen wollte, weil das zu laut gewesen wäre, hat er ihr mit dem Klappspaten ein paarmal auf den Kopf geschlagen. Ich habe das nicht mit angesehen, aber ich habe es klatschen gehört. Danach musste ich mithelfen, sie in das Loch zu stecken. Als wir sie verscharrt hatten, sind wie nach Hause gefahren. Alles in allem hat das etwa zwei Stunden gedauert, um 4 Uhr morgens waren wir wieder daheim."

Diana Brüggemann hatte endgültig eine Grenze überschritten, und Klaus Rogoll hatte genau das erreicht, was ihm vorschwebte: seine Freundin zur Komplizin und sie somit mundtot zu machen. „Obwohl ich nach der Tötung von Angelika total am Boden war", erklärt Diana Brüggemann der Kripo, „hatte ich nicht die Kraft, mich von Klaus zu lösen. Wie hätte ich mich von ihm lösen können? Er hatte mich doch mit der Tat vollkommen in der Hand. Wenn ich ihn verpfiffen hätte, dann, da bin ich mir sicher, wäre ich mit dran gewesen. Auch lebte ich ständig in der Angst, dass er meinen Eltern oder meiner Schwester etwas antun würde. Damit hat er mir oft genug gedroht. Und diese Drohungen habe ich sehr ernst genommen, ich wusste doch, wie gefährlich dieser Mann ist."

Rogoll hatte seine Freundin mit einer Mixtour aus Liebe, Lieblosigkeit, Gewalt und Gnadenlosigkeit abgerichtet wie einen Hund, der nicht nur jedem Stöckchen hinterherläuft, sondern auch jeden beißt, wenn Herrchen es will. Die fortwährenden Bedrohungen und Schläge lähmten ihren Widerstandswillen, sie blieb ängstlich, nahezu bewegungsstarr. Die existentielle Angst, schlimmstenfalls selbst „plattgemacht zu werden", bedingte eine ausgeprägte psychomotorische Hemmung: „Am Anfang wollte ich ihn nicht verlieren. Ich wollte ihn für mich behalten, weil ich ihn liebe. Später hatte er ein Druckmittel in der Hand. Wenn ich nicht pariert hätte, dann hätte er mich gequält oder umgebracht. Ich konnte doch nichts machen." Dabei hätte Rogoll das pure Zufallsopfer Angelika Körner gar nicht umbringen müssen, um sich seiner Freundin lebenslänglich zu versichern. Diana Brüggemann sagt nämlich auch aus: „Ich bin einfach nicht von ihm losgekommen. Der hätte mich halbtot prügeln können, da wäre ich nicht von ihm weggegangen." Diana Brüggemann erklärt der Kripo weiter, sie habe im Sommer 1995 die Verlobung von sich aus gelöst, ihre Gefühle für Klaus hätten sich „nach der Sache mit Angelika grundlegend gewandelt". Den Verlobungsring habe sie im Klo „versenkt". „Im Prinzip habe ich ihn für diese Tat gehasst", versucht sie ihr trotziges Festhalten an Rogoll zu rechtfertigen, „und noch mehr gehasst habe ich ihn dafür, dass er mich bei der Tötung benutzt hat. Ich ekelte mich regelrecht vor ihm. Danach hatten wir kaum noch sexuellen Kontakt miteinander, nur noch ganz selten. Die letzten vier Monate lief gar nichts mehr. Das Einzige, woran ich noch dachte, war unsere schöne Zeit am Anfang unserer Beziehung. Ich war so naiv und glaubte, dass es wieder so werden könnte. Ich habe im Prinzip nur von dieser Hoffnung gelebt, einfach ein neues Leben anfangen, und zwar mit ihm."

Tötung der Sarah Cooper am 3. Februar 1996 in Bergisch-Gladbach.

Die 23-jährige Studentin wurde in ihrer Wohnung vergewaltigt und mit 91 Messerstichen förmlich niedergemetzelt. Diana Brüggemann erklärt sich auch in dieser Sache aussagebereit.

„Den Namen der Frau kenne ich nicht", beginnt sie zu erzählen, „Sarah oder so ähnlich. Das war im Februar 1996. Klaus war mal wieder unterwegs. Er sagte mir, dass er am Bahnhof eine Frau mit Anti-Nazi-Aufkleber getroffen hätte. Das soll in Bergisch-Gladbach gewesen sein. Er hat sich mit ihr unterhalten. Sie hätte ihm dann ihre Adresse gegeben. So wie er es erzählt hat, ist er noch am selben Tag zu ihr hingefahren und hat sie getötet. Er sagte, er habe sie erstochen, mehrmals will er zugestochen haben. Wie oft und mit welchem Messer, weiß ich nicht. Ein paar Tage später kam er mit einer ‚Express' an. Er zeigte mir darin einen Artikel. Da stand irgendwas von ‚Gruselmord'. Klaus sagte mir, er sei das gewesen. Ich habe mir den Artikel nicht durchgelesen, weil ich damit nichts zu tun haben wollte. Ich habe ihm natürlich alles geglaubt, warum auch nicht. Ich war ja bei der anderen Tat dabei gewesen. Er erzählte noch, die Frau sei knapp bekleidet gewesen, als sie ihm geöffnet habe. Was er damit genau meinte, weiß ich nicht. Dann sagte er noch: ‚Ich habe mit der was gemacht.' Seine Ausdrucksweise kenne ich, er meinte damit: vergewaltigt. Ich fragte ihn, warum er das gemacht habe. Er sagte, weil sie diesen Aufkleber getragen habe: ‚Nazis raus'. Von der Tat mitgebracht hat er nur diesen Aufkleber und ein paar Zettel. Die lagen später auf dem Tisch im Wohnzimmer, ich habe mich aber nicht darum gekümmert. Ein paar Tage später musste ich mit ihm in den Wald gehen. Ganz in der Nähe von Angelikas Grab hat er diese Zettel und seine Stiefel, die er bei der Tat getragen hatte, mit Lampenöl verbrannt."

Drei Menschenleben hat Klaus Rogoll ausgelöscht, skrupellos und selbstsüchtig, dabei aber ganz unterschiedliche Bedürfnisse hemmungslos ausgelebt: Kontrollverlangen, Sexphantasien, Rachsucht. Unüblich für einen Serienmörder. Noch ungewöhnlicher sind seine Begründungen, die er in tagelangen und zähen Vernehmungen anführt: „Odin hat mich geleitet", heißt es zunächst. Später ist nur noch von einer „dämonischen Kraft" die Rede. Das ist vorgeschoben, Teil seiner plumpen Rechtfertigungsstrategie. Die Kripo hingegen vermutet einen anderen Hintergrund: Als alles um Rogoll herum äußerlich zusammenbrach – eine erneute Haftstrafe drohte, seine Ehe war nicht mehr zu kitten, mit seiner Mutter hatte er sich verkracht –, da musste sich auch seine bis dahin wirksame Tötungshemmung aufgelöst haben. Aus anfangs leeren Drohungen wurden handfeste Verbrechen. Ein langwieriger Prozess hatte sich vollzogen, dessen Ursachen und Bedingungsfaktoren möglicherweise ihm selbst nicht vollends begreiflich gewesen sind.

Am 18. März 1997 wird vor dem Essener Landgericht das Urteil gesprochen. Klaus Rogoll wird wegen dreifachen Mordes zur Höchststrafe verurteilt: Lebenslänglich. Zudem wird die besondere Schwere der Schuld festgestellt. Eine vorzeitige Entlassung nach 15 Jahren ist damit ausgeschlossen. Das Gericht ordnet ferner die Unterbringung des Angeklagten in einem psychiatrischen Krankenhaus an. Diana Brüggemann wird wegen Beihilfe zum Mord an Angelika Körner zu sechs Jahren Freiheitsstrafe verurteilt.

Nicht nur Angelika Körner, Sarah Cooper, Thomas Granitza und ihre Angehörigen sind Opfer dieses Mannes geworden, auch seine ahnungslose Ehefrau. Den deutschen Ermittlungsbehörden schrieb sie aus den USA einen Brief, der nachdenklich stimmt und stellvertretend für die Traumata vieler Menschen steht, die Ähnliches erlebt haben, aber stumm geblieben sind: „Diese furchtbare und böse Reihe von Morden meines Ehemannes hat mein Bewusstsein und mein Leben in Stücke gerissen. Nur Klaus und ich werden damit leben müssen, das Gewicht der Schmerzen, der Leiden und des Blutes der Opfer zu tragen und auf ewig an das brutale Leiden, das die Familien bis an ihr Lebensende ertragen müssen, zu denken. Ich möchte meine tiefste und ehrlichste Sympathie und mein Bedauern für die Familien und Freunde der Opfer ausdrücken. Wie auch immer – am Ende sind wir alle Opfer. Und für das, was mein Mann getan hat, werde ich nie wieder meinen inneren Frieden finden."

KAPITEL 3

... sagt Norman

„Das, was ich jetzt machen werde,
werde ich mein Leben lang bereuen."

„Ich sah zuerst die leblosen Beine – und dann in sein Gesicht:
wütend, verzerrt, ganz anders.
Das hat mir in diesem Moment am meisten Angst gemacht.
Ich konnte es nicht glauben,
dass er einfach zwei Menschen erschießt."

Hagen, Anfang Mai 1997.

Die altehrwürdige Justizvollzugsanstalt, erbaut Anfang der 1920er Jahre, hat nach Paragraph zwei des Strafvollzugsgesetzes ein klar definiertes Ziel zu erfüllen: „Der Gefangene soll befähigt werden, künftig in sozialer Verantwortung ein Leben ohne Straftaten zu führen." Daneben muss die Bevölkerung vor den maximal 338 männlichen Insassen geschützt werden, die entweder Untersuchungshäftlinge sind oder eine Freiheitsstrafe verbüßen müssen, die länger als zwei Jahre andauern soll. Die meisten Gefangenen nehmen am sogenannten Einweisungsverfahren teil, das in Hagen seit 25 Jahren praktiziert wird und in dem festgestellt werden soll, welche Behandlungsbedürfnisse die Insassen haben, um sie anschließend in eine andere Haftanstalt zu geben, die diesem Bedarf möglichst gerecht werden kann. Vollzugs- und Verwaltungsbedienstete, Sozialarbeiter, Psychologen, Geistliche, Pädagogen und Ärzte bemühen sich nach Kräften, für jeden Gefangenen die zu seiner Persönlichkeit am besten passende und für ihn am besten geeignete Strafanstalt zu finden, vorausgesetzt, er lässt sich auf eine umfassende Diagnose ein.

Der Häftling „95/34501" denkt darüber ganz anders. Norman Volker Franz sind Strafvollzugsziele schnuppe, er hat eigene. Und er hält alle Menschen, die ihn hier umgeben und die sich mit ihm auseinandersetzen wollen, für Spießer und Spinner. Für den 26-Jährigen gibt es nur ein Ziel: Ausbruch, Flucht – frei sein! Er verbüßt nämlich eine lebenslange Haftstrafe. Das kommt für ihn aber nicht infrage. Denn er ist ein besonderer Mensch mit besonderen Fähigkeiten: besonders kaltblütig, besonders rücksichtslos, besonders gefährlich. So jemand lässt sich nicht einsperren, schon gar nicht auf unabsehbare Zeit. Diese fixe Idee hält ihn am Leben. Das Datum seines geplanten Ausbruchs kennt er schon: Samstag, 10. Mai 1997, irgendwann in den frühen Morgenstunden, dann, wenn die Aufmerksamkeit der Gefängniswärter am geringsten ist.

Etwa 23 Kilometer Luftlinie entfernt schmachtet auch Sarah Franz und sehnt den Tag der Zusammenkunft herbei. Sie hat Norman Franz im Frühjahr 1994 kennengelernt, seit zwölf Monaten ist sie mit ihm verheiratet. Jeden Tag, wenn die 20-Jährige allein in ihrer Dortmunder Wohnung hockt und von einem Leben träumt, das bisher immer nur die anderen leben durften, hält sie mindestens einmal ein Foto von Norman in Händen, das ihn im Freibad zeigt: 1,77 Meter groß, schlank und sportlich, stark körperbehaart, hellblondes Haar, das im Stirnbereich deutlich ausgedünnt ist, braune Augen – und dieses verschmitzte Lächeln, dem sie noch niemals hat widerstehen können. Natürlich weiß sie, weswegen er verurteilt worden ist. Aber das ist für sie kein Grund, einen Menschen, den man liebt, aufzugeben.

Die offizielle kriminelle Karriere ihres Freundes beginnt Anfang Mai 1995, als ein gewisser Klaus Kammer drei Kumpane zu Norman Franz in den Hobbykeller bestellt. Kammer ist der Kopf einer Bande junger Männer, die sich auf Bankraub verstehen, Zigaretten schmuggeln, Waffen verschieben und mit Zuhältergrößen verkehren. Der standesgemäß Corvette fahrende und Segelboot besitzende Anführer hat ein ernstes Problem: Drei junge Polen, die einem rivalisierenden Zigarettenschmugglerring angehören, wollen von ihm 150.000 Mark. Falls er das Geld nicht zahle, werde man der Kripo stecken, dass er an einem Banküberfall beteiligt gewesen ist, droht die lästige Konkurrenz – eine durchaus übliche Form der Erpressung unter ehrlosen Dieben und Räubern. Unüblich indes ist die Konsequenz, die Norman Franz, das jüngste Bandenmitglied, nach nur kurzer Diskussion vorschlägt: „Die müssen weg." Und genauso wird die „Abräumaktion" wenig später auch beschlossen.

Kammer bestellt die polnischen Männer in der Nacht zum 10. Mai 1995 nach Syburg, den südlichsten Stadtteil Dortmunds, benannt nach dem gleichnamigen 244 Meter hohen

Berg. Die Erpresser sollen zu einer abgelegenen Straße kommen, dort wohne ein alter Kumpel, blufft Kammer, der werde ihm das noch fehlende Geld leihen, dann könne die Übergabe stattfinden. Abgemacht. Die Erpresser fahren los.

Eine halbe Stunde später stoppt Kammer den dunkelgrauen VW Golf der Polen. Was sich in den nächsten Minuten ereignet, wird als das brutalste Verbrechen in die Dortmunder Nachkriegsgeschichte eingehen: Kammer bedeutet dem Fahrer, ihm etwas sagen zu wollen, ob er nicht das Seitenfenster herunterkurbeln könne. Im nächsten Moment fliegt eine Handgranate in den Wagen und explodiert. Einer der Insassen wird zerfetzt, ein zweiter versucht zu flüchten, obwohl ihm ein Fuß abgerissen worden ist. Der Mann kommt nicht weit und wird mit mehreren Kopfschüssen förmlich hingerichtet. Der dritte kann schwer verletzt entkommen, obwohl seine Verfolger aus einem Auto heraus mit einer Pumpgun auf ihn schießen. Dieser Wagen gehört Norman Franz. Und das überlebende Opfer kennt auch die Namen der Täter. Norman Franz bleibt also nur die Flucht, wie allen anderen Bandenmitgliedern auch, wenn er nicht von der Kripo schon bald gefasst werden will.

Norman weckt seine Freundin ziemlich rüde: „Stell jetzt keine Fragen, mach dich fertig, wir müssen weg, und zwar sofort! Pack nur das Nötigste zusammen. Wir müssen los, schnell!" Sarah, noch nicht ganz wach, will wissen, was passiert ist und warum sie so überstürzt wegmüssen – und wohin überhaupt? „Was soll das alles?" Norman hat jetzt keine Zeit für Erklärungen. „Erzähl ich dir später", vertröstet er seine Freundin. Sarah rafft einige Klamotten zusammen, steckt noch 1.500 Mark ein, ihr Erspartes, der Notgroschen. Frühmorgens ruft sie von einer Telefonzelle ihre Mutter an, da ist sie schon auf dem Weg nach Belgien. „Ich werde mit Norman verreisen, nur für ein paar Tage. Mach dir keine Sorgen, mir geht es gut." Bereits am Nachmittag wird der Mutter klar, dass ihre Tochter in Schwierigkeiten steckt. Zwei Kriminalbeamte stellen unbequeme Fragen, sie wollen wissen, wo Sarah und Norman sind. Und sie lassen durchblicken, dass es um den „Handgranaten-Mord" geht.

Einige Stunden darauf meldet sich Sarah wieder bei ihrer Mutter, um sie zu beruhigen. „Mama, hast du schon ferngesehen?" Sie spricht hastig, die Kripo soll den Anruf nicht zurückverfolgen können. Bevor die Mutter etwas antworten kann, sagt Sarah noch drei Sätze: „Wein bitte nicht. Mir geht es gut. Wir sind auf Hawaii." Dann legt sie auf. Nichts von dem stimmt. Es geht ihr schlecht, und sie sind auf dem Weg nach Frankreich. Sarah ist in Alarmstimmung, vor allem wegen des Kindes – sie ist schwanger. Dass es so schnell kein Zurück geben wird, ist ihr mittlerweile klar geworden. Norman wird europaweit wegen Mordes gesucht, die Medien berichten ausführlich über die Verbrechen an den polnischen Schmugglern, ein Fahndungsfoto von ihm wird im Fernsehen gezeigt.

Sie bedrängt Norman, doch endlich zu erzählen, was genau passiert ist. Er schweigt. Als es ihr zu viel wird, schreit sie ihn an. Norman reagiert. Doch die Wahrheit über die Bluttat in Syburg erfährt sie nicht. Norman schützt vor, nur den Wagen gefahren zu haben, alles sei so schnell gegangen. Punkt. Sarah glaubt ihm. Denn sie kennt Norman. Er würde gar keinen Mord begehen können, weiß sie. *Jeder andere, aber nicht Norman. Er wird da in etwas hineingeschlittert sein. Er ist unschuldig.* Diese Annahme beruhigt sie.

Sarah hält zu Norman, dem mutmaßlichen Doppelmörder – bedingungslos. Denn Norman hat stets gewusst, was richtig und was falsch war. Und er hat ihr immer gesagt, was sie zu tun hat. Norman ist der erste Mann, den sie respektiert und den sie gegen jeden und alles verteidigen würde – so, wie eine Löwin ihre Jungen schützt, falls ihnen Gefahr droht. Deshalb akzeptiert sie auch, als er ihr erklärt, „das mit dem Kind ist jetzt keine gute Idee". Einige Tage später lässt sie es „wegmachen".

Die Flucht führt sie nach Frankreich, Spanien und Amsterdam, jeweils für einige Wochen oder Monate. Als ihnen das Geld ausgeht, kehren sie im Februar 1996 nach Deutschland zurück. Was die beiden nicht wissen: Kurz zuvor ist in „Aktenzeichen XY… ungelöst" nach Norman gefahndet worden, natürlich mit Foto. Ein junger Mann, der die Sendung gesehen hat, erkennt Norman in Osnabrück wieder und alarmiert die Polizei. Die Kripo überwältigt den Gesuchten wenig später auf offener Straße. Norman leistet keine Gegenwehr. Er wird verhaftet, Sarah bleibt auf freiem Fuß. „Gegen Frau Franz liegt nichts vor", heißt es bei der Dortmunder Staatsanwaltschaft.

Sarah könnte Norman nun als lehrreiche Episode in ihrem Leben abhaken und noch einmal von vorn beginnen. Doch sie lässt nicht locker und nicht los. Denn nach wie vor ist sie von seiner Unschuld überzeugt, auch wenn sich langsam Zweifel regen. *Wenn er doch nichts getan hat, warum dann die Flucht? Er hätte sich der Polizei stellen können. Aber denen kann man nicht trauen, hat Norman gesagt.*

Wasser auf ihre Mühlen ist Normans Aussage vor dem Dortmunder Landgericht, als ihm und den übrigen seiner Clique der Prozess gemacht wird. „Ich war es nicht. Ich habe die Handgranate nicht geworfen. Ich habe nicht geschossen. Das schwöre ich beim Leben meiner Mutter!", echauffiert er sich lautstark. Das ist der Moment, in dem Sarah, die jeden Prozesstag von der Zuschauerbank aus verfolgt, sich bestätigt sieht: Unschuldig; natürlich, klar, sie hat es doch immer gewusst. Sie werden ihn freisprechen, bestimmt. Das Gericht ist jedoch anderer Auffassung und verurteilt Norman und die übrigen Bandenmitglieder zu lebenslanger Haft. Sarah ist wie vor den Kopf gestoßen und glaubt zunächst an einen schlimmen Justizirrtum, der sich bald aufklären werde. Doch es kommt anders als gedacht und gehofft, wieder einmal.

Sarah akzeptiert das Urteil, nicht aber die sich hieraus ergebende Konsequenz. Sie will nicht glauben, dass sich ihre Beziehung auf 15 bis 20 „Familienbesuche" im Jahr beschränken soll. Sie hofft vielmehr darauf, dass es eine andere Lösung geben wird. *Warte nur ab, ich komme wieder raus, hat Norman gesagt.* Was ihr Freund sagt oder gesagt hat, ist für sie wie eine Lebensleitlinie. Norman weiß über alles Bescheid, er gibt die Richtung vor, alles wird so gemacht, wie er es will. Besser so.

Sarah hält also nicht nur an Norman fest, sie willigt sogar ein, den zu Lebenslänglich Verurteilten zu ehelichen, als sie von dessen Mutter gefragt wird, ob sie ihren Sohn denn nicht heiraten wolle. „Norman liebt dich doch", sagt seine Mutter. Aber Norman braucht auch jemanden, dem er bedingungslos vertrauen kann und der alles für ihn tun würde. Denn er will so schnell wie möglich raus aus dem Knast, und das kann nur gelingen, wenn jemand für ihn etwas in die Anstalt hineinschmuggeln kann: Sarah ist die Idealbesetzung, wenn es um seine künftigen Flucht- und Lebenspläne geht.

Im Mai 1996 ist Hochzeit hinter Stacheldraht und hohen Mauern. Im Besucherraum der Justizvollzugsanstalt in Wuppertal findet die Trauung statt, die den strengen Statuten entsprechend nicht länger als eine Stunde dauert. Norman hat sich rausgeputzt, Sarah auch, das weiße Brautkleid steht ihr gut. Es gibt auch eine Hochzeitstorte, und zur Feier spielt ein Kassettenrekorder Lieder von Elton John. Hochzeitssekt gibt es nicht, der ist verboten.

Wegen guter Führung und seiner Ehe wird Norman in die Haftanstalt nach Hagen verlegt. An diesem Gefängnis interessiert ihn jedoch nur, wie er dort wieder herauskommt. Sarah tut ihr jammernder Mann leid, der sie mit abenteuerlichen Fluchtplänen behelligt, in denen sie die Hauptrolle spielen soll. Doch Sarah kann ihm nicht helfen. Woher soll sie denn einen Hubschrauber bekommen, der Norman im Gefängnishof aufnehmen und ihn in die Freiheit fliegen soll? Woher soll sie die Waffen nehmen, mit denen das Gefängnispersonal in Schach gehalten werden soll, wenn Norman flieht? Hirngespinste eines Eingesperrten.

Doch Norman gibt auch in den folgenden Monaten nicht auf und bekniet seine Frau, ihm doch endlich zu helfen. Mittlerweile weiß er auch, wie. Sarah soll ihm Sägeblätter in den Knast schmuggeln. Die junge Frau versteckt insgesamt sechs Sägeblätter in ihrem Gürtel, und es gelingt ihr, das Wachpersonal zu übertölpeln. Der Ausbruchsversuch ist für den 10. März 1997 vorgesehen. Norman hat Sarah mittlerweile davon überzeugt, dass es besser für sie wäre, wenn sie ihn auf der Flucht begleiten würde. Dann werde alles gut. Sarah glaubt an das, was Norman sagt, immer noch, gerade jetzt. Und darum macht sie mit. Sie will aber auch wieder mit ihm zusammen sein können und eine Familie gründen, die sie bisher nie gehabt hat.

Ihr Mann hat für die Flucht, die im Morgengrauen stattfinden soll, alles vorbereiten lassen: frische Kleidung, falsche Pässe und eine Pistole liegen bereit, Sarah soll den Fluchtwagen fahren, einen roten Polo. Während eines Schichtwechsels sägt Norman die Gitterstäbe seiner Zelle durch. Über eine Steighilfe aus Besenstielen und Eimergriffen hangelt er sich zwölf Meter hoch aufs Gefängnisdach und rutscht die Regenrinne hinunter. Dann läuft er dem Polo entgegen, an dessen Steuer Sarah sitzt, ungeduldig, hektisch, fast panisch. Als Norman die Tür aufreist, startet seine Frau den Wagen. Was Sarah in diesem Moment nicht bewusst ist: Sie hat eine Grenze überschritten – aus der Ehefrau eines Mörders ist die Komplizin eines Mörders geworden. Doch sie ist nur froh, dass er wieder bei ihr ist. Endlich vereint.

Die Flucht geht in den Osten Deutschlands, nach Thüringen und Sachsen-Anhalt. Das Paar übernachtet zunächst im Auto, dann in Hotels und Pensionen. Sarah und Norman geben sich als Ehepaar aus, das sie ja sind, nur die Namen stimmen nicht: „Schulz" oder „Stüver" heißen sie jetzt. Die anfängliche Gangsterromantik muss bald der nüchternen Realität weichen: Sie haben kein Geld mehr, und Sarah ist schwanger. Diesmal will sie das Kind behalten, Norman auch, koste es, was es wolle.

Die Not ist groß. Während Sarah sogar bettelt, um an Geld zu kommen, überfällt Norman Tankstellen, Kioske oder ältere Frauen, er schlägt immer dann zu, wenn sich eine Gelegenheit bietet. Sarah fragt nicht nach, woher er das Geld hat. Norman weiß halt, was zu tun ist. Auf ihn kann man sich verlassen. Doch die Beute ist regelmäßig gering; zu wenig, um eine Familie auf Dauer zu ernähren, um überhaupt wieder im Leben Fuß fassen zu können. Der Traum von einem Heim und einem Leben unter südlicher Sonne droht zu platzen, bevor er überhaupt begonnen hat. Das ist beiden bewusst. Nur Norman fühlt sich berufen, diesen erbärmlichen Zustand zu beenden. Sarah hingegen zeigt keine Initiative. Warum auch. *Norman macht das schon, hat er gesagt. Wenn Norman etwas verspricht, dann kann man sich darauf verlassen.*

Und Norman plant bereits etwas, von dem seine Frau nicht einmal etwas ahnt. Sie wohnen mittlerweile in einem Hotel in Weimar. Sarah kommt es wie zufällig vor, als sie am 26. März 1997 bei einem Spaziergang beobachten, wie gegen 22 Uhr ein Geldbote eine Geldkassette zur Dresdner Bank in der Steubenstraße bringt. Der Wachmann ist Rudolf Tamm, 54, ein ehemaliger Polizist. Norman sagt Sarah, sie solle an der Bushaltestelle warten, er wolle das eben erledigen. Sarah ahnt, dass Norman es auf das Geld abgesehen hat, aber sie weiß noch nichts von der Kaltblütigkeit und Brutalität ihres Freundes.

Wenig später tritt ein unmaskierter Mann an den Geldboten heran und schießt ihm ohne Vorwarnung in die Brust. Norman entreißt dem Opfer die Geldkassette und flüchtet zu Fuß. Sarah hat das Knallgeräusch gehört, sie weiß aber nicht, dass es ein Schuss gewesen ist, aber sie vermutet, dass Norman damit etwas zu tun hat. Denn der kommt plötzlich auf sie zugerannt, eine silberne Kassette in der Hand. „Los, los, weg hier!", brüllt er. Gemeinsam flüchten sie in ihr Hotel.

Am nächsten Morgen liest Sarah in der örtlichen Zeitung, dass der Wachmann an einem Herzdurchschuss gestorben ist. Also Mord! Sie hat so etwas schon geahnt, es aber nicht wahrhaben wollen. Sarah ist entsetzt und stellt Norman zur Rede. „Wie konntest du nur!" Der Wachmann sei doch selber schuld gewesen, beteuert Norman, der habe ihm schließlich die Waffe entreißen wollen, und dabei habe sich ein Schuss gelöst. Ein Unfall eben, keine Absicht. Pech. Schicksal. Sarah lässt sich gerne überzeugen. Ihr fehlt es an Persönlichkeit, um eigenständige Entscheidungen zu treffen. Und sie glaubt an das Gute in ihrem Mann. *Norman bringt doch keinen Menschen um, hat er gesagt.*

Ganz allmählich rückt Sarah wieder ein Stück an eine neue Grenze heran, von der sie überzeugt ist, sie niemals überschreiten zu können. Nur Norman kann das. Und doch liegt schon jetzt ein Schatten auf ihrem Leben.

Die 10.000 Mark aus der geraubten Kassette reichen nicht aus, um sich ins Ausland absetzen zu können. Sarah und Norman, die von der Kripo für ein skrupelloses Gangsterpärchen gehalten werden und nach denen fieberhaft mit Phantombildern gefahndet wird, die ihnen aber nur wenig entsprechen, flüchten nach Sachsen-Anhalt, verstecken sich in billigen Hotels, mal in Halle, mal in Leipzig, dann in Dessau. Norman weiß, dass es so nicht weitergehen kann. Sarah weiß das auch. Doch wiederum ist es Norman, der die Initiative ergreift, zunächst heimlich. Er beobachtet des Öfteren einen bestimmten Metro-Markt. Während er seinen großen Coup vorbereitet, den er sich bereits Jahre zuvor zurechtgelegt hat, bleibt Sarah im Hotel. Die Schwangerschaft macht ihr zu schaffen. Übelkeit, Erbrechen, Kopfschmerzen. Natürlich wird auch über das Baby gesprochen, wenn ihr Mann abends nach Hause kommt. Norman ist etwas wankelmütig geworden, denn er weiß, wie schwierig die Flucht mit einem Kleinkind werden wird. Aber diesmal gibt Sarah nicht klein bei, sondern besteht darauf, das Kind zu behalten und zu bekommen. Sie hat nämlich auch Angst, dass es nach einer nochmaligen Abtreibung mit einer Schwangerschaft nie wieder klappen könnte. Und eine weitere Befürchtung quält sie: dass Norman wieder eine Dummheit begehen, dass erneut ein Mensch getötet werden könnte. Um seine Frau zu beruhigen, legt er hin und wieder die Patronen seiner Pistole auf den Tisch. Und er verspricht, dass es keine Toten mehr geben wird. Sarah glaubt und vertraut ihrem Mann. *Wenn Norman etwas verspricht, dann kann man sich darauf verlassen, sagt Norman.*

Es ist Montag, der 21. Juli 1997, Metro-Markt in Peißen bei Halle an der Saale, Stichelsdorfer Weg, 6.30 Uhr. Sarah und Norman warten ungeduldig auf den Wagen der „Geld- und Werttransporte GmbH Hannover", die Sicherheitsfirma soll in den nächsten Minuten die Einnahmen vom Wochenende abholen. Norman hat das ausbaldowert. Sein Plan: Er will die Wachleute überwältigen, Sarah soll zunächst Schmiere stehen und erst auf sein Zeichen dazukommen, um beim Tragen der Geldkoffer zu helfen.

Schließlich kommt der Transporter, pünktlich. Sarah und Norman beobachten, wie der gepanzerte VW Bully direkt hinter dem Metro-Markt geparkt wird. Zwei Wachleute steigen aus und nehmen zwei Geldkoffer entgegen. Jetzt ist der richtige Zeitpunkt. Norman geht in Richtung des Wagens, der nur etwa 30 Meter entfernt steht. Wenig später hört Sarah zwei Schüsse. Norman gibt das verabredete Zeichen, sie rennt los. Vor dem Geldtransporter sieht sie erst ein paar leblose Beine, dann nimmt sie Blickkontakt auf. Normans Gesicht ist merkwürdig verzerrt, voller Brutalität und Erbarmungslosigkeit. Eine Fratze. Dieser Anblick macht ihr zu schaffen – Angst. Sarah hat in diesem Moment Angst vor ihrem eigenen Mann. Das ist nicht der liebevolle Norman, den sie kennt, dem sie vertraut, den sie bewundert, den sie liebt. Norman präsentiert sich ihr erstmals als das, was er auch ist: ein eiskalter Killer. Erst jetzt beginnt sie langsam zu realisieren, was da eben passiert ist.

Sarah ist wie paralysiert, bewegungsstarr. Norman schreit sie an, sie soll ihm gefälligst beim Tragen der Geldkisten helfen, so ist es verabredet. Sarah sieht die beiden Wachleute, das Blut. Zwei Menschen sind erschossen worden. Sie kann Norman nicht helfen, sie will nicht. „Los, pack an!" Sarah pariert und packt an. Die Koffer sind aber zu schwer. Norman macht es selbst, fluchend. Dann laufen sie los. Mit bleiernen Beinen steigt sie in den Wagen, den sie sich kurz zuvor besorgt haben. In hohem Tempo geht es zum Parkplatz ganz in der Nähe, wo der rote Polo steht. Sarah ist wie betäubt und beobachtet, wie Norman das geraubte Geld umlädt. Weil sie sich nicht rührt, brüllt er sie wieder an: „Raus aus dem Wagen, mach schon!" Sarah gehorcht. Zurück im Hotel, erweckt Norman den Eindruck, als sei nichts gewesen – er geht frühstücken. Sarah kommt mit, sie sitzt aber nur da, wie benommen, die toten Wachmänner vor Augen.

Auch in den nächsten Tagen kein anderes Bild: Normans Gewalttätigkeit schockiert Sarah, diese erschreckende Gefühlskälte. Die Bluttat lässt sie nicht mehr los. Sie kann einfach nicht glauben, dass Norman zwei Menschen erschossen hat. Einfach so. Sarah wäscht sich häufig die Hände, weil sie glaubt, das Duftwasser eines ermordeten Wachmanns zu riechen. Doch so oft sie ihre Hände auch abschrubbt, sie wird den üblen Geruch nicht los. Sarah leidet. Norman hingegen ist hochzufrieden: 478.000 Mark Beute. Das reicht für Portugal. Das reicht für einen Neuanfang.

Nicht nur die Bevölkerung in Halle ist schockiert, sondern auch die Mitarbeiter der Sicherheitsfirmen in ganz Deutschland, die täglich auf über 2.500 Geldtransportfahrzeugen eingesetzt werden. Die Unruhe erfasst aber auch die Auftraggeber: Banken, Warenhäuser oder Großmärkte. Von einem „feigen Mordanschlag" ist die Rede, den Opfern, 48 und 49 Jahre alt, sei nicht einmal die Möglichkeit zur Selbstverteidigung geblieben.

Sarah und Norman fahren nach Stuttgart und kaufen sich dort einen gebrauchten BMW. Der Besitzer des Wagens, ein Bekannter von Norman, gibt den beiden auch eine handgeschriebene Bestätigung, dass das Auto bis Dezember mit den alten Kennzeichen gefahren werden darf, und zwar in Deutschland, Frankreich, Spanien und Portugal. So soll auch der Fluchtweg sein. Der rote Polo hingegen wird in der Nähe des Stuttgarter Flughafens abgestellt. Die Polizei soll glauben, man habe sich mit dem Flugzeug abgesetzt.

Die Kripo hat schnell auf dieses außergewöhnlich brutale Verbrechen reagiert und die Soko „Metro" gebildet, bestehend aus 21 Beamten. Viele von ihnen sind erfahrene Kriminalisten und nicht zum ersten Mal in einer Soko. Bald kann ermittelt werden, dass die tödlichen Projektile in Weimar und Halle aus derselben Waffe verfeuert wurden. Und die Kripo in Weimar glaubt bereits zu wissen, wer den Raubmord vor der Dresdner Bank begangen hat: Norman und Sarah Franz. Die erste heiße Spur tauchte bereits nach dem Mord in Weimar im Juni auf, als herauskam, dass die mutmaßlichen Täter eine Woche lang in einem Appartement-Hotel gewohnt hatten. Zwar traten die Verdächtigen als „Eheleute Uwe und Beate Schulz" auf, doch die Rechnung unterschrieb der männliche Gast mit „Franz" – offenkundig eine Gedankenlosigkeit Normans. Als das Paar die Rechnung säumig blieb, erstattete der Hotelier Anzeige bei der Polizei. Und: Zeugen, die Sarah und Norman in Weimar in ihrem Wagen hatten flüchten sehen, erkannten das Duo auf Fahndungsfotos wieder. Nun wird europaweit nach dem „brutalsten Mörderpaar Deutschlands" gefahndet, die Medien fabulieren über „Bonnie und Clyde", das legendäre Gangsterpärchen, das in den frühen 1930er Jahren raubend durch den Südwesten der Vereinigten Staaten zog und dabei mindestens 13 Menschen ermordete.

Sarah zeigt Norman die kalte Schulter. Sie spricht nicht, isst nicht, schläft nicht. Sie überlegt sogar, zu ihrem Vater zurückzukehren. Doch sie rechnet auch damit, dass Norman sie nicht einfach so gehen lassen wird. Sie weiß, wozu er fähig ist. Sie ahnt, dass ihr etwas zustoßen könnte. Und dann ist da noch das Kind in ihrem Bauch. Sarah will nicht, dass es ohne Vater aufwächst. Norman spürt die Abneigung seiner Frau und redet auf sie ein, es habe doch alles prima geklappt, man habe jetzt genug Geld, alles werde gut. Sarah zweifelt. In ihr ist etwas zerbrochen. Denn Norman hat sein Versprechen gebrochen, so etwas werde nicht mehr vorkommen. Und dafür hat er diesmal keine Erklärung und auch keine Ausrede. Da hilft es wenig, wenn er sich ihr gegenüber von seiner Schokoladenseite zeigt, lieb ist, verständnisvoll, zärtlich. Sarah sieht in ihm nun in erster Linie den zynischen Mörder, für den ein Menschenleben nicht viel zählt, der auch für sie selbst zu einer tödlichen Gefahr werden könnte. Und sie spürt, dass sie eine weitere rote Linie überschritten hat: Aus der Helferin eines Mörders ist die Mittäterin eines Mörders geworden. Doch Sarah sieht keinen Ausweg aus diesem Dilemma. Und sie hat auch nicht die Kraft und das Selbstbewusstsein, um sich von diesem Mann zu lösen, der sie fasziniert wie kein anderer. Also bleibt sie bei ihm.

Acht Tage nach dem Doppelmord in Halle wird der Soko der Fund des roten Polos gemeldet. Im Wagen findet die Kripo hinter einer Verkleidung 1.000 Mark. Wahrscheinlich ist das Geld für einen Komplizen vorgesehen, der das Auto verschwinden lassen soll, mutmaßen die Ermittler. Der Wagen wird verkabelt und rund um die Uhr observiert. Doch es kommt niemand, der den Polo wegfahren will. Vielleicht hat der „Abräumer" von der Observation etwas mitbekommen oder ihm ist das Risiko einfach zu groß geworden und der Ertrag zu klein. Wieder eine Spur, die ins Nichts führt. Überhaupt treten die Kriminalisten nach ersten Anfangserfolgen auf der Stelle; sie glauben zwar zu wissen, wer die

Morde verübt hat, doch sie wissen nicht, wo sie nach ihnen suchen sollen. Es gibt einfach keinen Anhaltspunkt. Ob die bundesweit aushängenden Steckbriefe mit dem Warnhinweis „Vorsicht! FRANZ ist gewalttätig und bewaffnet. Er macht rücksichtslos von der Schusswaffe Gebrauch" zum Erfolg führen, ist ungewiss. Und die Hoffnung, die imposante Belohnung von 100.000 Euro möge die Deutschen im In- und Ausland zu detektivischen Umtrieben anstacheln, ist vage. Auch das offizielle Statement der Leiterin der Soko liest sich wie ein trotziger Offenbarungseid: „Die Täter müssen gefasst werden. Egal, welche Polizei in welchem Land sie erwischen wird. Wir lassen jedenfalls nicht locker."

Noch Wochen später. Norman Volker Franz – dieser Name elektrisiert mittlerweile eine ganze Branche. Der des fünffachen Mordes Verdächtige, warnt das Landeskriminalamt Düsseldorf per Fernschreiben alle deutschen Geldtransportunternehmen, plane vermutlich noch in diesem Monat einen weiteren Überfall, Franz soll bereits neue mögliche Tatorte ausbaldowert haben. Besonders die Transportfahrzeuge der Sicherheitsunternehmen im Osten Deutschlands werden aufgerüstet, an Bord ist auch immer ein DIN-A4-großes Fahndungsfoto des gefürchteten Serienkillers.

Jetzt schlägt die Stunde der Zielfahnder, jener Spezialisten, die immer dann ihre Arbeit aufnehmen, wenn jemand abgetaucht ist und möglichst bald dingfest gemacht werden muss, der erhebliche Straftaten begangen hat und bei dem zu befürchten ist, er wird es wieder tun. Norman Franz gehört in diese Kategorie der Schwerstverbrecher, daran zweifelt niemand. Am 1. August 1997 wird der jetzt 27-Jährige zur „Zielperson" des Landeskriminalamts in Düsseldorf.

Für die Sonderermittler beginnt die Arbeit damit, dass sie ein Personagramm erstellen: Zu wem hatten Sarah und Norman Franz Kontakt? Was sind ihre Vorlieben, was ihre Hobbys? Angewohnheiten? Typische Redewendungen? Wo sind sie aufgewachsen? Wer waren ihre Freunde? Wie haben sie sich kennengelernt? Alles ist interessant, alles ist wichtig. Jedes noch so kleine Detail kann die Gesuchten verraten und ans Messer liefern. Als Quellen dienen den Fahndern insbesondere Ermittlungs- und Strafakten, aber auch Familienangehörige, Freunde, Arbeitskollegen, Lehrer oder ehemalige Zellengenossen werden zu den Lebensgewohnheiten, Eigenarten, Bezugspunkten oder auch der Lieblingszeitung und bevorzugten Urlaubszielen des Flüchtigen befragt. Auch die behandelnden Ärzte sollen Auskunft geben, um herauszubekommen, ob der Gesuchte unter akuten oder chronischen Krankheiten leidet und darum bestimmte Medikamente benötigt. Und Gerichtsgutachten werden akribisch ausgewertet, um die Persönlichkeit und das Verhaltensprofil des Täters besser einschätzen und von anderen unterscheiden zu können. So lernt man einen Menschen kennen.

Wer also sind Sarah und Norman Franz?

Beide wachsen in den belebten Straßen und schmuddeligen Hinterhöfen rund um den Borsigplatz in Dortmund auf. Der Borsigplatz ist im Wesentlichen ein Kreisverkehr mit sechs sternförmigen Zufahrtsstraßen. Rund um den Innenplatz stehen Bäume, mittendurch führt eine Straßenbahnlinie. Hier leben etwa 55.000 Menschen, fast jeder zweite hat ausländische Wurzeln. Die Menschen in diesem typischen Arbeiterviertel werden geprägt und gequält von hoher Arbeitslosigkeit, Armut und Kriminalität, nicht wenige trinken zu viel oder nehmen Drogen oder beides. So manches Kind gerät hier schnell auf die schiefe Bahn, weil es den Erziehungsberechtigten an Bildung fehlt und die Elternhäuser zerrüttet sind. Es gibt zu selten tragfähige Alltagsstrukturen. Der Borsigplatz ist ein klassischer sozialer Brennpunkt, wie es ihn in fast jeder deutschen Metropole gibt.

Sarah wird als erstes Kind ihrer Eltern geboren. Der Vater ist Gleisarbeiter bei der Bundesbahn, die Mutter geht hin und wieder putzen, damit man über die Runden kommt. Sarahs Kindheit ist schwierig. Die Mutter ist mit den drei Kindern überfordert, sie fängt an zu trinken, vernachlässigt die Kleinen. Der Vater bemüht sich zwar nach Kräften und will nach außen den Schein einer intakten Familie wahren, doch er scheitert an der Haltlosigkeit seiner Frau, die sich mehr und mehr gehen lässt, auch öffentlich.

1982 trifft die Familie ein weiterer Schicksalsschlag, als man Sarahs Bruder tot in seinem Bettchen findet. Er wird nur ein Jahr alt. Die Eltern geben sich gegenseitig die Schuld und entfremden sich. Die Kinder leiden mit. Sarah möchte die geliebte Tochter sein, doch die Mutter schickt sie nur zum Bierholen. Der Vater hat kaum Zeit. Und Sarah muss früh für ihre sechs Jahre jüngere Schwester Verantwortung übernehmen, mit der sie sich ein Zimmer teilt. Ersatzmutter.

Sarahs Leben ist trist: schlechtes Verhältnis zu ihrer Mutter, schlechte Noten in der Schule, schlechter Umgang. Ihre Familie wird zu einem Fall für das Jugendamt. Sarah muss in die Obhut der Großmutter gegeben werden, während die Mutter endlich eine Entziehungskur macht. In dieser Zeit stabilisiert sich Sarah, die schon in der ersten Klasse zurückgestuft wurde und die dritte wiederholen musste. Endlich lernt sie etwas in der Schule, der Notendurchschnitt verbessert sich erheblich. Lohn ist eine Empfehlung für die Realschule.

Als das Jugendamt Sarah zurück in die Obhut der Eltern gibt, geht es abermals bergab. Die Mutter verfällt wieder dem Alkohol und lässt sich gehen. Dennoch macht sie ihrer Tochter, die sie eher wie eine Freundin behandelt, gerne strenge Vorschriften. Ihr Vater ist da nicht anders. So wächst Sarah in einer Umgebung auf, in der immer andere das Sagen haben und sie sich zu fügen hat. Statistin im eigenen Leben. Erfüllungsgehilfin. Sarah will Freunde haben und darf sie nicht mit nach Hause bringen. Sie hat nicht einmal einen Schlüssel für die Wohnung. Sarah kann sich nicht entfalten, positionieren, reiben, finden – ihre Persönlichkeit verkümmert. Auch ihre Hobbys lassen erkennen, dass sie nicht zu den Menschen zählt, die gerne Initiative ergreifen: Am liebsten hört sie Musik oder sieht fern. Sarah würde gerne Kosmetikerin werden, doch die Mutter drängt ihr eine Lehrstelle als Fleischfachverkäuferin auf. Sarah muckt nicht auf, sondern bleibt weiter die brave Tochter, gehorcht. Ihr fehlt das nötige Selbstbewusstsein, der Selbstbehauptungswille. Es ist wie immer: Die junge Frau wird beeinflusst, geleitet und schließlich bestimmt. Sie kennt es nicht anders. Sie weiß gar nicht, wie das ist, wenn man sich auflehnt und gegen etwas ankämpft oder für etwas eintritt. Sarah geht lieber den Weg des geringsten Widerstandes. Oder notgedrungen, gezwungenermaßen.

Und dann tritt Norman in ihr Leben, als sie ihn im Frühling des Jahres 1994 auf einem Spielplatz trifft. Zunächst ist er einer von vielen, sie beachtet ihn kaum. Dann aber beginnt die 17-Jährige sich für Norman zu interessieren, mit dem man vernünftig reden, mit dem man aber auch Spaß haben kann. Der sechs Jahre ältere Mann wohnt noch bei seiner Mutter, fährt aber einen protzigen 7er-BMW, hat immer Geld in der Tasche, gibt damit aber nicht an wie die anderen Typen aus seiner Clique, die dicke Autos fahren und mit tollen Geschichten unbeholfen um Aufmerksamkeit buhlen. Weltmänner aus Dortmund-Nord, von denen man sich erzählt, sie seien in kriminelle Geschäfte verstrickt. Sarah hat auch davon gehört, aber es kümmert sie nicht. Gerüchte eben.

Sie kennt ihn nämlich ganz anders. Norman ist immer angenehm zurückhaltend, freundlich und witzig. Er ist klug, glaubt Sarah. Wer sein Abitur auf dem Westfalen-Kolleg nachmacht und sogar gute Noten in Mathematik und Physik hat, muss klug sein. Seine Vita zeigt auch keine Brüche, obwohl er seinen Vater früh verliert. Nach der Realschule absolviert er erfolgreich eine Lehre als Elektriker, geht zur Bundeswehr, findet danach aber keinen

Job. Aber er ist ehrgeizig und versucht es auf dem zweiten Bildungsweg.

Nach ein paar Monaten des Kennenlernens schreibt Norman ihr Liebesbriefe. Sarah, die noch keinen festen Freund gehabt hat, fühlt sich anfangs nur geschmeichelt, dann aber, als sie ihre Schüchternheit und Selbstzweifel überwindet, ist sie hin und weg. Auch ihrer Mutter gefällt der junge Mann, der so ruhig, höflich, lieb und nett ist. Genau der Richtige für die sensible Sarah.

Norman hegt nicht nur Sympathien für das hübsche und etwas scheue Mädchen mit den dunklen, schulterlangen Haaren. An einem Al-Bundy-Abend fragt Norman Sarah, ob sie mit ihm gehen wolle. Ja, sie will. Sarah will jetzt nichts anderes mehr. Norman! Bei ihm findet sie genau das, was sie bisher so vermisst hat: Geborgenheit, gegenseitiges Vertrauen. Er gibt ihr das Gefühl, für ihn wichtig zu sein. Und Norman trinkt keinen Alkohol. Endlich ist jemand für sie da, zu dem sie auch aufschauen kann, der ihr mit seiner sanften, aber auch geradlinigen und zielstrebigen Art imponiert. Ein Mann eben, der nicht nur Bier trinkt und dann Sex will, sondern auch zärtlich ist, der zuhört, auf sie eingeht, Sarah so akzeptiert, wie sie ist – Aschenputtel.

Als Sarah die Lehre als Fleischverkäuferin abbricht, trifft sie zum ersten Mal eine eigene Entscheidung. Und sie lässt sich auch nicht entmutigen, als die Mutter sie energisch auffordert, ihre Ausbildung fortzusetzen. Denn mit Norman ist nun jemand an ihrer Seite, der zu ihr steht und der auch Gefühle des Behütetseins und des Beschütztwerdens vermitteln kann. Sarah zieht bei den Eltern aus und bei Norman ein. Weg von der ewigen Krisenfamilie, hinein in die Ersatzfamilie. Dort darf sie sein, wie sie ist: Sarah muss keine Rolle spielen, sie fühlt sich akzeptiert und angenommen. Die Beziehung zu Norman festigt sich, und Sarah erlebt endlich einmal ein geregeltes Familienleben.

Doch mit einem Mal zeigt Norman ein verändertes Verhalten, ohne dass Sarah dies mit einem bestimmten Ereignis in Verbindung bringen kann. Vier Monate bevor er Abitur hätte machen können, verlässt er die Berufsschule. Seine Noten sind gut, er hätte bestehen können, doch auf einmal ist er nicht mehr da. Hin und wieder fährt er einfach mit dem Auto weg, ohne Sarah zu sagen, warum und wohin. Sie akzeptiert es, fragt auch nicht nach. Einmal zeigt Norman ihr im Keller Handgranaten, die sie allerdings für Spielzeug hält. Trotz dieser dunklen Vorzeichen sind die folgenden Monate die glücklichsten ihres Lebens – bis Norman ihr am späten Abend des 9. Mai 1997 ankündigt: „Das, was ich jetzt machen werde, werde ich mein Leben lang bereuen." Der Albtraum beginnt.

Als die Kripo Sarah und Norman im August 1997 noch in Deutschland vermutet, sind sie längst in Portugal. Norman hat gesagt, dass es Portugal sein muss, weil die dortigen Behörden niemand ausliefern, dem eine lebenslange Haftstrafe droht. Und Norman würde mit hoher Wahrscheinlichkeit Lebenslänglich bekommen, sollte man ihn in Deutschland vor Gericht stellen. Sarah glaubt Norman. Er muss es wissen. Denn er weiß immer alles, und Sarah kennt sich mit so etwas nicht aus.

Norman hat sich für Albufeira entschieden, einst ein friedvolles Fischerdorf, jetzt ein beliebter Ferienort an der Algarve. Etwa 16.000 Menschen leben hier. In den Sommermonaten quillt das alte Stadtzentrum mit seinen schmalen Gassen und weißen Häusern, seinen bunten Läden, Bars, Clubs, Restaurants, Discos und Nachtclubs über von Urlaubern aus aller Welt. Der Ort hat einen malerisch schönen Strand, und die Einwohner sind stolz auf die größte Wasserachterbahn Europas. Ein idealer Unterschlupf für Sarah und Norman, die sich jetzt, mit falschen Pässen ausgestattet, Nadine und Michael Stüver nennen. Sie fallen kaum auf, Ausländer sind hier gern gesehen und beleben die Konjunktur. Niemand stellt lästige Fragen. Doch die Schatten der blutigen Vergangenheit sind lang und holen Sarah immer wieder ein. Dann sieht sie die toten Wachmänner. Und sie schaut in Normans Gesicht, das sich plötzlich zu einem Zerrbild seiner selbst verformt. Das Wort Bestie kommt ihr in den Sinn. Monster. Unmensch.

Sie leidet jedoch nicht nur an den dunklen Gedanken und Erinnerungen, die sie einfach nicht loswird, sie quält auch diese nervöse Angst. In jedem Auto, das ihnen folgt, könnte ein Verfolger sitzen. Oder jemand könnte auf dem Bürgersteig hinter einem Baum stehen, erst lauernd, dann schnell auf sie zukommend. Polizei! Oder ist der Mann, der sie im Supermarkt so merkwürdig anschaut, und ihr folgt vielleicht ein Versicherungsdetektiv? Manchmal wünscht sie sich sogar, da wäre tatsächlich jemand, der sie holen kommen würde, damit sie sich nicht mehr fürchten muss. Dass sie endlich wieder nach Hause kann. Norman weiß nichts von Sarahs Gedankenspielen. Sie darf nicht mit ihm darüber reden. Norman hat nämlich mal gesagt, dass er jeden umbringt, der für ihn ein Sicherheitsrisiko darstellt. Jeden.

Mittlerweile leben sie in einem Appartement mit Meerblick und Kamin. Norman unterstützt einen Immobilenmakler am Ort mit einer größeren Summe, dafür wird er Teilhaber und verkauft ab sofort Ferienhäuser und Wohnungen an deutsche Touristen. Schon einen Monat später erwirbt er für 200.000 Mark ein Haus mitten in Albufeira. Vielleicht wird es ja doch noch etwas mit dem glücklichen Familienleben unter südlicher Sonne, hofft Sarah, die dann aber jäh mit der dunklen Seite Normans konfrontiert wird, als der sie fragt, ob sie damit einverstanden sei, dass er erst sie und dann sich selbst erschieße, falls sie geschnappt werden sollten. Sarah ist einverstanden, weniger aus Überzeugung, sondern eher darauf hoffend, dass man sie nicht findet, dass es nicht so weit kommt. Sie weiß sich nicht anders zu helfen. Ohne Norman ergibt das Leben für sie keinen Sinn. Er ist eben der Mann, den sie liebt. Trotz allem.

Während der Umfang ihres Bauches zunimmt, nehmen ihre Ängste und Sorgen allmählich ab. Als am 22. Februar 1998 ihr Sohn zur Welt kommt, beginnt für Sarah ein neuer Lebensabschnitt. Norman vergräbt seine Pistole. Sie wollen einen Schlussstrich ziehen. Keine Verbrechen mehr. Keine Angst mehr, keine Sorgen. Sarah hat jetzt Aufgaben, die sie fordern und ausfüllen: das Baby und der Haushalt. Nichts unterscheidet sie jetzt mehr von anderen Familien, denkt sie, glaubt sie. Norman geht jeden Tag zur Arbeit, Sarah kauft ein, versorgt Kevin, putzt, wäscht, bügelt. Ganz allmählich kehrt Ruhe ein, Normalität. Wenn Sarah sieht, wie zärtlich Norman mit Kevin umgeht, dann ist da wieder jener Mann, für den sie sich einst bedingungslos entschieden hat. Ein Hauch von Glück umschmeichelt sie. Deutschland mit seinen Verfolgern ist mit einem Mal so weit weg.

Die Zielfahnder des Düsseldorfer Landeskriminalamts geben nicht auf. Sie lassen nichts unversucht, um dem Gangsterpärchen auf die Spur zu kommen, plaudern mit dem Kaufmann an der Ecke, der Sarah Wurst und Käse verkauft hat, mit dem Briefträger, mit den Müllmännern, einfach mit jedem, der Sarah und Norman kennt oder etwas über sie weiß. Immer wieder bekommen sie zu hören, dass die beiden, als von Verbrechen noch keine Rede war, häufiger laut über einen Portugalurlaub nachgedacht haben. Es gibt zwar keine konkrete Spur dorthin, doch wird diese Urlaubsschwärmerei ernst genommen. Das wissen die Ermittler aus anderen Fällen. Also Portugal. Es werden erste Kontakte zu den portugiesischen Behörden geknüpft.

Norman Franz ist ein konsequenter Mensch, lernen die Ermittler. Er hat alle Verbindungen zu Freunden und Bekannten abgebrochen, auch zu seiner Mutter. Niemand hat eine Nachricht von ihm bekommen, keine Postkarte, keinen Anruf, nichts. SAT.1 bringt den Fall in der „Fahndungsakte". Hunderte Hinweise gehen bei der Kripo ein, doch eine heiße Spur ergibt sich nicht. Man beschließt, die Nachforschungen in Portugal zu intensivieren. Die dortigen Ermittlungsbehörden werden sensibilisiert, indem auf die extreme Gefährlichkeit der Gesuchten hingewiesen wird und dass weitere schwere Verbrechen wahrscheinlich seien. Auch der Verbindungsbeamte des Bundeskriminalamts teilt der portugiesischen Polizei mit, dass mit einem neuen Blutbad zu rechnen sei, sollte man Sarah und Norman Franz nicht rechtzeitig aus dem Verkehr ziehen.

Sarah genießt die unbeschwerte Zeit. Endlich hat sie eine Familie, in der es harmonisch zugeht. Kein Streit, kein Misstrauen. Davon hat sie immer geträumt. Noch immer besitzen sie den roten BMW mit dem deutschen Kennzeichen. Die schriftliche Bestätigung des ehemaligen Besitzers ist längst abgelaufen. Norman weiß das, doch er reagiert nicht. Und dann passiert Ende September 1998 etwas, mit dem Norman eigentlich hätte rechnen müssen – Verkehrskontrolle. Zwei Polizisten winken ihn zu sich. Norman überlegt kurz, dann gibt er Gas und fährt einfach weiter. Die Polizisten lassen die Sache nicht auf sich beruhen, sondern notieren sich das Kennzeichen des Wagens.

Der Vorgang wird an die Kripo in Albufeira weitergegeben. Die Experten sollen herausfinden, wem der BMW gehört. Das Bundeskriminalamt wird eingeschaltet. Dort stellt man fest, dass der Vorbesitzer in Esslingen wohnt und der Wagen zur „Entsiegelung" ausgeschrieben ist. Demnach muss das Fahrzeug ausfindig gemacht werden, um das Stadtwappen und die TÜV-Prüfplaketten zu entfernen. Kripobeamte suchen den ehemaligen Eigentümer des Wagens auf. Der behauptet, er habe das Auto vor über einem Jahr an ein Ehepaar verkauft, und zeigt den Ermittlern zum Beweis den Kaufvertrag, unterschrieben von Uwe und Renate Schulz. Eine Recherche im Fahndungscomputer der Polizei ergibt Alarmierendes: Norman und Sarah Franz haben sich vor einiger Zeit als Eheleute Schulz ausgegeben. Auf Fotos erkennt der BMW-Verkäufer das Ehepaar Schulz wieder – sie zeigen Norman und Sarah Franz. Jetzt erst, ein Jahr und drei

Monate nach dem Doppelmord bei Halle, wird bekannt, wer da unbehelligt in Albufeira lebt – ein dicker Fisch!

Alle Polizeidienststellen an der Algarve werden mobilisiert und informiert. Gesucht wird ein roter BMW mit dem amtlichen Kennzeichen ES-JL 347. Die Zielfahnder in Düsseldorf raten ihren portugiesischen Kollegen dringend, sehr vorsichtig zu sein, nicht sofort zuzugreifen, sondern eine günstige Gelegenheit auszuspähen und erst dann loszuschlagen. Alles andere wäre zu riskant. Doch alle Theorie ist grau, der rote BMW muss erst noch aufgespürt werden.

Mitte Oktober ist es so weit, einem Polizisten in Albufeira fällt bei einem Streifengang ein roter BMW mit deutschem Kennzeichen auf, der vor einem Einfamilienhaus parkt. Die Buchstaben-Zahlen-Kombination passt, es ist der Wagen, nach dem so intensiv gefahndet worden ist. Die Polizei greift jedoch nicht sofort zu, man will zunächst mehr über die Lebensumstände und -gewohnheiten der Verdächtigen erfahren. Das geht einige Tage so, und Sarah und Norman Franz werden rund um die Uhr beobachtet, bis die Fahnder sicher sein können, eine günstige Gelegenheit erkannt zu haben, bei der ein risikoloser Zugriff möglich erscheint.

Es ist der 24. Oktober 1998, als Sarah und Norman in Albufeira kurz vor 20 Uhr einen Supermarkt verlassen. Die Fahnder liegen bereits auf der Lauer. Es ist *die* Gelegenheit, auf die seit mehreren Tagen hingearbeitet worden ist. Als das Pärchen nichtsahnend mit dem Verstauen der Einkäufe beschäftigt ist, gibt der Einsatzleiter der örtlichen Kripo den Befehl zum Zugriff. Sarah und Norman haben keine Chance. Erst als sie gefesselt auf dem Boden liegen, realisieren sie, was da gerade passiert ist: aus der Traum vom unbeschwerten Leben unter Palmen.

Die Zukunft heißt Gefängnis, und zwar für längere Zeit. Während Sarah darauf hoffen darf, vielleicht mit einigen Jahren glimpflich davonzukommen, muss Norman das Schlimmste befürchten – den „Hammer mit Rucksack". So nennen Berufsverbrecher die Höchststrafe: Lebenslänglich und anschließende Sicherungsverwahrung. Sterben auf Raten. Tod hinter Gittern. Sarah lebt fortan in verschiedenen portugiesischen Gefängnissen, Kevin darf bei ihr bleiben. Norman wird im Zentralgefängnis von Lissabon eingesperrt. Sarah und ihr Sohn sind aber nicht allein, sie müssen die verdreckten Zellen mit bis zu 30 anderen Frauen teilen, manche Mitgefangene ist schwer krank. Sarah tut alles, damit Kevin nicht mit Aids oder Hepatitis infiziert wird. Sie lernt, sich und ihr Kind zu verteidigen, zu kämpfen. Kevin gibt ihr Halt und Kraft, einfach, weil er da ist und sie Verantwortung übernehmen muss. Sie will ihn und sich durchbringen. Die junge Mutter hat eine Mission zu erfüllen.

Sarah hat zu Norman weiter Kontakt, sie darf ihn sogar einmal besuchen. Norman ist vor allem beseelt von der Vorstellung, möglichst bald auszubrechen. Gefangen sein ist für ihn wie tot sein. Und er vermisst seine Familie. Er will sie und sich befreien. Um sich mit seiner Frau hierüber ungehört und ungestört austauschen zu können, wenden sie einen Trick an: Beide rufen bei Normans Mutter an, er wählt die Festnetznummer, Sarah die des Handys. So können sie ungestört miteinander sprechen. Norman bietet seiner Frau an, sie zu befreien. Sarah zögert. Dann lehnt sie ab. Sarah will kein Leben mehr auf der Flucht. Sie will sich nicht mehr fürchten müssen. Sie will Ruhe. Sie möchte ein normales Leben führen. Norman ist enttäuscht. Er weiß, was das bedeutet. Doch er hat keine Wahl. Sein Freiheitsdrang ist zu groß, sein Verantwortungsbewusstsein zu klein.

Norman ändert deshalb seine Strategie. Er spielt auf Zeit und vertraut darauf, dass er nicht ausgeliefert wird. Tatsächlich existieren unterschiedliche Rechtsauffassungen. Portugal will den Häftling, dem in Deutschland eine lebenslange Freiheitsstrafe droht, nicht in seine Heimat überstellen, damit ihm dort der Prozess gemacht werden kann. Und die deutschen Behörden bestehen auf ihrem Anspruch, Norman Franz anklagen und verurteilen zu dürfen. Erst nach zähen und langwierigen Verhandlungen zwischen dem Bundesjustizministerium, Auswärtigem Amt und dem Verfassungsgericht Portugals steht im Juli 1999 fest, dass Norman Franz nun doch ausgeliefert werden soll. Mit der Rückkehr des Serienmörders binnen einer Woche ist zu rechnen. Die Staatsanwaltschaften in Weimar und Halle treffen alle Vorkehrungen, um den Flüchtigen möglichst bald anklagen zu können.

Doch dazu kommt es nicht. Nachdem seine Verfassungsbeschwerde abgeschmettert worden ist, sägt Norman Franz in den Morgenstunden des 28. Juli 1999 die Gitterstäbe seiner Zelle durch, seilt sich mit Bettlaken ab, überwindet vier hohe Mauern und springt vom Dach des Lissabonner Staatsgefängnisses in die Freiheit. Als der filmreife Ausbruch publik wird, bangt die jetzt 22-jährige Sarah, die 203 Kilometer südlich im Gefängnis von Odemira einsitzt, Norman könnte kommen und auch sie und ihren Sohn befreien wollen. Doch Norman kommt nicht.

Die deutschen Ermittler sind sauer, weil ihre portugiesischen Kollegen eine öffentliche Fahndung ablehnen. Nur eine Lissabonner Zeitung berichtet von der Flucht des Mannes, der jetzt auf der Liste der meistgesuchten Verbrecher wieder ganz oben rangiert, ohne jedoch nennenswerte Personen- und Ortsangaben zu machen. Die Bevölkerung Portugals weiß also nur, dass jemand in Lissabon ausgebrochen ist, aber nicht, wer. Das sei doch wohl eine „Schweinerei", heißt es in deutschen Ermittlerkreisen.

Eine Öffentlichkeitsfahndung, argumentieren die Portugiesen, sei in ihrem Land nicht üblich. Man wolle die Bevölkerung nicht verunsichern. Während sie darauf verweisen, dass der Gesuchte im Urlauberstrom leicht untertauchen könne und deshalb kaum zu finden sei, befürchten die deutschen Behörden, dass Franz in sein Heimatland zurückkehren könnte. Besonders die Polizei an den Grenzen, auf Flughäfen und Bahnhöfen wird in Alarmbereitschaft versetzt. Selten hat es in Deutschland nach den Jahren des RAF-Terrors eine derartige Mobilmachung gegeben. Binnen weniger Tage ist ganz Deutschland mit Fahndungsplakaten übersäht.

Was Norman Franz erspart bleibt, muss die „berühmteste Gangsterbraut Deutschlands" aushalten. Als Sarah Franz, mittlerweile geschieden, nach Deutschland ausgeliefert wird, muss sie Kevin zur Schwiegermutter geben, die sich fortan um ihn kümmert. Im April 2000 kann vor dem Landgericht in Halle endlich gegen sie verhandelt werden. Der Prozessauftakt ist spektakulär: In einem dunklen Mercedes wird sie zum Hochsicherheitstrakt des Justizzentrums gefahren; als sie aussteigt, wird sie von Beamten eines Spezialeinsatzkommandos umringt. Die Elite-Polizisten haben Maschinenpistolen und tragen kugelsichere Westen. Auch die wegen „Raubes mit Todesfolge" Angeklagte trägt eine solche Schutzkleidung. Geschützt werden muss sie vor ihrem eigenen Mann, von dem man zwar nicht weiß, wo er sich aufhält, dem man aber durchaus zutraut, sich an seiner Ex-Frau zu rächen oder sie befreien zu wollen – je nachdem, was Sarah Franz vor Gericht aussagen wird. Diesem Mann ist alles zuzutrauen. Kommt Norman Franz? Wird es einen blutigen Befreiungsversuch geben?

Der Angeklagten, die noch immer den Namen ihres ehemaligen Gatten trägt, drohen maximal zehn Jahre Haft, da sie zum Zeitpunkt der Taten 20 Jahre alt war und im Sinne des Strafgesetzbuches als Jugendliche gilt. Sie hat den geraden Weg gewählt, stellt sich den Vorwürfen, sagt aus, gesteht, bereut. „Ich würde mir beide Beine abhacken lassen, wenn ich alles ungeschehen machen könnte", sagt sie unter Tränen. Das würde sie auch gerne den Familien der Opfer sagen, aber ihr Anwalt hat davon abgeraten, das wirke zu kalkuliert. Dabei ist kalte Berechnung etwas, das gerade Sarah Franz wesensfremd geblieben ist.

Allen Beteiligten wird schnell klar, dass die Angeklagte nicht nur Täterin gewesen ist, sondern auch Opfer. Leidtragende ihrer besonderen Lebensumstände als Kind und Jugendliche, Gefangene ihrer brüchigen Persönlichkeit. Es fällt ihr nicht leicht, gegen Norman auszusagen, den Vater ihres Kindes, den Mann, mit dem sie einmal verheiratet gewesen ist; wie Verrat kommt es ihr vor, weil sie die große Liebe ihres verpfuschten Lebens nicht einfach auslöschen kann. „Ich gebe ja zu, dass meine Gefühle für ihn noch nicht ganz abgestorben sind", sagt sie dem Gericht, „aber ich sehe keine Zukunft. Ich will das nicht mehr, dieses Leben auf der Flucht." Ihr ist klar geworden, dass sie nun in erster Linie an Kevin denken muss. Norman spielt in ihrem Leben nicht mehr die Hauptrolle, nur noch in ihren Träumen ist er die Nummer eins. Sarah Franz ist deutlich anzumerken, dass erst langsam auch die innere Distanz zu diesem Mann wächst, mit dem sie die schönsten Stunden erlebt hat, aber auch das pure Grauen.

„Wenn Norman weint, muss ich ihn einfach in den Arm nehmen." Sarah Franz versucht mit einem lapidaren Satz zu erklären, warum sie diesem Mann, der sich nicht zwischen der Rolle des kaltblütigen Killers und der des treu sorgenden Familienvaters entscheiden wollte, hörig war. Oder ist. So genau weiß das niemand, der diese Frau im Gerichtssaal erlebt. Denn sie spricht von Norman auch nicht in der Vergangenheit. Man könnte meinen, sie rechne damit, dass er gleich hereinspaziert kommt und sie mitnimmt. Und fast jeder Satz beginnt mit seinem Namen. „Norman hat gesagt…"

Sie sei in die Taten nicht eingeweiht gewesen, behauptet Sarah Franz. Warum denn nicht, wird sie gefragt, das sei doch naheliegend gewesen, sie habe doch schließlich mitgemacht. „Damit ich mich später nicht verplappere", antwortet die Angeklagte. Natürlich habe Norman auch mal über den Metro-Markt in Halle gesprochen, gibt sie zu, „eine lohnende und schnelle Sache". „Doch was hätte ich denn machen sollen?", versucht Sarah Franz sich zu verteidigen. Norman habe sich „immer um alles gekümmert". Immer wieder entsteht der Eindruck, als würde nicht gegen Sarah Franz verhandelt, sondern eigentlich gegen Norman Franz, von dem die Angeklagte sich noch immer nicht hat vollends lösen können, an dem sie hängt, „weil er ja eigentlich so sanft und lieb ist". Eigentlich. Wenn Sarah Franz die grauenvollen Morde ausblendet, erscheint der andere Norman: treu, sanftmütig, zärtlich. Sie weigert sich, auch die dunkle Seite ihres Ex-Gatten als Realität gelten zu lassen. Die emotionale Abhängigkeit der Angeklagten von diesem Mann ist an jedem Verhandlungstag spürbar; das ehrliche Bemühen, sich dieser Unselbstständigkeit zu widersetzen, aber ebenfalls.

Auch der psychiatrische Gutachter, der sich 17-mal mit Sarah Franz getroffen und sie untersucht hat, zeichnet das Bild einer überaus problematischen Persönlichkeit. Die Angeklagte neige dazu, Problemen aus dem Weg zu gehen, zudem verfüge sie über ein lediglich schwach ausgeprägtes Selbstwertgefühl. Schon als Kind habe sie keine Möglichkeit gehabt, eine autonome Persönlichkeit zu entwickeln. Scham und Schuldgefühle seien übertrieben, die Identität konturlos.

Zum Verhältnis zu Norman Franz urteilt der Experte: „Grundlage der Beziehung zu ihrem Mann war, dass das Verhalten von Sarah Franz ihm nützt." Nur habe die Angeklagte dies nicht realisiert. Auch ist von einem „mittleren und konventionellen Moralniveau" die Rede. Ansonsten könne man einem anderen nicht nur deshalb bedingungslos glauben, weil der auf den toten Opa schwor, erklärt der Gutachter. Sarah Franz habe sich bei ihrem Mann aber gerade auf ein solches Verhalten verlassen. Während der Überfälle auf den Geldboten und die Wachmänner habe sie zwar um die Verwerflichkeit und Strafbarkeit ihres Handelns gewusst, konstatiert der Sachverständige, Sarah Franz habe sich aber harmlose Konsequenzen zurechtphantasiert. Mit weiteren erheblichen Straftaten sei bei der Angeklagten jedoch nicht zu rechnen. Abschließend plädiert der Psychiater für eine Verurteilung nach Jugendstrafrecht, weil die Angeklagte zum Zeitpunkt der Taten nicht die Reife einer Erwachsenen gehabt habe. Zudem sei sie, emotional abhängig von ihrem Ehemann, nur begrenzt steuerungsfähig gewesen.

Am 12. April 2000 kommt nach einem nur dreitägigen Prozess das mit Spannung erwartete Urteil: Die Angeklagte wird zu sechs Jahren und drei Monaten Jugendhaft verurteilt. Das Gericht sieht es als erwiesen an, dass Sarah Franz an dem Überfall auf die Wachmänner bei Halle mitgemacht habe. „Wer Schmiere steht, ist auch als Mittäter anzusehen", begründet die Vorsitzende. Schon vor dem Hintergrund der Ereignisse in Weimar habe die Angeklagte damit rechnen müssen, dass sich Gleichartiges in Halle ereignen könnte – auch wenn ihr Ehemann versprochen habe, es werde nicht noch einmal geschossen. Für die getöteten Wachmänner trage Sarah Franz die Mitverantwortung. „Sie wussten bei dieser Sache ganz genau, dass es möglich, ja voraussehbar war, dass geschossen werden konnte", sagt die Vorsitzende. Anders hingegen sei der Mord in Weimar zu beurteilen. Sarah Franz sei zwar auch dabei gewesen, als ihr Mann vier Monate zuvor in Weimar den Geldboten erschossen habe. Nur lastet das Gericht Sarah Franz diesen Mord nicht an, weil sie damals nicht damit habe rechnen können, dass ein Mensch den Tod finden würde. Das Gericht glaubt die Beteuerungen der Angeklagten, dass sie nicht mit einem tödlichen Waffeneinsatz gerechnet habe. Deshalb: „Den Tod des Geldboten rechnen wir Ihnen nicht an." Die Jugendstrafkammer folgt im Übrigen der Argumentation des psychiatrischen Sachverständigen, der bei Sarah Franz eine in erster Linie milieubedingte Persönlichkeitsstörung erkannt hat. Es sei daher nachvollziehbar, dass die Angeklagte zum Zeitpunkt der Taten ihr Handeln nicht in eine andere Richtung habe lenken können. Gleichwohl sei von ihr erkannt worden, dass sie schweres Unrecht verwirklicht habe.

Sarah Franz nimmt das Urteil unbewegt und mit starrem

Blick auf. Insgeheim hat sie gehofft, zu höchstens fünf Jahren verurteilt zu werden. So plädierten auch ihre Anwälte. Aber es sind auch nicht die acht Jahre geworden, die der Staatsanwalt gefordert hat. Und ihre düstere Vorahnung, Norman könnte versuchen, sie zu befreien, und würde dabei ein neues Blutbad anrichten, hat sich nicht erfüllt.

Das milde Urteil ruft eine Vielzahl von Reaktionen hervor. Einige Tage nach der Urteilsverkündung ist in der „Thüringer Allgemeinen" das weit auseinanderklaffende Meinungsspektrum der Halle'schen Bürger nachzulesen:

„Karla Richter, 59, arbeitslos: ‚Den getöteten Rudi Tamm (Opfer in Weimar, Anm. S. H.) kannte ich persönlich. Es ist gut, Sarah Franz hinter Gittern zu wissen. Ich befürchte aber, dass sich ihr Ehemann an ihr rächen will, weil sie gestanden und ihn schwer belastet hat.'

Sascha Hergenhahn, 20, Bankkaufmann: ‚Ich hätte mir sogar ein milderes Urteil für Sarah Franz vorstellen können. Sicher, Strafen sollen abschrecken, aber wenn man die Täter resozialisiert, hilft das meines Erachtens besser, der Kriminalität vorzubeugen.'

Janine Klette, 13, Schülerin: ‚Sechs Jahre sind viel zu wenig dafür, dass ein Mensch getötet wurde, auch wenn Sarah Franz nur Beihilfe geleistet hat. Ich denke, im Alter von 20 sollte man wissen, was recht und unrecht ist und wo es im Leben langgeht.'

Volkmar Schulz, 53, Elektromonteur: ‚Es wäre besser gewesen, Sarah Franz nicht einfach nur wegzuschließen, sondern sie zu gemeinnütziger Arbeit zu verurteilen. Das hat schon vielen geholfen, wieder zu sich selbst und auf den richtigen Weg zu finden.'"

Aus sechs Jahren und drei Monaten Freiheitsstrafe werden schließlich zwei Jahre und acht Monate. Im Dezember 2002 wird Sarah Rotondo, die jetzt wieder ihren Mädchennamen angenommen hat, vorzeitig aus dem Frauengefängnis im niedersächsischen Vechta entlassen, die Untersuchungshaft in Portugal ist der jetzt 25-Jährigen angerechnet worden. Es gab also keine Ausnahmeregelung. Sarah Rotondo ist noch jung, und sie glaubt an ihre Chance, im Leben wieder Fuß zu fassen. Allein schon wegen Kevin. Das ist sie ihm schuldig.

Die Geschichte könnte hier zu Ende sein. Doch da ist noch jemand, mit dessen heimlicher Rückkehr jederzeit zu rechnen ist: Norman Franz. Auch wenn nach wie vor weltweit steckbrieflich nach ihm gefahndet wird, könnte es sein, dass er eines Tages oder vielleicht schon morgen bei Sarah und Kevin auftaucht und genau weiß, was dann zu tun ist. Vielleicht rechnet Sarah auch damit. Vielleicht wird sie dann wieder weich werden und gehorchen, weil Norman etwas sagt? Weil es bisher (fast) immer so gewesen ist? Vielleicht besitzt sie aber schon so viel innere Stärke, um diesem Mann widerstehen zu können. Wahrscheinlich weiß Sarah selbst nicht so genau, wie sie sich entscheiden würde. Vielleicht hat sie weniger Angst vor Norman, sondern mehr vor sich selbst. Vielleicht würde sie aber zuerst an Kevin denken und an das erniedrigende Jahr in portugiesischer Haft. Vielleicht hätte sie dann genug Contenance, um ihn einfach abzuweisen. Vielleicht.

KAPITEL 4

Die Hand im Feuer

„Das Leben ist das höchste Gut, die Freiheit das zweithöchste.
Ich habe mich für die Freiheit entschieden."

„Schon bald offenbarte er mir seine sexuellen Neigungen.
Er stand auf Sadomaso-Sex. Ich wurde seine Herrin.
Wir schlossen einen Sklavenvertrag.
Erstes Gebot: Er gehört mir mit Haut und Haaren,
mit allen Rechten und Pflichten.
Ich habe immer alles zu bestimmen."

Mittwoch, 27. Juli 1983, irgendwann in den frühen Morgenstunden.

Monika Glaser steht an der Bushaltestelle auf der Geilenkirchener Straße in Herzogenrath-Merkstein, einem kleinen Ort in der Nähe von Aachen. Die 18-Jährige kommt von ihrem Freund und muss nach Hause. Monika ist arbeitslos und will sich das Taxigeld sparen, der Bus fährt um diese Zeit nicht mehr. Wie viele Teenager in dieser Zeit will sie trampen. Als sie schon aufgeben will, hält ein grauer Ford Capri neben ihr. Ein Mann fragt, ob er sie mitnehmen soll. Er soll, und Monika steigt ein.

Der Mann fährt zunächst in Richtung Herzogenrath, wunschgemäß. Dann weiter nach Alsdorf. Nicht mehr wunschgemäß. In der Nähe eines Feldweges stoppt der Wagen. Der Mann wird zudringlich, befummelt die junge Frau. Monika wehrt sich, stößt den Kerl zurück. Der große und korpulente Mann gibt aber nicht auf und fesselt Monika mit Handschellen auf dem Rücken. Dann stopft er ihr ein Taschentuch mit eingesticktem „E" tief in den Mund. Sie soll ruhig sein.

Monika ahnt, was nun folgen soll. Sie wehrt sich vehement, kann den Knebel wieder ausspucken, schreit: „Ich zeig dich an!" Der Mann lässt sich davon nicht beeindrucken und reißt ihr die Hose herunter. Monika dreht sich von ihm weg und tritt mehrmals so heftig gegen die Windschutzscheibe, dass sie zersplittert. Angst. Panik. Der Mann will Monika vergewaltigen. Doch es will nicht gelingen. „Lass los, hau ab, du Schwein, ich zeig dich an!" Monika lässt sich nichts gefallen – nicht von diesem Typen. Der Mann befürchtet nun, von Monika tatsächlich angezeigt zu werden. Damit Monika das nicht tun kann, wickelt er ihr einen Nylonstrumpf um den Hals und zieht zu. Monikas Todeskampf beginnt. Minutenlanges Strampeln, Zucken, Röcheln, immer leiser werdend. Irgendwann atmet Monika nicht mehr. Sie ist tot.

Der Mann fährt mit dem Leichnam noch einige Stunden durch die Nacht, nicht genau wissend, was jetzt am besten zu tun ist. An einem Waldstück bei Alsdorf zerrt er den toten Körper schließlich in einen Hohlweg und lässt ihn achtlos liegen, als hätte er gerade Müll abgeladen. Dann macht er sich aus dem Staub.

Zwei Tage später wird das Verbrechen aufgedeckt, als sich ein Bauer, nachdem er von einem Trinkjoghurt Bauchschmerzen und Brechreiz bekommen hat, in die Büsche schlägt. In etwa fünf Metern Entfernung sieht er etwas liegen, das wie ein Mensch aussieht, nein, wie eine Frau. Die Leiche liegt auf dem Bauch, langgestreckt, den Kopf leicht nach rechts gedreht, beide Arme hinter dem Rücken, die Hände dicht beieinander am Gesäß. Das Blouson und der BH sind über die Brüste nach oben geschoben, die Unterhose ist bis auf Kniehöhe heruntergezogen.

Wenig später wird die Leiche als Monika Glaser identifiziert. Die Mordkommission des Aachener Polizeipräsidiums nimmt die Ermittlungen auf und tut alles, um den Täter zu fassen. Vergeblich. Nach Monaten wird die Kommission aufgelöst und nur noch sporadisch ermittelt.

Freitag, 24. Februar 1984, später Nachmittag.
Herzogenrath-Merkstein, im Haus der Familie Wollersheim. „Ich fahre zum Olli", sagt die 15-jährige Anke ihren Eltern, als sie sich auf den Weg macht, „ich bin spätestens um halb zehn zurück. Mama, mach mir doch heute Abend bitte eine Pizza – danke!" Das unkonventionelle Mädchen mit der typischen Punkerfrisur fährt zu ihrer Clique ins knapp acht Kilometer entfernte Übach-Palenberg.

Nach vergnüglichen Stunden, in denen die Jugendlichen Musik hören und etwas trinken, verabschiedet Anke sich gegen 20.30 Uhr. Das Mädchen will jetzt nach Hause, weil sie noch für die nächste Englischarbeit lernen möchte. Olli bietet ihr an, sie zum Bus zu bringen, doch Anke lehnt ab.

Eine Viertelstunde später steht das Mädchen am Straßenrand der Bundesstraße 221, die hier Roermonder Straße heißt, in unmittelbarer Nähe der Diskothek „Parkhaus". Ein idealer Platz, um von einem Autofahrer mitgenommen zu werden. Wenige Minuten darauf stoppt am Straßenrand ein grauer Ford Capri. Nach einem kurzen Wortwechsel steigt Anke zu dem Mann ins Auto.

Zwei Stunden später. Monikas Eltern warten auf Anke. Irgendwann halten sie die quälende Ungewissheit nicht mehr aus und machen sich auf die Suche nach ihrer Tochter. Verzweifelt fahren sie die Gegend ab, in der Monika unterwegs gewesen sein könnte. Hoffen und Bangen. Sie telefonieren mit Freunden Ankes, klappern ihre Stammkneipen ab, fragen im „Parkhaus" nach – nichts. Ihre Tochter bleibt verschwunden.

Ankes toter Körper wird nur wenige Stunden später auf einem Verbindungsweg zwischen den Ortschaften Euchen und Broichweiden von einem Landwirt gefunden, der mit seinem Schlepper auf dem Feld unterwegs ist und etwas im Schnee liegen sieht. Noch am selben Tag wird das Opfer obduziert. In der Gesichtshaut finden sich reichlich Stauungsblutungen und am Hals zum Teil scharf begrenzte Schürfungen sowie Rötungsstreifen. Die Schürfwunden sind an der rechten Halsseite besonders intensiv. Die Rötungsstreifen verlaufen teilweise parallel, und an beiden Unterkieferseiten sind Kompressionsblutungen nachweisbar.

Die Verletzungen am Hals deuten auf ein Erdrosseln hin. Die Befunde sprechen überwiegend für die Verwendung eines eher textilen und dünnen Materials, vielleicht ein Nylonstrumpf, ein Seidentuch oder eine Krawatte. Die scharfkantigen Verletzungen an der rechten Halsseite werden auf den Einsatz eines bandartigen Drosselwerkzeuges zurückgeführt. Wahrscheinlich hat der Täter einen Gürtel benutzt.

Wieder ist es die Aachener Mordkommission, die sich des Falls annehmen muss. Alle Freunde und Bekannten des Opfers werden vernommen. Kein Verdacht. Alle vorbestraften Sexualtäter der Region werden überprüft. Kein Hinweis. Alle Register der

Kripo-Arbeit werden gezogen. Kein Weiterkommen. Die Staatsanwaltschaft muss das Verfahren schließlich einstellen.

Freitag, 31. August 1984, nach 22 Uhr.

Die „Rockfabrik", eine unter Jugendlichen angesagte Diskothek in Übach-Palenberg, ist an diesem Abend wie immer proppevoll, die Stimmung ausgelassen. Auch Andrea Steiner amüsiert sich mit ihrer besten Freundin, lacht, tanzt, singt. Die 17-Jährige geht noch zur Schule und wohnt bei ihren Eltern in Wegberg, etwa 40 Kilometer entfernt.

Andrea verabschiedet sich kurz vor Mitternacht von ihrer Freundin, sie, Andrea, muss am nächsten Tag in die Schule und möchte nicht unausgeschlafen sein. Die junge Frau gilt bei Eltern, Freunden und Lehrern als besonders geradlinig und pflichtbewusst. Andrea möchte im Leben etwas erreichen, nicht nur herumlungern und faulenzen wie manch andere in der Oberstufe ihres Gymnasiums, die das einfach schick finden, cool.

Einige Zeit später steht Andrea im Ortsteil Boscheln an der Bundesstraße 221. Sie tut genau das, was alle anderen jungen Menschen auch nicht tun sollen, sich aber nicht davon abhalten lassen, schon gar nicht von wohlmeinenden elterlichen Ratschlägen – trampen. Dabei will sie das eigentlich gar nicht. Sie hat einfach kein Geld mehr, und niemand konnte ihr mit etwas Kleingeld für den Bus aushelfen. Also steht sie jetzt am Straßenrand und bedeutet den vorbeifahrenden Autofahrern, dass sie mitgenommen werden möchte.

Dann hält ein grauer Ford Capri an. Andrea setzt sich zu dem Mann ins Auto. Zunächst geht es in Richtung Geilenkirchen, später auf die Landstraße 22 nach Randerath. Zwischen den Orten Geilenkirchen und Nirm fährt der Mann unvermittelt auf einen unbefestigten Waldweg.

Andrea ist wie gelähmt, lässt sich mit Handschellen fesseln, wird vergewaltigt. Danach lässt der Kerl von ihr ab. Anschließend fährt der Mann mit ihr zurück in Richtung Geilenkirchen. An einem Waldweg zwischen Hochheid und Süggerath stoppt der Wagen erneut. Der Mann tötet Andrea, ohne dass sie sich wirksam dagegen wehren kann.

Zwei Tage später wird Andreas' Leichnam von einem Ehepaar gefunden, das eigentlich nach Brombeeren sucht. Die gerichtsmedizinische Untersuchung ergibt, dass Andrea mit „einem schmalen – maximal zwei bis drei Millimeter Durchmesser –, deutlich begrenzten, glatt bis maximal leicht angerauten Drosselwerkzeug" getötet worden ist. Zu denken sei an einen Draht oder eine dünne Schnur. Bei einem Abstrich aus dem Scheidenbereich des Opfers können Spermien gefunden werden, sehr wahrscheinlich eine Täterspur. Der Mörder muss sein Opfer „total beherrscht" haben, schlussfolgern die Rechtsmediziner, denn es können am Körper des toten Mädchens keinerlei Abwehrverletzungen festgestellt werden.

Der dritte „Disco-Mord" binnen 14 Monaten im Großraum Aachen. Höchst ungewöhnlich. Alle Opfer sind junge Frauen, nicht älter als 18, die als Anhalterinnen zu ihrem Mörder ins Auto stiegen. Sämtliche Opfer wurden gefesselt und erdrosselt und Tage später in der Nähe von Waldgebieten gefunden. Und all das passierte in einem Radius von weniger als 15 Kilometern. Niemand bei der Aachener Mordkommission mag an rein zufällige Übereinstimmungen glauben – man hat es mit einem systematisch vorgehenden Serienmörder zu tun. Doch diese Erkenntnis führt genauso wenig zum Ziel wie andere Maßnahmen und Methoden, die Anwendung finden, um jenen Mann dingfest zu machen, den die Medien mittlerweile den „Würger von Aachen" nennen.

Donnerstag, 29. Oktober 1987, nach 20 Uhr.

Mareike Althaus ist 17 Jahre alt, wohnt in Aachen in der Suitbertusstraße 32 und ist an diesem Abend bei einem Klassenkameraden zu Gast, der im selben Haus wie Mareike lebt, bei seinen Eltern, ein Stockwerk tiefer. Die Fachoberschülerin gilt im Freundeskreis als spontan, vielfach talentiert, natürlich. Und sie ist jemand, auf den man sich verlassen kann.

Gegen 22 Uhr verlässt Mareike die Wohnung des Schulfreundes, sie will noch zu ihrem Freund, der in Würselen-Broichwerden wohnt. Gegen 22.15 Uhr wird sie noch von einer Bekannten an einer Bushaltestelle auf der Alt-Haarener-Straße Richtung Würselen gesehen, offensichtlich nach einer Mitfahrgelegenheit Ausschau haltend – dann verliert sich ihre Spur. Bei ihrem Freund kommt sie jedenfalls nicht an. Bei den Eltern auch nicht. Bei Verwandten und Bekannten ebenfalls nicht. Mareike ist einfach weg. Verschwunden. Spurlos.

Tags darauf erstatten Mareikes besorgte Eltern Vermisstenanzeige. Die Aachener Kripo vermutet schnell, dass nicht einfach wieder mal ein Teenager von zu Hause ausgerissen ist und bald wieder auftaucht, sondern Mareike wohl nicht mehr lebend gefunden werden wird. Die Umstände ihres Verschwindens sind einfach zu dubios, und es gibt keinen Grund, warum Mareike sich freiwillig von zu Hause abgesetzt haben sollte. Hat der „Würger von Aachen" sich sein nächstes Opfer geholt? Mit jedem Tag, der vergeht, ohne dass es ein Lebenszeichen der Vermissten gibt, wird diese Wahrscheinlichkeit größer.

Aus Tagen werden Monate, bis am 2. Januar 1988 zwei Männer, die eigentlich auf der Suche nach Geschosshülsen aus dem Zweiten Weltkrieg sind und ein Waldgebiet bei Stolberg durchkämmen, auf eine weibliche Leiche stoßen. Selbst die wenig später am Fundort der Leiche eintreffenden Kriminalbeamten sind schockiert, als sie den toten Körper betrachten müssen. Die Profis zeigen Nerven und sind zutiefst berührt. Die Leiche ist durch Fäulnis und Tierfraß extrem entstellt. Dennoch gelingt schon einige Tage später eine zweifelsfreie Identifizierung: Es ist Mareike.

Die lange Liegezeit der Leiche unter besonderen Umständen machen es den Obduzenten schwer, sich auf eine Todesursache festzulegen. Über der Halsmitte und der linken Halsseite befinden sich „fleckförmige Verfärbungen". Darunter sind ebenfalls „fleckförmige", aber „dunkelrote, wulstige Durchsetzungen des Gewebes an der rechten Halsseite und über dem vorderen Längsband der Wirbelsäule". Diese Befunde können ein Hinweis auf „Gewalteinwirkung gegen den Hals" sein. Die Rechtsmediziner vermuten, dass Mareike erwürgt oder erdrosselt worden sein könnte. Mehr ist nicht mehr herauszufinden.

Schlechter könnten die Voraussetzungen für die Todesermittler der Aachener Kripo nicht sein: kein aussagekräftiger rechtsmedizinischer Befund, unklare Todesursache, kein rekonstruierbarer Tathergang, keine Spuren oder Zeugen, kein Verdächtiger. So müssen die Ermittler auch in diesem Fall nach Monaten mühevoller Ermittlungen einen Offenbarungseid leisten: „Wir haben getan, was wir konnten."

Freitag, 15. Juni 1990, gegen 22 Uhr.

Sybille Gross steckt noch einmal den Kopf ins Kinderzimmer. „Tschüss, mein Schatz, ich gehe jetzt, du weißt Bescheid." Jochen sitzt in seiner Spielecke und ist sauer. Der Elfjährige möchte nicht, dass seine Mutter geht. Jochen weiß, dass sie in die Discothek gehen will und sich ein wenig amüsieren möchte. Das hat sie ihm auch gesagt. Aber Mama sollte besser daheim bleiben, findet Jochen. Er startet noch einen Überredungsversuch und erwischt seine Mutter an der Wohnungstür, aber die lässt sich nicht umstimmen. Noch eine Umarmung, ein letzter Kuss, dann ist Jochen allein.

Jochen und Sybille Gross wohnen in einem Zweifamilienhaus in der betulichen Gemeinde Heinsberg-Randerath, etwa 39 Kilometer von Aachen entfernt. Sybille ist zwar verheiratet, lebt aber von ihrem Mann getrennt. Die Familie wohnt noch im selben

Haus, sie mit Jochen in der oberen Etage, er in der unteren. Die 30-Jährige hat einen neuen Freund, ihr Noch-Ehemann eine neue Freundin. Sybille, die sich in den Jahren zuvor um Kind und Haushalt gekümmert hat, möchte Erzieherin werden. Da ihr Wagen seit zwei Wochen nicht mehr fahrbereit ist, ihr aber das Geld für eine Reparatur fehlt, will Sybille mit dem „Disco-Bus" fahren oder trampen. Eine halbe Stunde später wird Sybille in der Geilenkirchener Diskothek „Inside" gesehen, der Mann an der Garderobe unterhält sich kurz mit ihr. Als um 3 Uhr morgens der Laden geschlossen wird, muss auch Sybille den Heimweg antreten. Ein junger Mann, den sie kennengelernt hat, bietet ihr noch Taxigeld an. Doch Sybille lehnt ab und geht einfach so. Sie will es lieber per Anhalter versuchen. Das hat auf dem Hinweg auch prima geklappt.

Einige Stunden später wacht Jochen auf und will zur Mama ins Schlafzimmer – das Bett ist jedoch leer und unbenutzt. Seine Mutter ist auch nicht in den anderen Zimmern zu finden, offenbar ist sie gar nicht nach Hause gekommen. Merkwürdig. Das ist noch nie vorgekommen. Der Junge zieht sich an, schnappt sich sein Fahrrad und radelt los, um nach seiner Mutter zu suchen. Doch er findet sie nicht. In seiner Verzweiflung wendet er sich an seinen Stiefvater. Der weiß auch keinen Rat und ruft Sybilles Freund an. Doch auch bei dem hat Sybille sich nicht gemeldet. Als es bis zum Abend kein Lebenszeichen gibt, wird Sybille bei der Kripo als vermisst gemeldet.

Der Verdacht, dass Sybille Gross dem seit Jahren gesuchten „Anhalter-Mörder" zum Opfer gefallen sein könnte, verstärkt sich, als am 26. September in einem Waldgebiet von Männern eines Minensuchtrupps ihre Kleidungsstücke und ein Herrentaschentuch gefunden werden. Das Taschentuch trägt den Buchstaben „E" und ist mehrfach verknotet. Wahrscheinlich hat es als Knebel gedient – um die Vermisste zu erdrosseln? Die Kripo glaubt nun an einen Mord, auch ohne Leiche. Verdächtig ist sofort der Noch-Ehemann, der kurz nach dem Verschwinden seiner Noch-Ehefrau mit seiner Freundin in den Urlaub gefahren ist. Als wäre nichts passiert. Als wäre es ihm egal. Als hätte er etwas damit zu tun? Als hätte er sich vor drohenden Unterhaltszahlungen schützen wollen? Die Ermittler fühlen dem Verdächtigen auf den Zahn, vernehmen auch dessen Freundin. Die gibt ihrem Freund für die Tatnacht ein Alibi, das nicht zu erschüttern ist. Ende der Fahnenstange.

Am 20. Juni 1991 kommt wieder Bewegung in die Ermittlungen, als ein Jäger in einem Waldgebiet an der Bundesstraße 221 zwischen Arsbeck und Niederkrüchten die sterblichen Überreste von Sybille Gross findet, mittlerweile vollständig skelettiert. Die Knochen liegen teils auf dem Boden herum oder sind in Laub- und Nadelschichten eingesunken. Die Todesursache kann nicht mehr festgestellt werden. Auch der Tathergang bleibt nebulös. Die Ermittler der Heinsberger Kripo stehen vor einem Rätsel.

Jochen Gross kommt zu den Großeltern, lebt dort zerrissen vom Zwiespalt seiner Empfindungen. Nach der bohrenden Zweifelhaftigkeit während der Suche nach seiner Mutter kommt die unumstößliche Nachricht des Todes. Der Großvater hat ihn zwar früh darauf vorbereitet, doch der Moment der Wahrheit ist wie ein Knock-out. Fortan lebt der Junge zwei Leben: das des tapferen Burschen, der sich nicht unterkriegen lässt, und das des Gefallenen, der unter Sehnsüchten, Panik und dem Nicht-verstehen-Können leidet wie ein Ertrinkender, der dem drohenden Tod doch nicht entrinnen will. Und Jochen stirbt diesen Tod viele Male.

Während der Junge leidet, tritt die Kripo in Aachen und Heinsberg auf der Stelle. Die biologischen Spuren, die in zwei Fällen gesichert werden konnten, liegen nun zur Auswertung beim Bundeskriminalamt. Ergebnisse, die einen Tatverdacht begründen könnten, gibt es jedoch nicht. Der „Würger von

Aachen" bleibt ein Phantom. Doch es bleibt die Hoffnung, dass mit einer einzigen DNA-Übereinstimmung gleich eine ganze Mordserie aufgeklärt werden könnte.

Knapp 20 Jahre später, im Januar 2002.
   Cold-Case-Management. Darunter versteht man das erneute Aufrollen eines ungeklärten und länger zurückliegenden Verbrechens, mit der Maßgabe, durch neue Ermittlungsmethoden doch noch ans Ziel zu kommen. Der Mord an Andrea Steiner passierte am 1. September 1984. Beim Polizeipräsidium Aachen möchte man nichts unversucht lassen und schickt alle noch vorhandenen Asservate zum Landeskriminalamt nach Düsseldorf, um dort mit neuesten Methoden nach verräterischen DNA-Spuren suchen zu lassen. Und tatsächlich: Anhand eines alten Abstrichs, der mit „Gebärmutterkanal" gekennzeichnet ist, können spermakopfähnliche Partikel extrahiert werden. Aus der Spermafraktion dieses Abstrichs wird schließlich ein vollständiges DNA-Profil rekonstruiert. Das DNA-Identifizierungsmuster wird wenig später in die DNA-Analysedatei des Bundeskriminalamts eingestellt. In dieser von allen Polizeien der Länder und des Bundes genutzten Verbunddatei werden sowohl die durch eine DNA-Analyse ermittelten genetischen Fingerprints von bekannten Personen als auch von Tatortspuren, die von unbekannten Personen stammen, registriert und abgeglichen. Mit Spannung erwarten die Fahnder aus Aachen das Ergebnis. Ernüchterung macht sich breit, als das Ergebnis der Recherche mitgeteilt wird: keine Übereinstimmung – weder bei Personen noch bei Tatortspuren.

Weitere fünf Jahre später, im August 2007.
   Volltreffer! Der Kommissar, der das Ergebnis des DNA-Abgleichs mit der BKA-Datei in Händen hält, kriegt sich nicht mehr ein. Sensationell! Nach so vielen Jahren. Was ist passiert? Die Polizei hat im März 2007 einen Mann auf frischer Tat

ertappt, als der auf einem Schrottplatz in Heinsberg Kupfer stehlen wollte. Der Täter, ein vorbestrafter Kleinkrimineller, stimmte einer gewöhnlich zu entnehmenden Speichelprobe zu. Und beim routinemäßigen Abgleich seines DNA-Profils mit der BKA-Datei kam heraus, dass dieser Mann noch eine weitere Spur gelegt haben muss – und zwar vor 23 Jahren am 1. September 1984, als Andrea Steiner vergewaltigt und getötet wurde. Höchstwahrscheinlich ist dieser Mann der Mörder des Mädchens. Wie sonst sollte sein Sperma in den Körper des Opfers gelangt sein? Und wenn er Andrea Steiner getötet hat, dann auch Monika Glaser und Anke Wollersheim und Mareike Althaus und Sybille Gross? Ist man dem „Würger von Aachen" endlich auf der Spur?

Der Serienmord-Verdächtige heißt Ewald Kaufmann, ist 51 Jahre alt, lebt in dritter Ehe verheiratet im Kreis Viersen und ist unter anderem wegen Betruges und Diebstahls vorbestraft. Eigentlich ein kleiner Fisch. Der seit Jahren arbeitslose Mann hat früher als Krankenpfleger und später im Großraum Aachen als Versicherungsvertreter gearbeitet. Zu diesem Zeitpunkt eine eher unscheinbare, bürgerliche Existenz. Und jetzt einer der gefährlichsten Serienmörder Deutschlands?

Auf Antrag der Staatsanwaltschaft erlässt das Amtsgericht Aachen am 7. August 2007 Haftbefehl gegen Kaufmann wegen des Verdachts, Andrea Steiner ermordet zu haben. Ferner wird die Durchsuchung der Wohnung und der Autos des Verdächtigen angeordnet, der mittlerweile in der 2.000-Seelen-Gemeinde Niederkrüchten-Elmpt wohnt. Am 16. August schlagen die Fahnder frühmorgens zu. Bei der Durchsuchung werden SM-Utensilien gefunden, darunter Handschellen, aus schwarzen Damenstrümpfen selbst gemachte Knebel und zwei Schusswaffen. Zwei Stunden nach seiner Verhaftung wird der 1,90 Meter große und 100 Kilo schwere Kaufmann vernommen. Ihm wird zunächst vorgehalten, in dringendem Verdacht zu stehen, Andrea Steiner vergewaltigt und getötet zu haben. Die Gespräche gestalten sich schwierig, Kaufmann mauert, ist sperrig. Aber er redet. Er äußert sich zunächst zu seinem Lebenslauf, berichtet über Schule (Hauptschulabschluss), Ausbildung (Lehre als Krankenpfleger), Berufstätigkeit (zunächst Krankenpfleger, dann Versicherungsvertreter, seit 2005 arbeitslos), Wohnorte (in den Kreisen Aachen, Heinsberg und Viersen) und seine drei Ehefrauen (letzte Heirat im Dezember 1997). Die Vernehmungen sind gekennzeichnet von häufigen Pausen, Kaufmann erzählt nur stockend.

Schließlich gibt er zögerlich und schrittweise zu, Andrea Steiner ermordet zu haben. Sein Geständnis leitet er mit diesen Sätzen ein: „Hypothetisch gesprochen, wenn ich es gewesen wäre, dann wüssten Sie doch, dass es mir leidtut, so viel haben Sie mich ja schon kennengelernt." Als ihm vorgehalten wird, dass man am Opfer seine DNA gefunden habe, sagt er schließlich nach längerem Überlegen: „Ich möchte auf der Stelle umfallen, wenn das Mädchen dafür wieder aufstehen könnte." So etwas sagt nur ein Täter.

Kaufmann will sich lediglich an Fragmente der Tat erinnern können, die bereits ein knappes Vierteljahrhundert zurückliegt. Er sei an diesem Abend mit seinem Wagen unterwegs gewesen, in den Ortschaften Übach-Palenberg oder Boscheln, erzählt Kaufmann, da habe sie am Straßenrand gestanden. Er habe angehalten und gefragt, wo sie hinwolle. Er habe sich kurz mit der jungen Frau unterhalten, sie sei schließlich eingestiegen und habe sich neben ihn gesetzt. Andrea sei ihm sympathisch gewesen. Er sei zuerst Richtung Geilenkirchen und später in Richtung Randerath gefahren. Kaufmann kann sich noch an die blonden Haare der Frau erinnern, sonst weiß er nicht viel über sein Opfer zu sagen. Verdrängt. Vergessen. Er habe sich zu ihr hingezogen gefühlt und sei auch bestimmt sehr erregt gewesen. Die Tat habe sich im Auto abgespielt, sie hätten zunächst geschmust, angeblich. Andrea habe dann jedoch keine Intimitäten gewünscht, als er besonders erregt gewesen sei, behauptet Kaufmann. Trotzdem habe er weitergemacht.

Kaufmann spricht davon, Richtung der Ortschaft Hochheid eingebogen zu sein und das Opfer in einem Waldstück abgeladen zu haben. Die Tat selber sei auf einem unbefestigten Weg an der Straße von Geilenkirchen nach Nirm kurz vor Nirm passiert. Er sei daraufhin zurückgefahren und auf einen geteerten Weg abgebogen. Kaufmann verweist darauf, dass dies bei Süggerath gewesen sei, weil er dort gewohnt und sich ausgekannt habe. Zunächst sei ein Waldstreifen gekommen, dann Feld und dann wieder Wald. Er sei rechts in einen unbefestigten Weg zwischen 20 und 40 Meter hineingefahren, habe sein Opfer aus dem Wagen gezerrt und im Unterholz des dortigen Waldes abgelegt.

Der mutmaßliche Mörder hat ein wichtiges Detail der Tat ausgelassen – den Tötungsakt. Die Beamten fragen deshalb nach. Er müsse sie wohl erwürgt haben, sagt Kaufmann, weil Andrea sich gewehrt habe. Er sei anschließend ziellos durch die Gegend gefahren und habe die Kleidung seines Opfers einzeln aus dem Auto geworfen. Er habe die Polizei dadurch in die Irre führen wollen. Seine Frau sei zu dieser Zeit nicht zu Hause, sondern mit dem Karnevalsverein Süggerath unterwegs gewesen. Deshalb habe sie nicht mitbekommen, dass er weggewesen sei.

Wieder müssen die Beamten hartnäckig und bestimmt nachfragen. Kaufmann räumt noch ein, Handschellen als Fesselwerkzeug eingesetzt zu haben. Er spricht auch von einer Neigung zu „Sadomaso-Spielen". Dies habe er teilweise mit Prostituierten gemacht, gelegentlich auch mit seiner zweiten Frau, die sich ihm zuliebe darauf eingelassen habe. Auf die Frage, warum er Andrea nicht nur gefesselt, sondern auch gewürgt habe, antwortet Kaufmann, er sei in Panik geraten, das Leben sei das höchste Gut, die Freiheit das zweithöchste. Er habe sich eben für Letzteres entschieden.

Entweder hat Kaufmann gelogen, als er sagte, Andrea Steiner

erwürgt zu haben, oder aber er kann sich nicht mehr erinnern, glauben die Beamten. Das Opfer ist nämlich erdrosselt worden. Ein bedeutsamer Unterschied. Kaufmann erklärt daraufhin, wenn er mit Händen, einem Strick oder einem Schal jemand den Hals zuhalte, so sei das für ihn ein Würgen. Er wisse aber nicht mehr genau, wie er Andrea getötet habe. Sie sei von ihm in jedem Fall im Auto getötet worden, er könne sich nämlich gut daran erinnern, wie er den leblosen Körper in den Wald gezogen habe.

Um 16.25 Uhr unterbricht man die Vernehmung für 25 Minuten. In den darauffolgenden Stunden wird Kaufmann dazu befragt, wie das generell mit Anhalterinnen bei ihm gewesen sei, wo er zu bestimmten Zeiten gewohnt habe und welche Autos von ihm zu dieser Zeit gefahren worden seien. Nach dem Abendessen wird Kaufmann damit konfrontiert, dass man in seinem Haus einen Knebel gefunden habe, der auch bei einem anderen Mord eine Rolle gespielt habe, nämlich am 16. Juni 1990, als Sybille Gross getötet wurde. Die Beamten halten ihm vor, auch diese Tat begangen zu haben. Kaufmann bestreitet jedoch und verweigert die Aussage.

Noch am selben späten Abend wird ein neuer Versuch unternommen, den mutmaßlichen Serienmörder zu weiteren Angaben zu bewegen. Kaufmann gibt jedoch nur einige Details im Fall Andrea Steiner preis: Er habe sie an den Handgelenken festgehalten und mit der anderen Hand an ihre Brüste gefasst, sie auch dazu gebracht, sich auszuziehen. Den Beifahrersitz seines Wagens habe er mit einem Hebel nach hinten klappen können. Das Mädchen habe sich vorher gewehrt, darum habe er sie festgehalten. Dann sei er in Panik geraten, sie habe geweint. Wenig später sei Andrea von ihm getötet worden.

Am nächsten Morgen geht es um 9.50 Uhr weiter. Diesmal werden Kaufmann nicht zwei Morde vorgehalten, sondern fünf. Die Kommissare zeigen ihm Bilder, die die Opfer zu Lebzeiten zeigen. Kaufmann schaut die Fotos nur kurz an. Er will dazu nichts sagen, dafür aber mit seiner Mutter sprechen. Danach brechen alle Dämme. Kaufmann gesteht sämtliche ihm vorgeworfenen Taten. Er spricht auch über seine Ängste in der Zeit, als er Anhalterinnen gejagt habe. Er sei das Gefühl nichts losgeworden, dass man ihm habe ansehen können, was er getan habe. Die Bilder der toten Frauen in seinem Kopf hätten ihn gequält. Ob er denn mit dem Töten habe aufhören wollen, wird Kaufmann gefragt. Er weist auf die länger werdenden zeitlichen Abstände zwischen den Taten hin, insbesondere bei den Morden vier und fünf. „Vom Grundsatz" sei er gegen das Vergewaltigen und Töten gewesen und habe aufhören wollen, erklärt Kaufmann unbewegt. Doch die Probleme mit seiner Frau seien – ebenfalls „vom Grundsatz her" – dafür verantwortlich gewesen, dass er doch wieder losgefahren sei, um eine junge Frau zu finden und sie zu vergewaltigen und zu töten.

Vor allem die erste Ehefrau soll, glaubt man Ewald Kaufmann, durch ihre Verweigerungshaltung, sadistische und masochistische Sexspielchen mitzumachen, die Ursache für sein Morden gesetzt haben. Magda Schüler, eine 48-jährige Krankenschwester, wird daraufhin als Zeugin vorgeladen und erzählt der Kripo vom Leben mit diesem Mann. Anfänglich sei er „nett, hilfsbereit, höflich und zuvorkommend" gewesen, aber dieser Mann habe „zwei Gesichter". Das andere sei „aggressiv und brutal". Doch erst nach der Hochzeit sei ihr Mann „sexuell völlig anders geworden".

Magda Schüler berichtet von fortwährend erlittenen Blessuren an Hals und Oberarmen, von „rund 30 erzwungenen Geschlechtsverkehren" und einer eingetretenen Badezimmertür, hinter der sie sich versteckt habe, um „nicht noch mehr Prügel zu beziehen". Sie habe diverse „Sexklamotten" tragen müssen: schenkelhohe Lackstiefel, ein mit Nieten besetztes Mieder. „Ich bin gedemütigt worden", sagt sie. „Ich musste einen Knebel mit Kugel in die Hand nehmen. Er hat mich gefesselt, ich musste mich umdrehen. Alles gegen meinen Willen." Wenn sie nicht gehorchte, habe er zugeschlagen. Die blauen Flecken habe sie mit Rollkragenpullis kaschiert. Allerdings habe sie „nicht alles mitgemacht": „Einmal sollte ich die Domina sein und ihn auspeitschen. Das habe ich abgelehnt." Die zwei Ehejahre seien „eine grauenvolle Zeit" gewesen, die sie danach vollkommen aus ihrem Gedächtnis habe auslöschen wollen: Heiratsurkunde, Familienbuch und Fotos seien von ihr „entsorgt" worden. Nichts mehr sollte sie an „diese Ehehölle" erinnern.

Doris Zudey, Ehefrau Nummer zwei, die mit Kaufmann von 1982 bis 1995 und damit zum Zeitpunkt der Morde verheiratet gewesen ist, bestätigt die gelegentliche Neigung ihres Ex-Mannes zu „Sadomaso-Sex", zu der er sie „sanft hingeführt" habe. Nur hätten sie auch „auf normalem Wege Sex" gehabt. Allerdings weiß Doris Zudey sonst nur Gutes über Kaufmann zu berichten, er sei ein „liebevoller und verständnisvoller Ehemann" gewesen. Auch seien ihr an ihm keine Wesensveränderungen oder Merkwürdigkeiten aufgefallen, schon gar nicht in der Zeit nach den Taten.

Eine der maßgeblichen Ursachen für die Mordserie in den Jahren 1983 bis 1990 ist in der zweiten Ehe Kaufmanns zu sehen, die er als „sexuell unbefriedigend" empfand. Vorausgesetzt, das stimmt, könnte dies im Umkehrschluss bedeuten, dass die Beziehung zu seiner dritten Ehefrau den noch aktiven Serienmörder so stabilisiert hat, dass Kaufmann so von weiteren Verbrechen abgehalten werden konnte. Diese Hypothese brachte mich zu dem Entschluss, mit dieser Frau Kontakt aufzunehmen.

Ich schrieb Agnes Kaufmann einen Brief und bat sie um ein Gespräch. Einige Tage später rief sie mich an. Wir sprachen lange miteinander. Schließlich willigte Agnes ein, mit mir über die Zeit mit ihrem Mann zu sprechen. Das Interview sollte im Haus ihrer Mutter stattfinden.

Als ich Agnes besuchte, wohnte sie in Elmpt, einem kleinen Ortsteil der etwa 6.500 Einwohner zählenden Gemeinde Niederkrüchten im Kreis Viersen. Tankstelle, Bäckerei, Gyros-Bude, Apotheke, ein Kirchturm aus dem 13. Jahrhundert. Und beschilderte Spielzonen wie die Rubensstraße, in der das Haus der Mutter steht. Die Wohnsiedlung wird geprägt von nüchternen Backsteinhäusern und gepflegten Vorgärten.

Schon auf der Hinreise hatte ich mir Gedanken gemacht, wie dieses Gespräch wohl verlaufen könnte, die damalige „Bild"-Schlagzeile vor Augen: „Das ist Deutschlands schrecklichstes Ehepaar". Ich war gespannt, weil ich unter anderem ergründen wollte, ob, und wenn ja, wie es Agnes Kaufmann gelungen war, ihren Mann von weiteren Morden abzuhalten. Und ich fragte mich: Wer ist diese Frau? Hat Ewald ihr von den Taten erzählt? Andeutungen gemacht? Und wie ist es überhaupt, mit einem Serienmörder verheiratet zu sein? Für mich war das Neuland. Eine Entdeckungsreise. Und spannend wie ein Krimi.

Gegen 14.35 Uhr klingelte ich mit halbstündiger Verspätung am Haus Nummer 21. Eine augenscheinlich etwa 40 Jahre alte Frau mit Brille und kurzen, braunen, glatt gekämmten Haaren öffnete mir: Agnes. Wir begrüßten uns, und sie führte mich ins Wohnzimmer, wo ich auch von ihrer Mutter willkommen geheißen wurde. Kaffee und Kekse standen bereits auf dem Tisch, ich durfte mich von Beginn an wohlfühlen. Agnes machte auf mich einen durchaus intelligenten und aufgeschlossenen Eindruck, eben keine Frau, die einen Tick hat oder verschroben daherkommt. Ich erzählte den Damen zunächst von meiner abenteuerlichen Reise mit diversen Verkehrsmitteln von Düsseldorf nach Elmpt: Straßenbahn, Bus, Zug, Regionalbahn, Taxi. Zweieinhalb Stunden für 80 Kilometer. Dann öffnete ich meinen Aktenkoffer, nahm mein Diktiergerät heraus und legte es auf den Tisch. Das Signal wurde sofort verstanden. Ich bat Agnes' Mutter, bei unserem Gespräch doch dabeizubleiben, sie könne auch jederzeit mitreden, bot ich ihr an. Kopfnicken. Schließlich drückte ich den Aufnahmeknopf und stellte meine erste Frage.

Harbort: „Agnes, wie sind Sie aufgewachsen und wie war das Verhältnis zwischen Ihnen und Ihren Geschwistern?"
Agnes: „Ich bin hier im Ort aufgewachsen. Meine Kindheit und Jugend waren sehr schön und sehr harmonisch. Wir hatten zwar wenig Geld, aber das hat mich nicht so sehr gestört. Zu meinen Geschwistern hatte ich genauso wie zu meinen Eltern ein gutes Verhältnis. Das ist auch heute noch so."
Harbort: „Wer hat in der Familie das Geld verdient?"
Agnes: „Mein Vater war gelernter Maler und Anstreicher, diesen Beruf hat er ausgeübt, bis er in Frührente gegangen ist. Meine Mutter hat sich um den Haushalt gekümmert. Wir waren mit drei Mädchen und einem Jungen. Allerdings hat mein Bruder ziemlich früh das Elternhaus verlassen. Meine älteste Schwester war leider drogenabhängig. Sie ist 1982 an einer Überdosis gestorben. Das hat wehgetan. Ich war damals 15, das war sehr hart. In der Schule bin ich daraufhin abgesackt und in ein Internat gekommen. Man hat mich wie eine Drogenabhängige behandelt, obwohl ich gar keine Drogen genommen habe. Die sind einfach davon ausgegangen, dass das bei mir auch so sein muss."
Harbort: „Welchen Beruf haben Sie erlernt und ausgeübt?"
Agnes: „Ich habe zunächst eine Ausbildung zur Krankenpflegerin gemacht, die ich aber abgebrochen habe, weil ich damals meine Tochter bekam. Das ging aber auch deshalb nicht, weil ich meine Tochter nicht ständig bei meinen Eltern unterbringen wollte. Ich habe dann eine Reihe von Nebenjobs gemacht, bis ich Sozialhilfe beantragt habe."
Harbort: „Bitte beschreiben Sie mir Ihre Lebenssituation, als Sie Ewald kennengelernt haben."
Agnes: „Damals habe ich im Altenheim gearbeitet. Zu dieser

Zeit lebte ich mit meiner Tochter im Haus meiner Eltern, wir hatten die obere Etage für uns. Es war ein ruhiges Leben, und wir hatten unser Auskommen. Ich war mit meinem Leben recht zufrieden."

Harbort: „Wann und wie haben Sie Ewald kennengelernt?"

Agnes: Das war 1995, und zwar war Ewald zu dieser Zeit freiberuflicher Vermögensberater. Über diese Schiene habe ich ihn auch kennengelernt. Eine Arbeitskollegin von mir kannte ihn schon. Als ich ihr erzählte, ich hätte gerade einen Bausparvertrag abgeschlossen, sagte sie, das wäre doch Quatsch, sie kenne da jemand, der könnte mich beraten. Das war Ewald. Und so sind wir zusammengekommen."

Harbort: „Wie war das denn genau?"

Agnes: „Sagen wir mal so: Ich hatte fünf Stunden Beratung am Stück. Es kam mir überhaupt nicht komisch vor, dass es so lange dauerte. Es war einfach schön. Es war von Anfang an sehr vertraut, als wenn ich diesen Mann schon sehr lange kannte. Danach haben wir uns mehrere Male getroffen. Anfangs wusste ich nicht, dass er noch verheiratet war. Das habe ich nur zufällig erfahren, als ich mal bei ihm zu Hause angerufen habe, und nicht auf dem Handy – da war seine Frau dran. Wir haben uns weiter getroffen, sind essen gegangen. Dabei haben wir gemerkt, dass wir eine Menge Gemeinsamkeiten hatten. Es hat sich einfach so entwickelt."

Harbort: „Welche Gemeinsamkeiten waren das?"

Agnes: „Wir stimmten einfach in vielen Lebensansichten überein. Es ging weniger um gemeinsame Hobbys, sondern um ein gemeinsames Gefühl."

Harbort: „Was hat Ihnen an Ewald besonders gefallen oder imponiert?"

Agnes: „Als ich Ewald kennenlernte, hatte ich für mich beziehungsmäßig eigentlich schon abgeschlossen. Ich hatte viele negative Erfahrungen gemacht. An Ewald imponierte mir, dass er sehr feinfühlig war, dass er hinter die Fassade geblickt und genau erkannt hat, wo bei mir die Probleme lagen. Er war einfach anders. Er war wirklich an mir interessiert."

Harbort: „Sie sagen ‚feinfühlig' – können Sie ein Beispiel geben?"

Agnes: „Ja. Und zwar sagte ich ihm schon bei diesem ersten Beratungsgespräch, wo auch über private Dinge gesprochen wurde, dass ich von Männern die Schnauze voll hätte. Da drehte er sich zu mir rum und sagte: ‚Das stimmt doch gar nicht.' Und darauf passierte zum ersten Mal in meinem Leben etwas: Ich wusste nicht, was ich darauf sagen sollte; und bei mir will das schon was heißen. Ich dachte mir nur: Der Mann hat recht, obwohl er mich doch überhaupt nicht kennt. Er hat mich in diesem Moment besser gekannt als ich mich selber."

Harbort: „Wie würden Sie Ihren Mann zum damaligen Zeitpunkt charakterisieren?"

Agnes: „Er war sehr liebevoll. Er ging sehr auf mich ein. Genauso verhielt er sich meiner Tochter gegenüber, was mir natürlich auch sehr wichtig war. Er hätte alles für uns getan. Auf der anderen Seite war er ein recht bequemer Mensch, der sich gerne umsorgen ließ. Das passte aber ganz gut zu mir. Ich war nicht die Karrierefrau, sondern habe mehr Wert auf die Familie gelegt. Es gab nur eine Geschichte, die mich lange Zeit gestört hat: Ewald war immer unpünktlich. Er kam sogar zu unserer Hochzeit zu spät. (Agnes lacht) Wenn ich mit dem irgendwohin musste, das war immer eine Katastrophe. Wir kamen immer zu spät."

Harbort: „Ich würde gerne noch einmal auf seinen Charakter zu sprechen kommen. Ich glaube, da wissen Sie mehr."

Agnes: „Was ich an ihm auch besonders geschätzt habe, war, dass er mir immer die Wahrheit gesagt hat. Er hat mich nie belogen. Er war immer treu. Dafür lege ich meine Hand ins Feuer. Er war auch tierlieb und kinderlieb. Beides war für mich sehr wichtig. Ewald war einfach mein Traummann. Er war vollkommen anders als alle Männer, die ich bis dahin gekannt hatte."

Harbort: „Und er ist auch nicht grob geworden oder etwas in der Art?"

Agnes: „Nein. Das gab es überhaupt nicht. Dann wäre er für mich auch gar nicht infrage gekommen."

Harbort: „Welchen Eindruck hatten Ihre Eltern und Freunde von Ewald?"

Agnes: (Sie zögert mit der Antwort) „Schwer zu sagen. Mein Mann hatte damals Fremden gegenüber eine ziemlich dominante Art. Alle haben das akzeptiert."

Harbort: „Können Sie ein Beispiel geben?"

Agnes: (Sie denkt nach)

Harbort: „Frau Kracht, wollen Sie vielleicht etwas dazu sagen?"

Mutter: „Er war sehr hilfsbereit, wenn man mal krank war." (Agnes unterbricht die Mutter)

Agnes: „Wenn mal jemand am Wochenende zu Besuch kam und ihm war das nicht so recht, dann hat er, wenn sich die Leute unterhalten wollten, einfach den Fernseher lauter gedreht. Besuch mochte er gar nicht. Meine beste Freundin konnte ihn nicht leiden, weil ich seinetwegen großen Wert auf Ordentlichkeit und Pünktlichkeit legte. Sie war da in einer Partnerschaft eben ganz anders. Deshalb mochte sie ihn auch als Mann nicht. War aber auch kein Problem, weil sie ja nicht zu ihm kam, sondern zu mir."

Harbort: „Also haben die Leute über Ewald eher positiv gedacht?"

Mutter: (Frau Kracht meldet sich spontan zu Wort) „Also ich mochte ihn nicht."

Harbort: „Und warum nicht?"

Mutter: „Wenn wir die (gemeint ist die Familie ihrer Tochter Agnes) besucht haben, dann waren da nur verheulte Gesichter. Er saß auf der kleinen Couch, bot uns nicht mal einen Stuhl an. Wir sollten besser wieder gehen. Das ließ der uns auch spüren. Und so war der nicht nur bei uns. Ich kenne keinen im Umfeld von Agnes, der den gemocht hat. Keiner! Selbst mein Sohn, der für alles und jeden eine Entschuldigung hat, der konnte ihn auch nicht leiden. Nur Agnes kam mit ihm zurecht. Ewald war ekelhaft und dominant. Der konnte auch die Sandy (Tochter von Agnes) so fertigmachen, am Tisch, beim Essen, da musste ich dazwischenfunken. Und dann war es gut. Er drehte sich um, und die Sache war erledigt."

Agnes: (geht dazwischen) „Es war aber nicht so, dass er das extra machte oder er bösartig war."

Mutter: (unterbricht ihre Tochter) „Das kam aber bei allen so rüber."

Harbort: „Agnes, Ihre Mutter sprach von ‚verheulten Gesichtern'."

Agnes: (antwortet spontan) „Also, keine Ahnung, wie du (gemeint ist die Mutter) darauf kommst."

Mutter: „Erinnere dich doch an die Zeit, als ihr in dem Häuschen in Birn gewohnt habt, als wir euch besucht haben."

Agnes: (unterbricht die Mutter) „Da hatten wir vielleicht vorher Streit."

Mutter: (unterbricht die Tochter) „Aber der hat sich auch nicht zusammengerissen, dem war das, auf gut Deutsch gesagt, scheißegal. Wir kamen ja immer ungelegen."

Harbort: „Mit welchen Erwartungen haben Sie Ewald geheiratet?"

Agnes: „Ich wollte mit ihm zusammen alt werden."

Harbort: „Und vor dem gemeinsamen Älterwerden?"

Agnes: „Wir haben uns in den ersten Jahren fast überhaupt nicht gestritten, das war schon richtig komisch. Für mich war die Ehe halt die Krönung in dieser Beziehung, da passte alles, mit dem Mann wollte ich auch den Rest meines Lebens verbringen."

Harbort: „Welche Erinnerungen haben Sie an die Hochzeit?"

Agnes: „Wir konnten leider nur standesamtlich heiraten. Ich

hatte trotzdem ein langes Kleid an, nur war es grün. Ich war so nervös, dass ich schon bei den ersten Worten des Standesbeamten angefangen habe zu heulen und nicht wieder aufhören konnte. Da war so eine Anspannung in mir, deshalb habe ich von der Prozedur nicht so viel mitbekommen. Später haben wir zu Hause gefeiert. Es war insgesamt ein unvergessliches Erlebnis."

Harbort: „Allgemein sagt man, jede Ehe hat Höhen und Tiefen. Wie war das bei Ihnen?"

Agnes: „Ja, die gab es auch bei uns. Als Ewald Vermögensberater war, hatten wir anfangs viel Geld, konnten uns auch ein eigenes Haus leisten. Das war wie im Märchen. Als es dann mit der Firma bergab ging, kamen wir schnell in finanzielle Schwierigkeiten. Ewald hat sich da ausbeuten lassen, er verstand aber auch zu wenig von dem Bürokram. Plötzlich ging die Firma pleite, und wir standen blöd da. Wir konnten unseren Verpflichtungen nicht mehr nachkommen. Das hat unsere Ehe natürlich auch belastet."

Harbort: „Und emotionale Höhen und Tiefen?"

Agnes: „Es gab eigentlich wenig Probleme. Nervig war, dass Ewald keinen Rat und keine Hilfe annehmen konnte. Der wollte immer alles alleine machen. Das hat mich auch so sauer gemacht, weil er gar nicht merkte, wenn er ausgenutzt wurde. Ich habe zwar mit ihm darüber gesprochen, aber er wollte nicht hören. Dann gab es auch bei uns Ärger. Manchmal hatten wir kaum etwas zu essen, aber er ging hin und verlieh Geld an Kollegen. Das hat mich sehr geärgert."

Harbort: „Wie ist denn so eine Diskussion abgelaufen?"

Agnes: „Wir haben uns recht normal und sachlich darüber unterhalten. Ewald hat mir auch zugehört. Aber passiert ist nichts. Darüber war ich sehr enttäuscht. Er glaubte einfach, über mir zu stehen. Er hat mich nicht richtig ernst genommen."

Mutter: (unterbricht die Tochter) „Du warst ihm haushoch

überlegen. Das merkte er auch. Das hat er auch gesagt. Deshalb hat er dich auch geheiratet. Er hatte halt nicht deine Schulbildung." (Agnes hat das Gymnasium besucht, ist aber vor dem Abitur abgegangen)

Harbort: „Wie haben Sie davon erfahren, dass Ihr Mann ein Serienmörder sein soll?"

Agnes: „Das war voriges Jahr am 16. August. Ich war morgens beim Arzt, komme nach Hause und sehe lauter fremde Autos, alle silbern, aber alle mit Aachener Kennzeichen. Was ist das denn für ein Auflauf?, habe ich gedacht. Zu dem Zeitpunkt habe ich gar nicht gemerkt, dass die bereits bei uns drin waren. Dann fuhr ein Wagen neben mich und fragte, ob ich Frau Kaufmann sei. Der Mann sagte, er sei von der Kripo und ich solle mal den Wagen auf die Einfahrt fahren, dann würde er mir alles erklären. Ich war völlig durcheinander. Ich habe das Auto abgestellt. Dann kam ich ins Haus. Überall waren fremde Leute, die in unseren Sachen rumwühlten. Ein Beamter erklärte mir, sie hätten einen Hausdurchsuchungsbefehl, drückte mir das Ding in die Hand – und ich las nur noch: ‚wegen Mordes'. Für mich ist da die Welt untergegangen. Ich war total schockiert und dachte nur: Das kann doch alles nicht wahr sein! Es kam für mich vollkommen überraschend. Ich habe teils sehr emotional reagiert, weil in jedem Zimmer irgendwer sich zu schaffen machte, teils war ich wie in Trance. Die wühlten in meiner Wäsche rum, das sind ja Sachen, die man sonst niemandem zeigt. Absolut peinlich. Es war einfach nur furchtbar. Ich schrie und heulte. Und irgendwann ging es auch schon ab zur Vernehmung nach Geilenkirchen."

Harbort: „Was wollten die Beamten von Ihnen wissen?"

Agnes: „Alles Mögliche. Die fragten mich nach irgendwelchen Feuerzeugen, Diskotheken. Man hat mir Bilder von Schlüsselanhängern gezeigt, ob ich die kennen würde. Ob Ewald viel unterwegs gewesen und wo er dann hingegangen sei. Ob ich glauben würde, dass er fremdgegangen wäre. Wie wir uns kennengelernt hätten. Die wollten halt die ganze Geschichte hören. Ich habe auch Rede und Antwort gestanden, weil ich immer gedacht habe: Das kann gar nicht sein, das ist ein Irrtum. Das passt doch gar nicht zu meinem Mann."

Harbort: „Hatten Sie denn von diesen ‚Disco-Morden' etwas mitbekommen?"

Agnes: „Ich wohnte ja in einem ganz anderen Kreis, mit Heinsberg und Aachen hatte ich nichts zu tun. Von diesen Morden wusste ich wirklich nichts. Vielleicht mal bei ‚Aktenzeichen XY' gesehen, aber wieder vergessen."

Harbort: „Wie haben Sie auf diese Anschuldigung, Ihr Mann sei ein Mörder, reagiert?"

Agnes: „Ich habe denen gesagt, dass ich das nicht glaube. Zum Zeitpunkt der Durchsuchung war ja nur die Rede von einem Mord, am nächsten Tag waren es dann schon fünf. Ich habe nur gedacht: Das kann überhaupt nicht sein, das ist nicht möglich. Aber auf dem Rückweg haben mir die Beamten gesagt, ich solle mal nicht davon ausgehen, dass mein Mann bald wiederkommt. Ich war total geschockt."

Harbort: „Wie hat Ihre Familie auf diesen Verdacht reagiert?"

Agnes: „Obwohl die meisten meinen Mann nicht leiden konnten, hat es eigentlich keiner geglaubt. Der sei wohl schwierig gewesen, aber so was, nein, nicht der Ewald."

Harbort: „Wie war das, als Sie ihn nach der Verhaftung zum ersten Mal besuchen durften?"

Agnes: „Als er nach Düsseldorf verlegt worden war, da habe ich ihn das erste Mal gesehen. Es war eine sehr emotionale Begegnung. Wir haben beide geheult und waren ziemlich fassungslos, dass wir uns in so einer Situation gegenübersaßen. Wir haben an diesem Tag auch nicht wirklich viel gesprochen, weil wir gefühlsmäßig einfach total überwältigt waren."

Harbort: „Wie haben Sie darauf reagiert, als er fünf Morde gestanden hat?"

Agnes: „Ich habe das zuerst nicht geglaubt. Der schwindelt, habe ich gedacht. Ich konnte mir einfach nicht vorstellen, warum mein Mann ein Geständnis hätten ablegen sollen. Für mich war ganz klar, dass der unschuldig ist."

Harbort: „Haben Sie ihn mal gefragt, warum er die Morde gestanden hat?"

Agnes: „Ja. Er hat gesagt: ‚Weil ich den Druck nicht mehr aushalten konnte.' Wir hatten zu dieser Zeit massive finanzielle Probleme, Ewald arbeitete auch im Altenheim, weil er von den Schulden runterkommen musste. Er war nicht der Typ, der sich Hilfe suchte. Und mit mir wollte er nicht darüber sprechen, weil ich selber genug belastet war. Nur ich bin in Therapie gegangen, und er nicht. Er hat zu mir gesagt, er sei ausgebrannt gewesen, fertig mit der Welt, und er habe dann dem Druck nicht mehr standhalten können. Ich habe auch seine Aussage gelesen, und für mich waren da jede Menge Widersprüche drin. Es gab zwar einige Sachen, die mich stutzig gemacht haben, ganz klar."

Harbort: „Können Sie ein Beispiel geben?"

Agnes: „Ja, die Sache mit der Windschutzscheibe. An einem Opfer wurden Glassplitter gefunden. Dazu hat mein Mann ausgesagt, das Mädchen hätte mit dem Schuh die Windschutzscheibe eingetreten. Und dann sagte man mir, dass das nur der Täter wissen könnte. Irgendwann habe ich Ewald darauf angesprochen und gesagt: ‚Das musst du mir bitte erklären.' Er sagte mir, er hätte auch tatsächlich mal eine Windschutzscheibe kaputt gehabt, da sei auch für die Reparatur eine Rechnung vorhanden gewesen. Das war zu der Zeit, als er mit seiner zweiten Frau zusammen war. Und während der Gerichtsverhandlung ist aber herausgekommen, dass diese Glassplitter nicht von einer Windschutzscheibe, sondern von einer Seitenscheibe stammten. Ich denke, er hatte gehört, da wäre was mit Scherben oder Splittern gewesen, und er hat sich an die Sache mit der Windschutzscheibe erinnert und dann gesagt: Ja, die hat mit dem Fuß die Scheibe eingetreten. Ich will niemandem etwas unterstellen, aber ich denke, er wird von den Beamten schon den einen oder anderen Denkanstoß bekommen haben. Ich will der Polizei bestimmt nichts Böses, aber auf der anderen Seite ist für mich fraglich, ob wirklich immer alles so gewesen ist, wie es dann im Protokoll stand. Ich habe auch meine Aussage gelesen und habe da einige Ungereimtheiten gefunden. Das ist natürlich für die Beamten ein Riesenerfolg, nach so langer Zeit einen Serienmörder zu kriegen, wenn er es denn war. Ob das wirklich alles so gelaufen ist, das wissen wohl nur die Beamten, die dabei waren, und mein Mann."

Harbort: „Hat Ewald im Laufe der Ehe Andeutungen gemacht, er könnte mit den Morden etwas zu tun haben?"

Agnes: „Nein. Ich kann mich auch nicht daran erinnern, dass ich mal das Gefühl gehabt hätte, mit dem stimmt etwas nicht. Ich kannte ihn sehr gut, und ich wusste ihn auch immer sehr gut zu nehmen. Wenn der so innerlich zerrissen gewesen wäre, Schuldgefühle gehabt hätte – das hätte ich gemerkt."

Harbort: „Es gibt auch Täter, die empfinden keine Reue und haben auch keine Schuldgefühle."

Agnes: „Aber das würde charakterlich nicht zu ihm passen. Der müsste dann aber auch in anderen Geschichten eiskalt sein, das war der aber nicht. Ich kenne wenige Männer, die wie er so viel Gefühl zeigen können."

Harbort: „Es wird behauptet, zwischen Ihnen habe es Sadomaso-Sex gegeben."

Agnes: (antwortet spontan) „Das ist richtig. Wir haben uns im Sado-Maso-Bereich ausgelebt, ja, wobei er der masochistische Teil und ich der sadistische Teil war. Aber das lief wirklich alles insgeheim, da hat keiner was von gewusst. Das war nur eine Sache zwischen ihm und mir."

Harbort: „Wie hat sich das entwickelt?"

Agnes: „Er hat mich langsam an die Sache herangeführt. Erst hat er mir erzählt, dass er zu Dominas gegangen sei, dass er halt in diesem Bereich sehr aktiv gewesen sei. Ob ich mir vorstellen könnte, da mitzumachen, mich an der Sache zu beteiligen. Ich habe zugestimmt. Er könne mir ja mal ein paar Sachen mitbringen, sagte er, die könnte ich anziehen und gucken, wie ich mich darin fühle. Und so haben wir es auch gemacht. Ich habe mich darin sehr wohlgefühlt. Dann habe ich ihn gebeten, mir etwas mehr darüber zu erzählen, vielleicht auch mal ein paar Hefte mitzubringen und so weiter, weil ich mich mit diesen Dingen nun nicht so gut auskannte. Ich habe schnell gemerkt, dass mir das liegt, und habe es für mich weiter ausgebaut. Ich war gerne seine Domina, und er war total begeistert."

Harbort: „Können Sie ein Beispiel geben?"

Agnes: „Also was mir gar nicht gefallen hat, war diese Sprache. Das war mir einfach zu ordinär. Das kommt für mich nicht infrage, so rede ich nicht. Da kam ich mir irgendwie schäbig vor, das wollte ich nicht. Dementsprechend habe ich mir einfach andere Dinge einfallen lassen."

Harbort: „Was denn?"

Agnes: „Das ist schwer zu erklären. Wenn man bestimmte Sachen nur bis zu einer bestimmten Grenze machen kann, dann bin ich auch schon mal über diese Grenze hinausgegangen. Aber ich habe ihm nie schwere Wunden zugefügt. Wenn er mir gesagt hat: Hör auf – dann habe ich eben nicht aufgehört. Ich hab ihm gesagt: Du kannst mich mal, ich bin hier die Domina! Und wenn ich nicht aufhören will, dann höre ich auch nicht auf. Das hat mir gut gefallen, weil ich machen konnte, was ich wollte. Am liebsten habe ich mit meinen Fingern hantiert, weil ich dann mitkriegte, wann es zu viel wurde. Er hatte einen sehr hohen Blutdruck, da musste ich bei manchen Sachen schon aufpassen. Natürlich hatte er auch mal kleinere Wunden, aber nie ernsthafte Schäden."

Harbort: „Als die Geständnisse Ihres Mannes vorlagen, haben Sie mit jemandem aus der Familie darüber gesprochen?"

Agnes: „Am Anfang habe ich das ja nicht geglaubt und habe es auch so weitergegeben. Aber irgendwann musste ich es ja glauben. Wir haben in der Familie über die Sache gesprochen, auch über die Widersprüche. Und bis heute ist sich keiner hundertprozentig sicher, dass er das auch tatsächlich gemacht hat."

Harbort: „Frau Kracht, wie war das bei Ihnen – haben Sie die Geständnisse Ihres Schwiegersohnes geglaubt?"

Mutter: „Die Geständnisse sind eigentlich viel zu schnell gekommen. Das war ungewöhnlich. Direkt am anderen Tag fünf Morde. Für mich war das einfach nicht drin. Wenn das jetzt 14 Tage später gewesen wäre, dann schon eher, aber so. Nee, das habe ich nicht geglaubt. Aber ich habe auch gedacht: Wie kann jemand so bekloppt sein und ein Geständnis machen, wenn er es nicht gewesen ist. Es geht doch um Mord!"

Harbort: „Agnes, wie haben Sie die Tage nach der Verhaftung Ihres Mannes erlebt?"

Agnes: „Das war für mich der absolute Horror. Es fing schon damit an, dass ich nicht nach Hause konnte, weil die Kripo zwei Tage lang die Wohnung durchsucht hat. Ich habe mich einfach verkrochen. Die Berichte in den Zeitungen fand ich schlimm. Furchtbar fand ich auch manche Journalisten. Die konnten gar nicht verstehen, warum ich nicht vor eine Kamera kommen wollte, um denen zu erzählen, was jetzt in mir vorgeht. Die haben stundenlang vor unserer Tür gehockt. Diese Aufdringlichkeit. Die sind hinten ums Haus herumgeschlichen, ich konnte auch nicht mehr in den Garten. Dann wurde gerüchteweise erzählt, die Journalisten hätten in der Nachbarschaft für Fotos von uns Geld geboten. Erst habe ich das nicht geglaubt – bis ich die ersten Nachbarn mit Kameras in der Hand gesehen habe. Das gibt es doch gar nicht, habe ich gedacht. Das gibt es doch wohl nicht! Und ein Nachbar hatte nichts Besseres zu tun, als unseren Vermieter anzurufen und dem zu stecken: Wissen Sie eigentlich, was Sie da für Mieter wohnen haben? Es gab aber auch viele, die gefragt haben, ob sie helfen könnten, ob etwas zu besorgen wäre. Es waren genug Leute da, die sagten: Ihr habt mit der Geschichte überhaupt nichts zu tun, ganz egal, was der Mann gemacht hat. Das stimmte ja auch. Meinen Mann habe ich erst fünf Jahre nach seinem angeblich letzten Mord kennengelernt."

Harbort: „Haben Sie Ihrem Mann nicht mal Vorwürfe gemacht?"

Agnes: „Doch, natürlich. Wenn er es wirklich gewesen ist, dann war das eine Frechheit, mich zu heiraten und mit mir eine Familie gründen zu wollen."

Harbort: „Wer hat in dieser schweren Zeit zu Ihnen gehalten?"

Agnes: „Meine Familie und meine langjährigen Freunde, mancher Nachbar auch."

Harbort: „Gab es auch Menschen, die sich von Ihnen abgewandt haben?"

Agnes: „Wenn ich verunglimpft wurde, dann hinter meinem Rücken. Aber ich war da sehr vorsichtig. Beim Hörensagen weiß man nie genau, wer was tatsächlich gesagt hat. Solange mich niemand direkt angesprochen hat, habe ich auf diese Geschichten gar nicht reagiert."

Harbort: „Was wurde denn erzählt?"

Agnes: „Viele haben auf das Fernsehinterview (gegeben RTL, Anm. S. H.) reagiert und mir vorgeworfen, ich hätte gelogen. Ich wusste aber gar nicht, was die meinten, weil ich diesen Beitrag bis heute nicht gesehen habe. Dann wurde behauptet, wir hätten in unserem Schwimmbad im Keller wilde Partys und Sex-Orgien gefeiert. Absoluter Schwachsinn."

Harbort: „Nach einer Zeit hat Ewald seine Geständnisse widerrufen. Wie kam es dazu?"

Agnes: „Erst hieß es lange, Ewald hätte sein Geständnis bei Prozessbeginn widerrufen. Das stimmt nicht, es war bereits im Januar. Ich hatte ihn auch gefragt, was ihn dazu gebracht hätte, diese Geständnisse überhaupt zu machen. Neben dem Druck, sagte er, habe er gedacht, das klärt sich sowieso auf, weil er unschuldig sei. Und dann hat er eben gemerkt, es klärt sich nicht alles auf. Im Moment ist es bei mir so: Ich habe keine Meinung, weil ich nicht hundertprozentig weiß, dass er es war, und weil ich genauso wenig sicher sein kann, dass er unschuldig ist."

Harbort: „Wie haben Sie Ihren Auftritt als Zeugin vor Gericht erlebt?"

Agnes: „Ich hatte das Gefühl, dass der Richter nicht unbedingt wollte, dass ich aussage. Die ersten Fragen waren harmlos. Aber als der Staatsanwalt dann losgelegt hat, wurde es sehr unangenehm. Es ging nämlich nur um das Thema Sadomasochismus zwischen meinem Mann und mir. Das sind Dinge, über die ich in der Öffentlichkeit nicht gerne spreche. Der Staatsanwalt ist dabei teilweise wirklich unter die Gürtellinie gegangen. Er hat sich zum Beispiel beschwert, dass ich darüber sprechen würde, obwohl die Angehörigen der Opfer anwesend seien. Da habe ich ihm gesagt: Sie haben mich doch danach gefragt, und ich antworte nur. Der hat mich einfach so provoziert, da bin ich dann auch frech geworden, obwohl das nicht meine Art ist. Insgesamt war dieser Auftritt die größte Peinlichkeit in meinem Leben."

Harbort: „Wie haben Sie auf das Urteil reagiert, als das Gericht Lebenslänglich verhängte?"

Agnes: „Das Urteil selber hat mich nicht überrascht, das hatte sich schon so abgezeichnet. Allerdings habe ich das Urteil über Videotext erfahren, weil am Tag zuvor noch Beweisanträge gestellt worden waren und ich nicht damit gerechnet hatte, dass das Urteil so früh kommen würde."

Harbort: „Ich muss da noch mal nachhaken: Welche Empfindungen hat das Urteil bei Ihnen ausgelöst?"

Agnes: „Ich hatte an diesem Tag mehr als schlechte Laune. Auf der anderen Seite war ich aber froh, dass nun endlich etwas passierte, weil ich die ganze Zeit in so einem Schwebezustand gewesen war. Dass diese Sache jetzt endlich zum Abschluss kam, war gut, war eine Erleichterung. Jeder Verhandlungstag brachte Neuigkeiten, mit denen ich konfrontiert wurde. Irgendwann war es mir einfach zu viel. Ich wollte mich nicht jeden Tag damit belasten, mein Leben musste doch auch weitergehen. Es musste eine Normalität einkehren. Das ging aber nicht, solange diese Gerichtsverhandlung lief."

Harbort: „Wie stehen Sie momentan zu Ihrem Mann?"

Agnes: „Das ist schwer zu sagen. Ich bin noch verheiratet und telefoniere regelmäßig mit ihm, also zweimal im Monat, mehr ist nicht erlaubt. Das letzte Mal habe ich ihn vor 14 Tagen besucht, weil er einen Antrag auf Langzeitbesuch gestellt hatte, deshalb musste ich auch mit dem Sozialarbeiter sprechen. Ich distanziere mich momentan von ihm, weil ich jetzt erst mal mein Leben wieder in den Griff bekommen muss. Was danach wird, weiß ich nicht."

Harbort: „Wer unterstützt Sie jetzt finanziell?"

Agnes: „Ich bekomme Geld vom Arbeitsamt. Aber das reicht vorne und hinten nicht, weil ich noch für die Schulden meines Mannes aufkommen muss. Momentan ist es halt sehr schwer."

Ich bin einer Frau begegnet, die noch immer deutlich unter dem Eindruck der traumatischen Ereignisse stand, die am frühen Morgen des 16. August 2007 begannen und alles infrage stellten, was bis dahin gegolten hatte. Wendepunkt. Agnes Kaufmann weiß, dass ihr Mann schuldig ist. Nur klammert sie sich noch verzweifelt an den letzten Strohhalm – vermeintliche Unsauberkeiten bei den Ermittlungen, scheinbare Widersprüche in den Aussagen ihres Mannes, der Widerruf seines glaubhaften Geständnisses. Noch ist Agnes unschlüssig, hin und her gerissen zwischen Wunschdenken und freudloser Realität. Wer will ihr das verdenken. Die Vertreibung aus dem Paradies gefällt niemandem. Jeder möchte sie rückgängig machen. Einsicht braucht Zeit.

Wir haben allen Grund, Agnes Kaufmann dankbar zu sein.

Sehr wahrscheinlich war allein sie es, die durch ihre sexuelle Offenheit und Experimentierfreudigkeit Ewald Kaufmann endlich ein Forum geboten und ihn so von weiteren Morden abgehalten hat. Oder ist sie einfach nur eine gute Ehefrau gewesen, die ihren Mann richtig zu nehmen wusste? Wahrscheinlich gilt beides. Gerade die Menschen, die Agnes dreist vorverurteilt, diffamiert und verdammt haben, sollten darüber nachdenken. Vielleicht ist Agnes sogar eine Heldin wider Willen. Allerdings zahlt sie dafür einen hohen Preis.

Für die Justiz ist ein solcher Fall mit dem Urteil beendet. Für die Angehörigen der Täter nicht. Vor allem nicht für deren Ehefrauen, Geliebte und Freundinnen. Die bekommen nämlich auch Lebenslänglich: ein Leben in Angst, Sorge oder Not. Jasmin Ganzauge hat diese leidvollen Erfahrungen gemacht – und leidet noch heute darunter. Sie war die Freundin eines Serienmörders, der fünf Frauen getötet hat: grausam, qualvoll, kaltblütig, reuelos. Ich schrieb Jasmin einen längeren Brief und bat sie darum, mir ihre Geschichte zu erzählen. Sie lehnte ab. Jasmin wollte es lieber aufschreiben.

Das Kennenlernen: „Ich wohnte damals in Stuttgart, ich war fast jedes Wochenende in unserer Stammkneipe. Einmal kam eine Gruppe von jungen Leuten rein. Wir kamen ins Gespräch, wie das so ist. Jens fiel mir auf, weil er eher klein war und viel sprach, sich auch sehr gut ausdrücken konnte. Wir unterhielten uns schließlich und verabredeten uns für das nächste Wochenende. So ergab sich das. Irgendwann waren wir zusammen. Ich mochte besonders seine schlanke Statur. Mit 20 stand bei mir damals das Äußere an erster Stelle."

Die Beziehung: „Ich fühlte mich wohl bei ihm, konnte mich anlehnen. Er war auch ganz umgänglich. Wir verstanden uns in der ersten Zeit sehr gut. Ich hatte in der Beziehung die Hosen an, vielleicht, weil ich ihm geistig überlegen war. Er schlug mir dann vor, zu ihm zu ziehen, er wohnte in einer Einliegerwohnung im Haus seiner Eltern. Ich war zu dieser Zeit sehr unternehmungslustig, traf mich oft mit Freunden und unternahm viel. Er musste immer erst überredet werden. Von alleine kam da nicht viel, er war einfach zu träge. Wenn wir zusammen aus waren, hat er sich immer in den Mittelpunkt gestellt und herumgealbert. Schon in dieser Beziehung war er sehr komisch. Nach etwa einem Jahr habe ich gemerkt, dass er wohl doch nicht der Richtige war. Aber ich bin zunächst trotzdem bei ihm geblieben, wie das halt so ist."

Die Beziehungsprobleme: „Es fing eigentlich an zu kriseln, als er seine Arbeit als Kfz-Mechaniker verlor. Er fing an, sich gehen zu lassen: lange, fettige Haare, Bauchansatz, Mundgeruch. Er blieb bis mittags im Bett liegen, rauchte Haschisch. Ich weiß nicht, wie oft ich ihm gesagt habe, dass ich ihn verlassen würde, wenn er sich nicht endlich aufraffen würde. Ich war damals noch in der Ausbildung. Mir wurde das einfach zu viel, der Job, die Berufsschule, und dann noch der Haushalt. Ich musste mich um alles kümmern. Ich denke, ich war überfordert. Jens reagierte aber nicht, er suchte sich auch keine Arbeit. Und er wurde immer unansehnlicher. Meine Drohungen, ihn zu verlassen, nahm er nicht ernst.

Eines Tages kam ich von der Arbeit. Jens sagte mir, dass er Post gekriegt hätte vom Finanzamt, er würde eine Nachzahlung von 4.000 Mark bekommen. Ich doofe Nuss habe das auch noch geglaubt. Zwei Tage später kam er wirklich mit dem Geld an, so kurz vor Ostern. Ich freute mich riesig, wir gingen einkaufen und essen. Erst viel später habe ich erfahren, woher das Geld wirklich stammte (…) von seinem ersten Opfer (…) schrecklich, schrecklich, schrecklich, unfassbar!

Unsere Beziehung wurde einfach nicht besser. Das Geld war schnell weg, und dann ging es weiter wie gehabt. Zum Schluss tat er mir nur noch leid. Man, das war so schrecklich, was ich mit dem durchgemacht habe. Aber er war mein erster fester Freund. Eigentlich sollte so was ja anders verlaufen."

Die Trennung: „Ich entfernte mich immer mehr von ihm. Nach einer Zeit lernte ich einen anderen Mann kennen. Jens bemerkte es nach einer Weile. Es kam zum Eklat. Er nahm sich einen Hammer und sagte, er würde jetzt losfahren und den Kerl totschlagen. Jens fesselte mich, aber ich konnte mich befreien und den anderen telefonisch erreichen und vorwarnen.

Ich zog erst mal wieder zu meiner Mutter. Endlich Ruhe! Ein paar Tage später wollte ich meine restlichen Sachen aus der Wohnung holen. Meine Mutter begleitete mich. Kurz bevor wir das Haus erreichten, blieb sie stehen und sagte zu mir: ‚Jasmin, wenn wir da jetzt reingehen, dann tue mir bitte einen Gefallen – nimm deine Sachen und dann lass uns gehen, provoziere ihn nicht oder gehe nicht auf seine Provokationen ein. Ich habe ein ganz eigenartiges Gefühl, irgendwas stimmt mit dem nicht.'

Wir gingen also rein, und uns traf der Schlag: Die ganze Wohnung war verwüstet, Milchspritzer oder was auch immer und Nahrungsmittelreste auf dem Boden, an den Wänden, einfach überall. Die ganze Einrichtung war total zerlegt! Ich war natürlich sauer, denn einige Möbel gehörten mir. Bevor ich etwas sagen konnte, stand Jens plötzlich vor mir. Er fragte mich, ob das nun endgültig sei oder ob noch Hoffnung bestünde. Ich sagte nichts und meine Mutter nahm mich an die Hand. Wir gingen."

Der Stalker: „Ich dachte, nun hätte ich endlich Ruhe vor ihm. Eines Abends war ich im Theater, Kartenabreißen, ein Nebenjob. Eine meiner Kolleginnen kam zu mir und sagte: ‚Jasmin, da draußen steht einer mit einem Baseballschläger in der Hand und fragt nach dir.' Und richtig, Jens stand da und schrie mich an: ‚Jetzt schlage ich deinen Schädel zu Brei!' Ich war so geschockt, dass ich nichts sagen konnte. Meine Kollegin zog mich wieder rein. Wir riefen die Polizei, aber da war er schon weg. Danach kam er noch ab und zu vorbei und bedrohte mich: ‚Ich kriege dich! Ich zerschmettere deinen Kopf! Du wirst langsam sterben!' Ich bin nirgends alleine hingegangen. Ich hatte ständige Angst vor ihm. Erst als ich erfuhr, dass er im Gefängnis war, da lebte ich wieder ein wenig auf."

Die Entdeckung: „Nach einem halben Jahr Trennung von Jens saß ich mit meinem Vater am Frühstückstisch. Er las die ‚Bild'-Zeitung. Da stand als Überschrift: ‚Der Schlächter von Stuttgart gefasst!' Mein Vater las sich das durch und fragte mich danach: ‚Sag mal, Jasmin, kann das dein Ex sein?' Ich las nur die Überschrift und sagte: ‚Bist du verrückt? Mit so was macht man doch keine Scherze!' Meinem Vater ließ das aber keine Ruhe, er meinte, die Angaben könnten zu Jens passen. Also fuhr er los und holte sich die Tageszeitung – und er war es doch!"

Das Chamäleon: „Verhaltensveränderungen sind mir an ihm überhaupt nicht aufgefallen, niemandem eigentlich. Alle sagten hinterher zu mir: Sag mal, hast du denn nichts bemerkt? Nein, hatte ich wirklich nicht. Ich stellte dann jedem die Gegenfrage: Hast du denn nichts bemerkt? Alle verneinten, niemandem ist an Jens eine Veränderung aufgefallen. Na ja, außer meiner Mutter. Sie hatte von Anfang an ein eigenartiges Gefühl, was Jens angeht. Sie sagte mir immer wieder zwischendurch: ‚Jasmin, sei vorsichtig, mit dem stimmt was nicht.' Und ich hab immer geantwortet: ‚Ach Mama, der tut nichts, der kann keiner Fliege was zuleide tun.'"

Die Drohung: „Er hat mir aus dem Gefängnis einige Briefe geschrieben, in denen er mich heftig bedroht hat: ‚Irgendwann komme ich raus, dann kriege ich dich, dann töte ich dich!!!' Vor ein paar Jahren hatte ich doch tatsächlich die wahnwitzige Idee, ihn im Gefängnis zu besuchen und ihn zu fragen, ob er mich noch töten will oder ob er jetzt seinen Frieden gefunden hat. Dann habe ich mir aber gedacht: Nee, wenn du da jetzt hingehst, kriegt er vielleicht doch wieder einen Rappel, und seine Wut steigert sich noch (…) also habe ich es gelassen. Manchmal möchte ich ihm an die Gurgel gehen und ihn fragen, ob er überhaupt weiß, was er mir damit angetan hat. Aber das würde ihn nur freuen, denke ich."

Die Angst: „Ich werde seine Todesdrohungen niemals vergessen. Ich habe solche Angst, dass er entkommen könnte oder dass er doch entlassen wird. Warum er sich rächen würde? Nun, er gibt mir doch die Schuld an allem, dafür, dass er die armen Frauen hingemetzelt hat. Angeblich hätte er doch alles für mich getan!

Ich weiß, sein erster Weg wäre zu mir. Sie können sich nicht vorstellen, wie es ist (…) Ich habe Angst vor der Dunkelheit. Ich lasse meine Kinder nicht aus den Augen, so gut es geht. Ständig spüre ich diese Scheißangst (sorry) im Nacken. Wenn ich unter der Dusche stehe, habe ich Angst, die Augen zu schließen. Wenn ich dann ein Geräusch höre, springe ich aus der Dusche und zittere am ganzen Körper, schleiche durchs Haus, um zu sehen, ob da einer ist. Ich weiß ganz genau, so schrecklich sich das auch anhört, wenn er wüsste, wo ich lebe und dass ich mittlerweile Familie habe (…) ich wüsste ganz genau, was passieren würde: Erst bringt er meine Kinder um, damit ich auch leide, und dann mich. Genauso würde es ablaufen.

Die Hoffnung: „Ich versuche ja mit der Angst umzugehen, meistens klappt es auch ganz gut. Ganz ehrlich: Man soll ja niemandem etwas Schlechtes gönnen, aber wäre er tot (…) mein Leben wäre viel einfacher."

KAPITEL 5

Wenn die Kripo zweimal klingelt

„Du und ich laufen durch ein Geschäft.
Ich sehe eine Frau und denke: hübsch.
Das war es. Nun dieselbe Situation ohne dich.
Ich sehe die Frau,
und sobald ich sie nicht als hässlich einstufe,
flammt sofort die Bezeichnung *Schlachtvieh* durch meinen Kopf.
Alles um mich herum wird in Sekundenbruchteilen unwichtig.
Und es baut sich ebenso schnell eine Vorstellung darüber auf,
wie ich sie quäle.
Der Klaus, den du kennst, wird einfach zur Seite gedrängt."

„Ich habe halb scherzhaft, halb ernst zu ihm gesagt:
‚Klaus, bei deiner Kindheit ist das ein Wunder,
dass du noch nicht zum Frauenmörder geworden bist.'
Da hat er mir ins Gesicht geguckt und gesagt:
‚Ja, da hast du recht.'
Das war schockierend. Ich habe etwas gespürt,
aber nicht reagiert. Ich habe etwas gespürt,
aber ich wusste nicht, was.
Ich wusste nicht, was da verkehrt lief."

Es ist 6.15 Uhr, als es an der Haustür klingelt. Eichendorffstraße 65 in Bottrop, einer etwa 120.000 Einwohner zählenden Stadt im Nordwesten des Ruhrgebiets. Sechs-Parteien-Haus. Arbeitersiedlung. Hanna und Klaus Komanek sitzen gerade in der Küche ihrer 73 Quadratmeter großen Drei-Zimmer-Wohnung und frühstücken. Es ist der 23. November 1999, ein Dienstag. Sie schmiert Butterbrote für ihren Mann, er trinkt Kaffee. Die dreijährige Tochter Jeanette schläft noch. Ihre Eltern wundern sich. *Besuch? Um diese Uhrzeit?* Schließlich steht Hanna Komanek auf und öffnet die Tür einen Spaltbreit. Sie ist überrascht. Da stehen zwei fremde Männer vor ihr im Treppenhaus.

Einer der beiden zeigt ihr eine goldbraune, elipsenförmige Metallplakette, auf der deutlich „KRIMINALPOLIZEI" geschrieben steht, und fragt höflich: „Guten Morgen, sind Sie Frau Komanek?"

„Ja."

Die Ermittler nennen ihre Namen und sagen, sie seien von der Kripo Recklinghausen und Korbach. „Ist Ihr Mann da? Dürfen wir mal reinkommen?" Hanna ist verdutzt. Sie lässt die Beamten eintreten. Die 32-Jährige ahnt bereits jetzt, dass etwas nicht stimmt – auch wenn sie noch nicht weiß, warum die Kommissare gekommen sind. Wegen ihr wohl nicht. Wahrscheinlich wegen Klaus. Bestimmt wegen Klaus. Denn seit anderthalb Jahren wird ihre Tante vermisst. Schon mehrfach musste Klaus deswegen bei der Kripo aussagen. Passiert ist nichts. Gibt es jetzt Neuigkeiten? Hat man sie gefunden?

Nachdem sich die drei Männer bekannt gemacht haben, sagt einer der Kommissare ganz unaufgeregt Sätze, die das Leben der Familie Komanek schlagartig auf den Kopf stellen: „Es geht um die Tötung einer Frau im Jahre 1994 an der Autobahn Arnheim – Utrecht. An der Leiche sind Spermaspuren gefunden worden. Wir verdächtigen Sie, Herr Komanek, mit der Sache etwas zu tun zu haben." Der Beamte zieht ein Blatt Papier aus seiner Schreibkladde und gibt es dem 30-jährigen Dachdecker. „Das ist ein richterlicher Beschluss, der Sie verpflichtet, eine Speichelprobe für eine DNA-Vergleichsuntersuchung abzugeben."

Hanna Komanek erinnert sich dunkel an eine Begebenheit, kurz bevor sie geheiratet haben. Klaus hat tatsächlich mal etwas von einer Anhalterin erzählt, die er mitgenommen haben will. Die sei wohl auch zu Tode gekommen. Ein tragischer Unfall. Aber das war doch nur ein übler Scherz; eine dieser Schauergeschichten, mit denen ihr Mann sie immer mal wieder erschreckt hat. Gerede. Blödsinn.

„Sie können sich die aufwendigen Untersuchungen sparen."

Blickkontakt zwischen Hanna und Klaus Komanek.

„Ich habe die Frau getötet."

Hanna Komanek erstarrt. Das kann nicht wahr sein. „Sag, dass das nicht wahr ist!", schreit sie ihren Mann an. „Sag, dass das nicht wahr ist!" Sie schlägt die Hände vors Gesicht. Plötzlich steht Jeanette in der Küche und will in den Arm genommen werden. Klaus Komanek streichelt seiner Tochter über das Kopfhaar und nimmt sie hoch. Er sagt kein Wort. Doch seine Blicke verraten Hanna Komanek, dass ihr Mann nicht mehr wiederkommen wird. Abschied. Trennung. Dann wird Klaus Komanek aufgefordert, die Beamten zu begleiten.

Hanna Komanek läuft in der Wohnung auf und ab – wie ein Raubtier vor den Gitterstäben seines Käfigs, aus dem es doch nicht entkommen kann. Die bohrenden Fragen der Tochter kann und will sie nicht beantworten. „Papa muss was erledigen. Der kommt heute Abend wieder." Ausflüchte. Hanna Komanek ist schockiert und zutiefst verunsichert. Doch sie hält die Beschuldigung der Kripo besser für einen Irrtum. Das wird sich alles aufklären, hofft sie. *Jeder, aber doch nicht mein Klaus!*

Die folgenden Tage erlebt Hanna Komanek, als wäre sie von einem Grauschleier umgeben. Die Tochter hat sie bei ihrer Mutter untergebracht. Hanna Komanek will sich nicht von ihrer verletzlichen Seite zeigen. Nicht vor Jeanette. Vor niemandem. Hanna Komanek braucht Hilfe, doch die verweigert sie. Sie ruft nicht einmal ihre beste Freundin an. Sie geht auch nicht aus dem Haus. Sie schämt sich. Sie verkriecht sich förmlich. Dafür betet sie: *Lieber Gott, lass es nicht wahr sein, bitte.*

Es vergehen einige Tage, bis Hanna Komanek doch zum Telefonhörer greift. Schon zwei Stunden später kommt eine Dame zu ihr, die vor allem zwei Voraussetzungen für ein so intimes Gespräch erfüllt: Anonymität, Vertraulichkeit. Die Frau ist Telefonseelsorgerin und macht in dringenden Fällen auch Hausbesuche.

Schnell kommen die Frauen ins Gespräch. Während der mehrstündigen Unterhaltung erfährt Hanna Komanek menschliche Nähe, Zuwendung, Verständnis. Da ist jetzt endlich jemand, mit dem sie sprechen kann. Über alles. Und sie redet, redet, redet. Mit jedem Satz, den sie loswerden kann, verringert sich die Beklemmung, die bleischwer auf ihr lastet, die sie lähmt. Es ist wie ein Auftauchen, nach Luft schnappen, atmen, leben. *Vielleicht war der Tod dieser Anhalterin doch ein Unfall,* macht sie sich neuen Mut, nachdem die Frau gegangen ist. Hanna Komanek ahnt nicht, dass ihr noch grauenhafte Dinge bevorstehen, die sie bis an die Grenze ihrer körperlichen und seelischen Belastbarkeit führen werden – und weit darüber hinaus.

Vier Tage nach der Verhaftung ihres Mannes stehen an einem Samstagmorgen wieder zwei Kriminalbeamte vor der Tür, diesmal bitten sie Hanna Komanek, mit aufs Präsidium zu kommen. „Sie müssen jetzt verdammt stark sein", sagt einer der Beamten, „Ihr Mann wird Ihnen gleich von weiteren Morden erzählen." Der Kommissar gibt Hanna Komanek auf dem Weg ins Präsidium einige Verhaltensratschläge: „Widersprechen Sie Ihrem Mann nicht. Weinen Sie nicht. Schreien Sie nicht." Erst jetzt drängt sich ihr eine Frage auf: „Weshalb muss ich denn dabei sein?" Der Fahnder antwortet, ihr Mann habe darauf bestanden, er wolle nur ihr von den Taten erzählen.

Und das soll Klaus Komanek im Zimmer Nummer 211 tun, dem Vernehmungsraum der Mordkommission. Langsam geht Hanna Komanek auf ihren Mann zu, streicht ihm über den Kopf, küsst ihn auf die Stirn. Klaus Komaneks Gesicht ist aschfahl. Ein Kripomann versorgt alle Anwesenden mit Kaffee. „Ich habe noch zwei Frauen umgebracht", sagt Klaus Komanek plötzlich in die bedrückende Stille hinein. Er wirkt noch etwas unentschlossen, zögerlich. „Zwei Prostituierte vom Straßenstrich." Er kann und will seine Frau nicht ansehen. Auch Hanna Komanek scheut den Blickkontakt und starrt lieber auf ihre Kaffeetasse, die unberührt vor ihr auf dem Tisch steht. Dann beginnt ihr Mann von jenem Tag zu erzählen, an dem er zum Mörder werden sollte.[1] Es ist seine Version. Eine Geschichte.

„Das war im Herbst 1994", beginnt Klaus Komanek sein Geständnis. „Zwei Tage, bevor meine Freundin aus der Türkei zurückkam. Am Telefon hatte sie mir schon gesagt, dass sie zu ihrem Ex-Freund zurückkehren würde, sobald sie wieder in Deutschland wäre. Damals habe ich noch bei meiner Oma gewohnt. Nach dem Anruf bin ich erst mal nach Hause gefahren. Ich habe meiner Oma von der Sache mit meiner Freundin erzählt. Sie meinte, ich sollte nicht so viel Selbstmitleid haben

---

1 Als Grundlage für die Rekonstruktion und Wiedergabe der kriminalpolizeilichen Vernehmung dienten insbesondere folgende Quellen: Engler, K./Ensink, H.: Der „Rhein-Ruhr-Ripper". Bericht über Highlights, Frust, Zufälle und erzwungenes Glück in 17 Monaten Ermittlungsarbeit bis zur Überführung des Serientäters „Klaus Komanek". Der Kriminalist 2001, S. 17, 19 ff.; Klages, P.: Vom Opfer zum Serienmörder. Die exemplarische Darstellung einer authentischen Geschichte der Opfer-Täter-Entwicklung im Kontext mit pädosexuellen, nekrophilen, sodomistischen und anderen tierquälerischen Taten, Grin: München 2008, S. 125 ff.

und mich in den Wagen setzen und ein bisschen herumfahren. Einfach mal auf andere Gedanken kommen."

Am Abend des 8. September sei er ziellos im Bereich des Autobahnkreuzes „Kaiserberg" unterwegs gewesen, das an diesem Punkt die Autobahnen 40 und 3 miteinander verbindet. Komanek, damals 25-jährig, habe seinen roten Mazda 323 benutzt, der mit Oberhausener Kennzeichen auf seine Mutter zugelassen gewesen sei. Es habe zu dieser Zeit heftig geregnet.

„Dann habe ich diese Frau gesehen, die wollte trampen. Da habe ich gedacht: Ein Mädchen alleine um diese Uhrzeit, das kann gefährlich werden. Zu diesem Zeitpunkt hatte ich noch keinen Hintergedanken. Sie sah auch klatschnass und ziemlich fertig aus."

Komanek erzählt, er habe angehalten und die Anhalterin aufgenommen. Es ist Katherine Jackson, eine aus Südafrika stammende Studentin. Die Frau habe ihm auf Englisch gesagt, dass sie aus Österreich komme und nach Leiden in den Niederlanden wolle. Die 28-Jährige jobbt jeweils einige Monate im Norden der Niederlande, in der übrigen Zeit trampt sie quer durch Europa oder studiert. Katherine will die Welt kennenlernen. Und die Menschen. Sie ist sehr kontaktfreudig.

„Ich habe sie gefragt, ob sie hungrig wäre, und ihr angeboten, ihre Klamotten zu trocknen. Das hat sie freudig bejaht."

Die beiden seien zunächst zur Raststätte „Bottrop" an der Autobahn 2 gefahren und hätten dort gegessen und sich unterhalten. Als Katherine erfahren habe, dass Komanek nur einige Kilometer von der Raststätte entfernt wohnte, sei ihm von der Frau spontan angeboten worden, mit ihr bei ihm zu Hause Sex zu haben. Anderthalb Stunden lang hätten sie in der Wohnung seiner Oma verbracht und seien dabei auch intim geworden. Irgendwann habe Komanek der Frau angeboten, sie bis nach Leiden zu fahren. Die Frau habe den Vorschlag gerne angenommen. Nach einigen Minuten Fahrt habe Komanek den Wagen stoppen müssen. Pinkelpause. Wenig später sei es zur Katastrophe gekommen.

„Als ich fertig war, bin ich um den Wagen herumgegangen, auf die Beifahrerseite, und es war klar, in zehn Minuten ist sie weg. Ich wollte mich einfach für den wahnsinnig netten Abend bedanken. Ich hatte den Abend wie ein Geschenk angesehen. Sie stand noch vor der Beifahrertür, da bin ich auf sie zu, habe sie umarmt und habe ihr mit meinem gestammelten Englisch zu verstehen gegeben, dass ich mich dafür bedanken wollte. Sie hat mich auch umarmt. Und auf einmal schlug die ganze Situation radikal um.

Plötzlich hatte sie meine Pistole in der Hand. Die hatte ich dabei und trug sie im offenen Gürtelhalfter. Sie hatte die Waffe auf mich gerichtet. Ich war völlig perplex. Sie forderte Geld. Ich habe meine Brieftasche rausgenommen. Zuerst einmal ganz langsam von den Bewegungen her habe ich ihr die vor die Füße geworfen. Mit Bedacht das Ganze. Ich dachte, wenn irgendetwas fällt, verfolgt sie das mit den Augen. Das hat sie auch getan, und dieser Moment hat ausgereicht, dass ich zuschlagen konnte. In einem kleinen Gerangel habe ich ihr die Waffe abgenommen. Ich war durch die ganze Situation ziemlich aufgeregt. Sie dann aber auch, als ich ihr die Waffe abgenommen hatte. Da hat sie gekreischt. Ich stand dann vor ihr und habe geflattert. Ich habe ihr gesagt, sie solle ihre Sachen aus dem Wagen herausnehmen, sie solle verschwinden.

Dann hat sie sich auch in Richtung Wagen begeben, hat hinten die Sachen rausgeholt, und nachdem sie fertig war, war sie auf einmal wie umgewandelt: absolut ruhig, während sie vorher ziemlich hysterisch war. Sie sagte so sinngemäß, dass wir analen und vaginalen Sex gehabt hätten und ich niemals würde beweisen können, dass sie das gewollt hätte. Ich habe das so aufgefasst, wie es wohl auch gemeint gewesen war: Wenn du mich hier aussetzt, zeige ich dich an wegen Vergewaltigung. Da war mir klar, über die DNA-Nachweismöglichkeiten könnte ich mich gegen diesen Vorwurf in keiner Weise wehren. Und bei mir ist die Aufregung einfach in einen ganz tiefen und dumpfen Zorn umgeschlagen. Ohne großartig nachzudenken, was ich da überhaupt mache, hatte ich die Waffe, die ich vorher auf Bauch- oder Brusthöhe gehalten hatte, hochgenommen und klipp und klar auf die Stirn gezielt und abgedrückt. Sie brach sofort zusammen. Es hat eine ganze Zeit lang gedauert, bis ich realisiert habe, was passiert war. Es hat mir wahnsinnig leidgetan, denn ich habe sie wirklich gemocht."

Schließlich erzählt Komanek noch, wie er der Leiche mit einem Teppichmesser den Kopf und die Hände abgeschnitten und den toten Körper missbraucht habe. Nach einer Zeit habe er den Leichnam „bearbeitet wie ein Metzger", also mehrere unterschiedlich tiefe Schnitte an Brüsten, Bauch und im Lendenbereich gesetzt. Das Opfer sei von ihm in Rückenlage mit leicht gespreizten Beinen und abgewinkelten Armen am Straßenrand liegen gelassen worden – eine bewusste Provokation. Er habe die Menschen schockieren wollen. Die abgetrennten Leichenteile und die Bekleidung des Opfers habe er danach an verschiedenen Stellen abgelegt, um der Polizei die Arbeit zu erschweren. Erst danach sei er wieder „in die Normalität zurückgekehrt".

Die kann es für seine Frau nun nicht mehr geben. Hanna Komanek ist plötzlich mit einem Serienmörder verheiratet, der ihr kurz darauf zwei weitere Gräueltaten aus den Jahren 1996 und 1998 beichtet. Mit monotoner Stimme und ohne erkennbare Erregung schockiert und quält er seine Frau mit weiteren Einzelheiten, die das menschliche Vorstellungsvermögen übersteigen und aus einem besonders üblen Horrorfilm stammen könnten, aber doch wahr sind. Hanna Komanek ist entsetzt. „Nicht noch mehr Details", bittet sie ihren Mann. Doch der zeigt sich unbeeindruckt und erzählt weiter. Hanna Komanek hört die sonst so vertraute Stimme ihres Mannes wie durch einen dichten Nebel, teilweise kann sie ihn kaum verstehen. Als Klaus Komanek endlich zum Ende kommt, zeigt seine Frau auch körperliche Reaktionen: Sie kann nicht weinen, ihr wird schlecht, der Kreislauf versagt. Die Beruhigungsspritze des herbeigerufenen Notarztes stabilisiert sie wenigstens physisch. Trotz alledem gibt sie Klaus später noch einen Abschiedskuss; genau jenem Mann, der ihr und der Tochter die Zukunft genommen und auch sie zu seinen Opfern gemacht hat.

Ein Kommissar rät Hanna Komanek, ihre Wohnung möglichst bald zu verlassen, weil die Presse in den nächsten Stunden informiert werden müsse und sie danach „keine ruhige Minute mehr haben" werde. Der Beamte hat recht. Hanna Komanek überlegt, für eine Zeit bei ihrem Bruder unterzukommen. Der Kripomann ruft dort an, aber er bekommt von der Schwägerin eine ablehnende Antwort: Es sei kein Platz vorhanden, heißt es lapidar. Kein Platz für eine Frau, deren Leben in Trümmern liegt. Eine plumpe Ausrede. Eine schallende Ohrfeige. Kein Zusammenrücken in der Not. Hanna Komanek beginnt allmählich zu spüren und zu begreifen, wie ihr neuer sozialer Status definiert wird: Frau eines Monsters. Sie schämt sich. Dieser quälende Gedanke der gesellschaftlichen Ächtung und die soeben erlittene Schmähung verunsichern sie derart, dass sie niemand mehr um Hilfe bitten mag. Keine Demütigung mehr. Stunden später sucht sie mit ihrer Tochter Zuflucht im Frauenhaus.

Am nächsten Tag.

Annemarie Pallaske wohnt mit ihrem Mann Joachim in Dodenau, einer knapp 1.500 Einwohner zählenden Gemeinde in Nordhessen. Dodenau ist ein staatlich anerkannter Luftkurort und liegt im oberen Ederbergland am Fuße des Rothaargebirges, nur einige Kilometer von der Grenze zu Nordrhein-Westfalen entfernt. Hier leben „in nahezu unberührter Natur, einem gesunden Klima nette Menschen in einer ländlichen Idylle", heißt es auf der Homepage der Ortschaft.

Wieder ist es ein Schellen, das die unumkehrbare Zäsur im Leben zweier Menschen einleitet. Diesmal klingelt im Hause Pallaske morgens gegen 10.30 Uhr das Telefon. Annemarie Pallaske sitzt vor dem Computer und spielt Solitär, das macht sie immer um diese Zeit. Ihr Mann steht unter der Dusche. Jemand, der sich als Kriminalbeamter aus Korbach vorstellt, ist am Apparat und sagt ohne Vorwarnung: „Frau Pallaske, bevor Sie es aus der Presse erfahren oder die gleich bei Ihnen vor der Tür stehen – Ihr Sohn hat gestanden, drei Frauen umgebracht zu haben." Der Kripomann sagt nichts weiter und legt auf. Keine Erklärungen. Nur eine Information. Kein Nachfragen. Nur noch Dunkelheit. Annemarie Pallaske ist wie vor den Kopf geschlagen. Die 49-Jährige ist die Mutter von Klaus Komanek. Annemarie Pallaske kann keinen klaren Gedanken fassen, wie versteinert steht sie da, den Telefonhörer noch in der Hand. Sie zweifelt nicht an den Worten des Kommissars. Sie hat es geahnt. Die Mutter von drei Kindern erinnert sich schlagartig an die Geschichte mit den Tarotkarten. Vier Jahre ist das jetzt her. Und sie erinnert sich an das, was Klaus ihr damals anvertraut hat: die Sache mit der Anhalterin.

Als Joachim Pallaske in die Küche kommt, sieht er seine Frau auf einem Stuhl sitzen: das Gesicht tief in beide Hände vergraben, hemmungslos weinend, stöhnend. „Was hast du?" Keine Antwort. „Anne, bitte, was ist denn los?" Mit tränenerstickter und stockender Stimme erzählt Annemarie Pallaske ihrem Mann, was ihr vor Minuten am Telefon berichtet worden ist: drei Morde, ein Täter – Klaus. Schweigen. In der nächsten halben Stunde fällt kein Wort. Annemarie und Joachim Pallaske sind sprachlos. Sie halten sich lieber aneinander fest. Durch dick und dünn, haben sie sich einst geschworen. Jetzt ist es so weit.

Aus dem Fernsehen erfahren sie, was Klaus gemacht haben

soll. Unfassbar. Ein Polizeisprecher sagt vor laufender Fernsehkamera, ihr Sohn sei „einer der schlimmsten Serienmörder, die in den letzten Jahren gefasst wurden". Ein Satz wie ein Donnerschlag. Es dauert nicht lange und ihr Haus wird von Journalisten belagert, die auf der Jagd nach Bildern und Informationen sind. Die Story des Schlächters muss medial ausgeschlachtet werden. Annemarie und Joachim Pallaske löschen im Haus das Licht. Sie wollen nicht gesehen werden. Sie wollen nicht bedrängt werden. Nicht jetzt.

Annemarie Pallaske weiß genau, wer an diesem Drama schuld ist: sie selbst. Denn sie ist passionierte Jägerin. Und sie hat ihrem Sohn einst das Jagen beigebracht. Sie hat ihm gezeigt, wie man Wild aufbricht. Klaus hat die Frauen also ermordet und verstümmelt, weil sie ihm das nötige Know-how vermittelt hat. Schuldig! Und wer sich schuldig fühlt, verhält sich auch dementsprechend. Annemarie Pallaske verlässt das Haus nur noch dann, wenn es gar nicht anders geht. Am liebsten würde sie sich in einem Erdloch verkriechen. Alle Menschen im Dorf wissen, dass sie die Mutter des „Rhein-Ruhr-Rippers" ist. So verunglimpft ihn die „Bild"-Zeitung, wenn sie ihre Leserschaft mit gruseligen Details schockt. Andere bunte Blätter schreiben nur noch von der „Bestie". Annemarie Pallaske fühlt sich permanent beobachtet und erkannt. Sie hat zwar kein Schild mit der Aufschrift „Ich bin die Mutter eines grausamen Serienkillers" vor dem Bauch, doch es kommt ihr so vor.

Die Reaktionen in der eigenen Familie sind ganz unterschiedlich. Annemarie Pallaskes Ex-Mann möchte nicht mehr mit ihr reden und verbittet sich jeden weiteren Kontakt. Alle Familienmitglieder von Joachims Seite flüstern ihrem Mann dasselbe zu: „Lass dich von dieser Frau scheiden, sofort." Joachim Pallaske will davon nichts wissen. In guten wie in schlechten Zeiten – für den 68-Jährigen ist das nicht nur eine Phrase. Er beherzigt dieses Versprechen.

Auch die Mitbewohner des Dorfes wissen nicht, wie sie sich gegenüber der jetzt schlagartig prominent gewordenen Frau verhalten sollen. Annemarie Pallaske ist leidenschaftliche Orgelspielerin. Der Konzertveranstalter, mit dem sie jahrelang erfolgreich zusammengearbeitet hat, will fortan nichts mehr mit ihr zu tun haben. Sippenhaft. Viele Dorfbewohner drehen sich um, wenn sie Annemarie Pallaske sehen, oder sie grüßen einfach nicht mehr. Andere wiederum spenden Trost und bieten Hilfe an. Doch Annemarie Pallaske wehrt ab. Wer schuldig geworden ist am Verderben von drei jungen Frauen, der verdient keine Hilfe, der verdient nicht einmal Mitleid, der gehört bestraft.

Die ersten Tage im Frauenhaus sind für Hanna Komanek ungewohnt. Sie ist mit der Tochter in einem kleinen Zimmer untergebracht, das nur spärlich möbliert ist. Dann bekommt sie Post von der Kripo. Klaus hat ihr einen Brief geschrieben. Die sechs eng beschriebenen Seiten sind übertitelt mit „An meine geliebte Frau und irgendwann für meine Tochter Jeanette". Ihr Mann verbreitet sich abermals in aller Ausführlichkeit über seine schauderhaften Verbrechen. Hanna Komanek schreibt noch am selben Tag zurück und schließt ihren Brief mit der Frage: „Warum hast du uns das angetan?" „Meine Kleine", antwortet Klaus, „lange bevor wir uns kennenlernten, gab es in mir schon etwas, das ich nur unzureichend als die dunkle Seite bezeichnen kann. (…) Ich beschreibe es mal so: Du und ich laufen durch ein Geschäft. Ich sehe eine Frau und denke: hübsch. Das war es. Nun dieselbe Situation ohne dich. Ich sehe die Frau, und sobald ich sie nicht als hässlich einstufe, flammt sofort die Bezeichnung *Schlachtvieh* durch meinen Kopf. Alles um mich herum wird in Sekundenbruchteilen unwichtig. Und es baut sich ebenso schnell eine Vorstellung darüber auf, wie ich sie quäle. Der Klaus, den du kennst, wird einfach zur Seite gedrängt. Ich spaltete mein Denken in zwei Gruppen: eine böse Seite, von der nie jemand etwas erfahren durfte, und die gute, die jeder sehen durfte. Dieser tobende Konflikt glich immer mehr einem Krieg, den ich gegen mich selber führte. In Alltagssituationen waren es immer nur kurze Impulse; anders war es, wenn Klaus an einer Kränkung zu kauen hatte. Dann bekamen diese dunklen Gedanken die vollkommene Kontrolle über mich. Dein Klaus saß dann nur noch als gefesselter Beobachter in der Ecke." Hanna Komanek liest den Brief mehrmals, doch auch danach bleibt er ihr zu großen Teilen rätselhaft und unverständlich. Und von nun an quälen sie zwei Fragen besonders: *Warum habe ich von alldem bloß nichts bemerkt? Was habe ich dazu beigetragen, dass alles so gekommen ist?*

Genau diese Fragen beschäftigen auch Annemarie Pallaske. Zu ihrer Schwiegertochter hat sie keinen Kontakt mehr, es kriselte aber schon vor Klaus' Verhaftung zwischen den Frauen. Annemarie Pallaske hält zu ihrem Sohn, egal, was die Zeitungen schreiben, egal, was die Leute sagen. Sie kann und will nicht anders. Doch es fällt ihr schwer, jemandem beizustehen, der so vielen Menschen unendliches Leid zugefügt hat: den Opfern, deren Angehörigen, seiner eigenen Familie, besonders seiner Tochter, aber auch seiner Frau, seinem Stiefvater und nicht zuletzt auch ihr selbst.

Annemarie Pallaske ist unschlüssig, betroffen, verlegen, verwirrt. Sie bringt „den einen und den anderen Klaus" einfach nicht zusammen, den lieben Sohn und den bösen Killer. Wer ist Klaus wirklich? Wen hat sie da umsorgt und großgezogen?

Der erste Besuch im Untersuchungsgefängnis verläuft ganz anders als erwartet. Da kommt ihr der eigene Sohn entgegen, den sie zu kennen glaubt, alles scheint wie immer zu sein, doch er ist nicht dieselbe Person. Die Wut kocht in ihr hoch. „Bist du denn total bescheuert?", schleudert sie ihm entgegen. Dann schwenkt sie schnell um: „Jetzt kommt das vom Tisch. Wir reden jetzt so." Waffenstillstand. Und dann wird eben „so" gesprochen, Belangloses.

Einige Tage später bekommt Annemarie Pallaske einen Brief, in dem Klaus ihr erstmals von seinen Verbrechen schreibt. Nicht ohne Grund steht auf dem Kuvert: „Warnung. Diese Seiten nur lesen, wenn Du in guter Verfassung bist. Sie sind stellenweise sehr schlimm." Obwohl Annemarie Pallaskes Stimmung nicht schlechter sein könnte, liest sie den Brief. Manche Passagen sind so grauenerregend, dass es ihr den Atem nimmt. „Sie lag vor mir", steht da geschrieben. „Aus dem Werkzeugkoffer nahm ich einen Cutter und setzte am Hals an (…) Nachdem ich das Brustbein durchtrennt hatte, zerrte ich das warme Herz heraus (…)" Annemarie Pallaske schießen die Tränen in die Augen, sie rennt aufs Klo, erbricht. Sie vermutet, dass Klaus ihr all das aufgeschrieben hat, um sie zu quälen. Das ist ihm gelungen. Annemarie Pallaske findet in den nächsten vier Wochen kaum Schlaf, sie taumelt nur noch durchs Leben, orientierungslos, kraftlos, mutlos.

Nach einer Zeit kommt der nächste Brief ihres Sohnes, diesmal ist der Inhalt wieder anstrengend, aber auszuhalten. „(…) Zur Zeit meiner Verhaftung stand ich an einer Übergangsschwelle", schreibt Klaus, „vom perversen Sex-Verbrecher zur nächsthöheren Stufe, die über die sexuelle Stimulation, bezogen auf ein einzelnes Opfer, weit hinausgeht. Wo das dann geendet hätte, vermag ich nicht abzusehen! (Du weißt, dass ich über sehr viel Phantasie verfüge.) (…) Wenn Du meinst, dass ich meine Taten jetzt bereue, so ist das nur bedingt richtig, da ich nicht sicher bin, ob ich ‚Reue' richtig definiere. Das Wissen um meine Handlungen erfüllt einen Teil von mir mit unsäglichem Schmerz und dem Wunsch, all das ungeschehen zu machen. Eine Mischung aus Trauer, Mitleid, Verzweiflung und Wut. Meine andere Seite ist für diese Empfindungen völlig unempfindlich.

Dass die mich erwartende Strafe, wahrscheinlich Lebenslänglich mit anschließender Sicherheitsverwahrung, lauten wird, liegt auf der Hand. Dies ist meiner Meinung nach nicht genug. Denn: Der Entzug der Freiheit kann keine ausreichende Sühne für die Beendigung von effektiv vier Menschenleben und die Schmerzen, die ich den Angehörigen zugefügt habe, sein. Die Verhältnismäßigkeit zwischen Tat und Strafe stimmt nicht. Da unser Rechtssystem dazu neigt, einen Täter als ‚bedauernswertes Opfer' widriger Umstände anzusehen, und versucht, selbst die härtesten Fälle zu resozialisieren, sehe ich eine gewisse Wahrscheinlichkeit, dass ich nach 15 bis 25 Jahren freikommen könnte. Nun ist dieser destruktive Teil von mir dermaßen tief in meiner Persönlichkeit verwurzelt, dass ich der Überzeugung bin, dass auch ein 60- oder 70-Jähriger noch erheblichen Schaden anrichten kann.

Auch wenn ich mich zurzeit nicht mit Fluchtgedanken trage, so ist die Gefahr latent vorhanden. Eine Tatwiederholung oder das Ausleben von weiterentwickelten Phantasien wäre dann möglich. Ein Tag in der JVA (= Justizvollzugsanstalt, Anm. S. H.) kostet mindestens 150 Mark. Rechne mal hoch, wie viel da zusammenkommt. Wie kann es einer Person vergönnt sein, im Schutz und in der Pflege eines Staates ein menschenwürdiges Leben zu führen, wenn er durch seine Taten bewiesen hat, dass er es anderen nicht zugesteht?

Dies ist, stark zusammengefasst, meine Ansicht über dieses Thema. Ein weiterer Aspekt ist, dass eingesperrt sein von mir nicht als Strafe empfunden wird. Es stört mich kaum. Einzig der fehlende Kontakt zu Hanna und Jeanette schmerzt mich. Mir ist völlig klar, dass ich mit meinem Ansinnen gegen Windmühlen ankämpfe. Sollte es sich erweisen, dass mein Anliegen vor Gericht abgeschmettert wird, bleibt bei mir immer noch die Option des Suizids (…)"

Annemarie Pallaske liest den Brief viele Male. Klaus hat es unausgesprochen gelassen, doch er fordert für sich die Todesstrafe. Es dauert einige Tage, bis seine Mutter die Bereitschaft spürt und genug Kraft hat, um ihrem Sohn zu antworten. „(...) Ich weiß, dass Du mir von der ersten Tat mit der Anhalterin erzählt hast", antwortet sie schließlich. „Nur leider habe ich das nicht ernst genommen. Heute weiß ich: Das war ein Hilferuf. Du wolltest, dass ich zur Polizei gehe. Doch ich wollte und konnte nicht glauben, dass mein Junge so etwas getan hat. Ich habe damals gefühlsmäßige Qualen durchlebt. Welche Mutter zeigt schon ihren eigenen Sohn an?

Ich hoffe, Dein böser Teil kann später auch bereuen. Ich habe Angst, dass Deine Wut auf Dich selbst im Selbstmord endet. Ich sage Dir: Du darfst Dich der Verantwortung nicht entziehen, sondern musst die Strafe durchhalten. Nur wenn Du lebst, kannst Du bereuen, denn an ein höheres Gericht nach dem Tode glaubst Du schließlich nicht. Außerdem wäre der Tod keine Strafe für Dich. Glaubst Du wirklich, dass es keine Strafe ist, eingesperrt zu sein? Ich denke, es wäre fast eine Begnadigung, wenn Du nicht mehr lebst. Dass Du im Gefängnis nicht leidest, glaube ich Dir nicht. Die Todesstrafe kann ich als Mutter nicht akzeptieren. Egal was Du getan hast, ich will Dich nicht sterben sehen. Dann verliere ich Dich ganz."

Hanna Komanek verfolgt aufgekratzt und argwöhnisch die Berichterstattung in der Boulevardpresse – jeden Tag eine neue Schlagzeile, die sie verstört: „Die Todesspur des Rhein-Ruhr-Rippers", „Der Frauen-Schlitzer vom Rhein", „Das Doppelleben der Sex-Bestie", „Er mordete mit einem Lächeln", „Der schlimmste Serienmörder Deutschlands". Die 32-Jährige ist eine durchaus selbstbewusste Frau, hübsch, dunkles und schulterlanges Haar, gelockt, offener Blick. Wie passt diese Frau zu einem Mann, der seine Opfer zu Tode foltert, verstümmelt, ausweidet, ihnen Kopf und Hände abhackt?

Die Lebenslinien von Hanna und Klaus kreuzen sich auf ungewöhnliche Weise. Klaus' Mutter hat eine Bauchtanzgruppe.

Hanna ist auch dabei, und ein Bild von ihr hängt in der Tanzschule an der Wand. Es zeigt eine schlanke und feminine Frau in einem orientalischen Gewand, bauchfrei. Klaus verliebt sich auf der Stelle in die Bauchtänzerin auf dem Foto. Einige Tage später, es ist der 31. März 1995, steht er in dem Laden, in dem sie jobbt. „Ich will dich kennenlernen", sagt er mit einem etwas ängstlichen Lächeln. Klaus sieht in seiner braunen Lederjacke, dem bunten Hemd und der verwaschenen Jeans recht gewöhnlich aus, aber er hat ein ungewöhnliches Geschenk mitgebracht: ein Pfund Hackfleisch für die hungrigen Katzen im Hinterhof. Hanna und Klaus sprechen nur kurz miteinander und verabreden sich spontan für den nächsten Tag.

Sie lernt ihn als sensiblen, charmanten und eher schüchternen Mann kennen. Klaus gefällt ihr auch äußerlich, genau ihr Typ – schlanke Figur, kräftige Oberarme, schöne Beine; wie ein Balletttänzer, findet sie. Ihr Traummann. Hanna kann zu diesem Zeitpunkt nicht ahnen, dass sie sich in einen Mann verliebt hat, der bereits zum Mörder geworden ist. Katherine Jackson ist seit etwa sieben Monaten tot.

Bereits nach zwei Wochen zieht Hanna bei Klaus ein. Er wohnt bescheiden: zwei Zimmer, Küche, Diele, Bad, 50 Quadratmeter. Klaus gibt sich alle Mühe, damit Hanna sich bei ihm heimisch fühlen kann. Er zimmert ein Bett aus Spanplatten und streicht die Wände rosa. Hannas Leben fühlt sich jetzt genauso an: als hätte es jemand rosa angestrichen. Klaus ist so vorsichtig, nicht fordernd, so sanft. Er ist nicht so wie die anderen Männer. Hanna ist fasziniert. Außerdem hat er einen festen Job und umsorgt seine Freundin, versucht ihr jeden Wunsch zu erfüllen. Auch gefällt ihr, dass er sie nicht dominieren will und ihr das Gefühl gibt, um ihrer selbst willen geachtet und geliebt zu werden. Hanna zweifelt nicht, den Mann fürs Leben gefunden zu haben. Sie möchte mit Klaus alt werden.

Der Heiratsantrag kommt zwei Monate später. Formsache. Er

will. Sie will. Kurze Zeit darauf legt sich erstmals ein dunkler Schatten auf das junge Beziehungsglück. Klaus erzählt seiner Verlobten nach dem Abendessen – einfach mal so zwischendurch –, dass er vor einiger Zeit eine Anhalterin getötet und den Kopf des Opfers in den Rhein geworfen habe. Er verzieht dabei keine Miene. Es ist, als hätte er gerade ein Geständnis abgelegt. Als wäre es wahr. *Das stimmt nicht*, denkt Hanna, *das kann nicht sein*. „Hör auf mit dem Unsinn!", faucht sie ihn an. Hanna vermutet, er hat ihr dieses Schauermärchen aufgetischt, um sie zu testen, ihre Liebe, ihr Vertrauen. Sie ist aber auch wütend. Mit so etwas scherzt man nicht. Irgendwann gibt er eine Begründung: „Ich will wissen, wie stark deine Liebe zu mir ist." Der Abend ist trotzdem hinüber, beide fühlen sich unverstanden und schmollen. Doch auch in den nächsten Tagen lässt Hanna die Geschichte nicht los. *Was, wenn da doch etwas dran ist?* Hanna telefoniert mit Klaus' Mutter. Annemarie Pallaske tut die Erzählung ihres Sohnes als eine seiner üblichen Horrorstorys ab, er habe immer schon solche Geschichten erfunden, um Aufmerksamkeit zu erregen, beruhigt sie die Schwiegertochter. Sie solle das nicht so ernst nehmen. Hirngespinste. Hanna lenkt schließlich ein. Annemarie muss es wissen. Sie ist seine Mutter.

Am 29. August 1995 wird auf dem Standesamt in Essen geheiratet. Sie im weißen Kleid mit einem Strauß Sonnenblumen in der Hand, er im altrosafarbenen Jackett und bunter Krawatte. Die Flitterwochen verbringt das Paar in Dodenau, im Haus seiner Eltern. Klaus geht öfter jagen, er besitzt einen Jagdschein. Die Waffen hat er bei den Eltern deponiert. Seiner Frau beschreibt er einmal nach der Jagd begeistert und ausführlich, wie man ein Reh fachgerecht ausweidet. Hanna bemerkt nicht, dass es in den Gedanken ihres Mannes eine Frau ist, die aufgebrochen wird. Wie sollte sie auch dahinterkommen?

Immer wieder verblüfft Klaus seine Frau mit Kenntnissen, über die eigentlich nur Ärzte verfügen oder Personen, die mit der

Anatomie des menschlichen Körpers vertraut sind. Ein Herz sei so groß wie eine Faust, erklärt er, eine Gebärmutter so groß wie eine Birne. Und das Gehirn sei grau, wenn man es bei Tageslicht betrachtet. Diese Merkwürdigkeiten sind Hanna nicht gleichgültig, doch sie geht dem Gefühl nicht weiter nach, das sich langsam in ihrem Unterbewusstsein einschleicht: Da stimmt etwas nicht. Mit ihm stimmt etwas nicht. Der andere Klaus, der jeden Tag seiner ultimativen Wunschvorstellung nachhängt, beim Geschlechtsverkehr dem sterbenden Opfer ans pochende Herz zu fassen, bleibt ihr weitestgehend fremd und verborgen.

Anfang 1996 ziehen Hanna, Klaus und seine Eltern aufs Land ins nordhessische Dodenau. Hanna ist begeistert. Landleben. Ländliche Idylle. Dafür hat sie immer schon geschwärmt. Alles passt zusammen. Im Juli 1996 wird Jeanette geboren. Endlich sind sie eine Familie. Und Hanna erlebt Klaus als liebevollen Vater, der die Windeln wechselt, mit seiner Tochter schmust, ihr Gute-Nacht-Geschichten vorliest oder sie stundenlang auf dem Arm hat, weil Jeanette Zähne bekommt und viel weint. Hanna hält ihr Familienleben für ein großes Glück. In Wirklichkeit ist es eine große Lüge. Denn Klaus hat Hanna auch geheiratet, um von seinen Perversionen und Obsessionen loszukommen. Vielleicht geht es ihm weniger um Frau und Kind, sondern vielmehr um sich selbst – ein von vornherein zum Scheitern verurteilter Selbstheilungsversuch.

Schon bald werden erste Anzeichen sichtbar, die Hanna zu denken geben und das Familienleben belasten: Klaus verliert seine Arbeit, bekommt eine neue Chance, wird aber in der Probezeit gekündigt. So passiert es häufiger. Klaus ist unreif und unstet. Ein geregelter Tagesablauf engt ihn ein. Denn er will eigentlich viel lieber auf die Jagd gehen und junge Frauen aufstöbern, die seine maßlose Wut und seine ungeheure Macht spüren sollen. Klaus weiß nicht, wo er hingehört. Permanent pendelt er hin und her. Da sind zwei Pole, die ihn magisch anziehen, die aber unvereinbar bleiben: seine Familie, die Mordlust. Immer wieder gerät er zwischen diese Erlebniswelten, die wie Mahlsteine gegeneinanderarbeiten. Es ist ein ständiger Kampf zwischen Lust und Frust, dem er auf Dauer nicht standhalten kann und will, der ihn müde und mürbe macht. Es gibt kein Entrinnen. Er muss sich entscheiden. Irgendwann.

Hanna weiß nichts von der seelischen Zerrissenheit ihres Mannes und seinen zerstörerischen Phantasien, jenem Abgrund, dem sie und ihre Tochter schon so nahe sind. Allerdings bleiben die ehelichen Verhältnisse hiervon nicht unberührt. Je länger die beiden verheiratet sind, desto häufiger geht Klaus in den Keller des Hauses, den sonst niemand betreten darf. Seine Frau erfährt nicht, was er dort treibt. Stundenlang, vor allem nachts, werkelt er da unten, versucht sich abzureagieren und das Gefühl zu entwickeln, wie es ist, wenn man einer Frau den Bauch aufschlitzt und die Eingeweide betastet. Klaus pflegt seine Perversion wie ein Hobby. Wenn ihm der Keller zu klein wird und sein abnormes Verlangen zu stark, setzt er sich kurzentschlossen ans Steuer seines Wagens und fährt los. Einfach in die Nacht hinein. Irgendwohin.

Dann stellen sich sexuelle Probleme ein. Hanna möchte jetzt härter angefasst werden. Klaus verweigert sich. Er will nicht. Er kann nicht. Bei einer wildfremden Frau, ja, aber doch nicht bei Hanna, die er immer noch liebt. Das geht nicht. Da ist zu viel Gefühl, das ihn hemmt. Wenn er es trotzdem versucht, sich aber keine Erregung bei ihm einstellt, dann flieht Klaus aus dem ehelichen Bett ins Wohnzimmer, lässt dort seinen Gefühlen freien Lauf, weint. Hanna registriert es, sie reagiert aber nicht.

Sprachlosigkeit.

Hilflosigkeit.

Ausweglosigkeit.

Weil es mit Hanna, die nach der Geburt der Tochter unter Depressionen leidet, sexuell nicht mehr klappt, nimmt Klaus sich eine Freundin aus dem Milieu. Die wohnt kurzzeitig sogar im Gästezimmer des elterlichen Hauses. Insbesondere Klaus' Mutter ergreift die Initiative und macht der jungen Frau klar, dass es doch das Beste wäre, sie würde verschwinden. Annemarie Pallaske gibt der Frau Geld und fährt sie zurück ins Ruhrgebiet. Die Nebenbuhlerin ist jetzt zwar weg, doch die Eheprobleme bleiben.

Immer häufiger kommt es zwischen Hanna und Klaus zu Differenzen, zum offenen Streit. Sie ist krankhaft eifersüchtig und macht ihm das Leben zur Hölle. Klaus wehrt sich aber nicht, weil er Hanna nicht nur liebt, sondern auch wie eine Heilige verehrt. Sie steht für ihn auf einem hohen Podest. Unantastbar. Doch die teils unausgetragenen und ungelösten Konflikte setzen ihm zu, machen ihn zunehmend aggressiv – und damit die düstere Parallelwelt, in die er dann abzutauchen pflegt, besonders attraktiv. Dort ist alles leicht und alles möglich. Klaus ist mächtig, und Frauen sind Freiwild. Die hilflosen Opfer bekommen seine ohnmächtige Wut zu spüren. Klaus zerstört alles Weibliche, das ihm das Leben so schwer macht. Wahrscheinlich ist es kein Zufall, dass den nächsten Morden an zwei Prostituierten, verübt im Oktober 1996 und im Juni 1998, jeweils ein heftiger Streit zwischen den Eheleuten vorauseilt.

Dass Klaus mehrfach mordet, bleibt der Familie gänzlich verborgen. Sein Verhalten ist nach den Taten so wie immer; auch Tage, Wochen und Monate später. Keine Veränderung. Die gibt es dafür in der Familie. Hanna überwirft sich mit der Schwiegermutter, auf die sie eifersüchtig ist. Klaus gehört ihr. Allein ihr. Klaus ist dieser Auseinandersetzung nicht gewachsen und sieht hilf- und tatenlos zu, wie die Differenzen irgendwann unüberbrückbar werden. Funkstille. Weil es unter einem Dach nicht mehr geht, schlägt Hanna vor, zurück ins Ruhrgebiet zu ziehen, nach Bottrop. Am vierten Tag nach ihrem Umzug im November 1999 bricht ihre Welt endgültig zusammen, als frühmorgens zwei Kriminalbeamte vor der Tür stehen.

Auch Annemarie Pallaske steht vor den Trümmern ihres Lebens. Sohn Klaus ist im Gefängnis. Schwiegertochter und Enkelkind sind in die Anonymität abgetaucht. Der älteste Sohn hat den Kontakt einfach abgebrochen, will mit seiner Familie fortan nichts mehr zu tun haben – „ist schlecht fürs Geschäft", hat er seiner Mutter ins Gesicht gesagt. Sie selbst hat ihre große Leidenschaft, das Orgelspielen, aufgegeben. Sie möchte dadurch vermeiden, dass Menschen in die Kirche kommen, nur um zu sehen, wie die Mutter eines leibhaftigen Monsters wohl aussieht.

Annemarie Pallaske leidet unter der selbst verordneten Einsamkeit, den unausgesprochenen Vorwürfen der Dorfbewohner, der unterschwelligen Vorverurteilung, der sozialen Ausgrenzung. In ihrer Verzweiflung fragt sie bei der Opferschutzorganisation „Weißer Ring" an, doch die erklärt sich für nicht zuständig. Annemarie Pallaske ist gewiss auch ein Kriminalitätsopfer, nur eben nicht nach den amtlichen Statuten. Einmal kommt der Pfarrer aus dem Dorf kurz zu Besuch, spricht wohlmeinende Worte, die Annemarie Pallaske jedoch nicht erreichen. Phrasen. Sie redet mit der Hausärztin über ihre körperlichen Beschwerden, die seelischen Ursprungs sind, und bekommt Tabletten verordnet, die nicht helfen können. Zweimal vertraut sie sich einem Psychologen an. Doch der interessiert sich in erster Linie für Klaus, den „Jahrhundert-Mörder". All diese kleinen Nadelstiche und Niederlagen ergeben in der Summe ein Desaster. Der Einzige, der bedingungslos zu Annemarie Pallaske steht, ist ihr Mann.

Warum? Diese Frage quält Annemarie Pallaske zuallererst. *Warum ist gerade mein Sohn zum Serienmörder geworden?* In Briefen und tagebuchähnlichen Aufzeichnungen arbeitet sie ihre Vergangenheit auf. Und die ihres Sohnes Klaus. Spurensuche. Konsequenterweise beginnt sie bei sich selbst. Wenn sie Schuld hat am Schicksal ihres Sohnes und seiner Opfer, dann hat es etwas mit ihr selbst zu tun, ist sie überzeugt.

Annemarie Pallaskes Leben verläuft von Beginn an nicht

geradlinig, sondern kurvenreich. Nach einer freudlosen Kindheit verlässt sie als 16-Jährige die Hauptschule und macht eine Lehre als Verkäuferin. Schon ein Jahr später bekommt sie einen Sohn. Der Vater kümmert sich nicht um das Kind, zahlt auch nicht für den Unterhalt. Annemarie lernt früh, was es heißt, sozial geächtet zu werden. Uneheliche Kinder sind zu dieser Zeit noch eine Schande. Nach der Geburt setzt sie ihre Lehre fort. Die Großmutter nimmt sich des Kleinen an.

Als Annemarie 1969 wieder schwanger wird und Sohn Klaus erwartet, ist sie seit Kurzem mit dem Binnenschiffer Heinz Komanek verheiratet. Ihr Mann trinkt regelmäßig und übermäßig Alkohol, bringt das wenige Geld, das man hat, durch, hält seine Frau dafür kurz. Wenige Monate, nachdem Klaus geboren worden ist, lässt sich Annemarie scheiden. Sie will ihre Kinder lieber alleine großziehen, weil sie von ihrem Mann keinerlei Unterstützung erwarten darf. Nach der Trennung zieht Annemarie zurück zu ihrer Mutter. Das Verhältnis der beiden Frauen ist belastet. Die Oma hat eben ihre eigenen Vorstellungen von Erziehung und möchte sich da nicht bevormunden lassen.

Annemarie kann sich tagsüber nicht um die Kinder kümmern, weil sie das Geld für den Unterhalt der Familie verdienen muss. Der Ex-Mann lässt sich nicht mehr blicken und leistet auch keine finanzielle Unterstützung. Übrig bleibt als Haupterziehungsberechtigte die Oma. Alleinherrscherin. Jürgen, der Ältere, ist ihr Favorit, Klaus hingegen taugt nur zum geduldeten Mitläufer. Obendrein unterdrückt der Ältere den Jüngeren gnadenlos. Annemarie bleiben diese Missstände nicht verborgen. Doch sie hat nicht die Kraft, um gegenzusteuern. Sie weiß auch nicht, wem sie ihre Kinder sonst anvertrauen sollte. Also bleibt es dabei.

Klaus ist sieben Jahre alt, als seine Mutter den Polizeibeamten Hans-Jörg Matthes heiratet. Kurz nachdem der Stiefvater eingezogen ist, verändern sich die Familienverhältnisse noch einmal dramatisch. An die Stelle der Oma tritt der neue Hausherr und führt strenge Sitten ein. Klaus, der mittlerweile wieder einnässt, obendrein lügt und stiehlt, avanciert schnell zum Außenseiter in der Familie. Wenn er nach Hause kommt, wird er vom Stiefvater wie ein Verbrecher an die Wand gestellt und durchsucht. Wenn etwas Verdächtiges gefunden wird, tagt danach das Familiengericht. Klaus sitzt dabei immer in der Mitte und soll sich rechtfertigen. Der Junge schweigt aber lieber. Er kann nicht anders. Zur Strafe gibt es Stubenarrest. So geht es meistens aus. Sein Stiefvater ist in diesem Punkt unerbittlich. Annemarie würde gerne für ihren Sohn Partei ergreifen, doch sie traut sich nicht. Sie fürchtet sich vor ihrem Mann, der ihr für den Fall einer Scheidung vorsorglich mit Erschießung gedroht hat. Wieder gibt sie klein bei. Erst viele Jahre später wird Klaus einen Brief an seine Mutter schreiben und sie in diesem Punkt anklagen: „(...) Was ich Dir ankreide, ist, dass Du mich an Hans-Jörg verraten hast. Du hast mir meine Mami weggenommen und Dich zusammen mit Hans-Jörg gegen mich gestellt. Immer fühlte ich mich als Ballast. Wenn Hans-Jörg bei uns war, herrschte eine eiskalte Atmosphäre (...)"

Während Annemarie Pallaske zu ihrem Sohn hält und ihn im Gefängnis regelmäßig besucht, geht Hanna Komanek einen anderen Weg. Sie nabelt sich ab. Jeden Tag ein bisschen mehr. Wenn sie ein Bild von Klaus in der Zeitung sieht, dann ist er nur noch ein Fremder für sie: der „Serienkiller". Der sanfte und liebevolle Klaus, mit dem sie einst alt werden wollte, existiert nur noch in ihrer Erinnerung. Wenn seine Tochter nach ihm fragt, lügt sie, er sei für längere Zeit im Krankenhaus und werde wohl nicht mehr wiederkommen. Doch eines Tages wird sie Jeanette die Wahrheit sagen müssen.

Nach drei Monaten verlässt Hanna Komanek das Frauenhaus. Die Briefe zwischen ihr und Klaus werden seltener. Man hat sich immer weniger zu sagen. In dieser Zeit fällt Hanna Komanek eine unumstößliche Entscheidung und schließt mit ihrem alten Leben ab: weg von Klaus, weg von seiner Familie, weg aus Essen, weg von allem. Sie vernichtet Briefe und Bilder von Klaus, auch seine Geschenke. Hanna Komanek zieht in eine andere Stadt, nimmt dort eine Arbeit an, lässt sich scheiden, verändert ihr Äußeres. Sie will nicht mehr als Hanna Komanek erkannt werden. Es ist wie eine Häutung. Nur die bösen Erinnerungen wird sie nicht los.

Annemarie Pallaske hingegen lebt in der Erinnerung. Sie treibt die Hoffnung um, endlich eine Lösung zu bekommen, eine Antwort. *Warum ist ihm das passiert? Warum mir? Warum uns?* Sie googelt mit den Begriffen „Serienmörder" und „Serienkiller", liest Freud, Jung und theosophische Literatur, die nach dem Ursprung der Religionen fragt. Doch alle Versuche, den bösen Klaus erklären und das Rätsel um seine Herkunft lösen zu wollen, bleiben untauglich.

Im August 2000 wird vor dem Duisburger Landgericht gegen Klaus Komanek verhandelt. Dem jetzt 31-Jährigen wird vierfacher Mord vorgeworfen. Er soll nicht nur drei Anhalterinnen, sondern auch noch die Tante seiner Frau getötet haben. Annemarie und Joachim Pallaske fahren jede Woche knapp 1.000 Kilometer, um dabei zu sein. Klaus hat sie darum gebeten. Er braucht Zuspruch und Rückhalt. Er möchte, dass wenigstens zwei Menschen anwesend sind, die ihn nicht für einen Unmenschen halten. Annemarie Pallaske erhofft sich aber auch Aufklärung. Denn bisher weiß sie immer noch nicht, wie und warum sich ihr Sohn zu einem der grausamsten Verbrecher der deutschen Kriminalgeschichte entwickeln konnte.

Schon am ersten Verhandlungstag wird deutlich, dass Klaus Komanek im Laufe seines Lebens zunehmend von Gewaltphantasien beherrscht wird. Er muss zwar selbst keine körperliche Gewalt ertragen, dafür aber psychische: Die Kinder aus der Siedlung drangsalieren ihn fortwährend, und der Stiefvater unterdrückt den Jungen. So darf er auch nicht aufs Gymnasium gehen, weil der Stiefvater nicht für das nötige Busgeld aufkommen will, sondern lieber ein Zielfernrohr anschafft. Um den Quälereien der Gleichaltrigen zu entgehen, verbringt Klaus die meiste Zeit in seinem Zimmer und liest. Auch in der Schule wird er schnell zum Einzelgänger, der abseits auf dem Pausenhof herumsteht und keine Freunde hat.

Der Junge zieht sich mehr und mehr zurück, er versucht jedoch, sich durch Ladendiebstähle und später durch selbst gebaute Sprengsätze Respekt zu verschaffen. Der gewünschte Effekt stellt sich aber nicht ein. Es bleiben die unterschwellige Feindschaft zu seinem älteren Bruder, die Ignoranz des Stiefvaters, die Erpressungen und Demütigungen durch die Nachbarskinder, für die er nur der „Bullensohn" ist – eine überaus konfliktreiche und angstbehaftete Kindheit, aus der Klaus sich in Gewaltphantasien flüchtet, die ihn seine eigene Ohnmacht und Hilflosigkeit vergessen lassen.

Bereits als Zehnjähriger entwickelt er Vorstellungen davon, wie er andere Menschen quält. In seiner Phantasie werden meist diejenigen malträtiert, die ihm fernab seiner Parallelwelt zusetzen. Allerdings wagt er sich noch nicht an Menschen heran. Dafür quält und tötet er Tiere und macht dabei eine ihn prägende Erfahrung. „Als das Tierchen schrie, stellte ich mir vor, dass vor mir ein Mädchen aus der Siedlung liegt", erklärt Klaus Komanek vor Gericht, „das mich in der Vergangenheit oft erniedrigt und gequält hatte. Jedenfalls konnte ich mit der Vorstellung, dass sie da vor mir liegt, meine Hemmungen überwinden und das Meerschweinchen töten. An dem Gefühl, das ich hatte, als ich die Eingeweide des Tieres betastete, fand ich so einen Gefallen, dass ich es immer wieder fühlen wollte."

Den ersten Kontakt zu Leichen bekommt Klaus eher zufällig, als er im Sektionssaal eines Krankenhauses auf die Körper Verstorbener stößt: „Was mich in den Keller trieb, war wohl in erster Linie die blanke Neugier. Und unten dann an einem Ort zu sein, der von allen anderen tunlichst gemieden wird. Das Berühren von Leichen hatte damals noch keinen perversen Hintergrund."

Mit 12 wird er butangasabhängig und will von zu Hause weg. Klaus geht freiwillig in ein Erziehungsheim. Wegen seiner Sucht muss er die Wohngruppe aber wieder verlassen. Mit Mühe schafft er den Hauptschulabschluss. Er ist von nun an obdachlos, haust in verlassenen Häusern, begeht Diebstähle, übernachtet in Schrebergärten. Sein Leben ist eine düstere Ruine. Verschiedene Lehren bricht er ab. Dann beginnt er damit, in Leichenhallen einzudringen, und verstümmelt die toten Körper. „Mit zunehmendem Alter eskalierte meine Phantasie immer öfter", sagt er dem Gericht. „Mit der Pubertät kam noch die Sexualität hinzu. Ich bekam Angst vor mir selbst. Wenn ich mir ausmalte, wo das alles enden könnte. Aber irgendwie war mir schon recht früh klar, dass es darauf hinauslaufen würde."

Später schleicht er nachts auf Friedhöfen herum und schändet die Toten: „Ich habe die Leichen geöffnet. Warum ich das getan habe, weiß ich nicht. Das ist ein Punkt, den ich mir bis heute nicht erklären kann. Die Gefühle waren so eine Mischung aus Stolz, etwas zu tun, was andere abstoßend finden. Ich habe mich aber auch gewundert: Alle ekeln sich vor Leichen, rennen ständig davor weg. Und ich mach das einfach so." Irgendwann genügen ihm seine Phantasien und die Leichenverstümmelungen nicht mehr. Die Toten sind kalt. Die Eingeweide sind kalt. Für kurze Zeit überlegt er, die Leichen an einen anderen Ort zu schaffen, um sie aufzuwärmen. Er unterlässt es. Er will lieber in einen Menschen eindringen, der noch warm ist. Es muss aber unbedingt eine Frau sein.

Im Herbst 1994 kommt es zur ersten Tat, als er Katherine Jackson tötet. Er will die Frau nicht nur quälen und beherrschen und töten, sondern: „Ich wollte die Hände abtrennen und den

Kopf. Als ich bei der ersten Hand war, zerbrach etwas in mir. Ich wollte zerstören. Es sollte nichts mehr an ihr menschlich sein. Sie wurde zum Platzhalter für alles Weibliche, das mich verletzt hatte." Klaus Komanek hat eine Grenze überschritten und ein Tabu gebrochen. Seine Reaktionen auf die Tat sind zwiespältig: „Es war eine komische Stimmung zwischen einem Hochgefühl und abgrundtiefem Selbsthass."

Immer wieder wehrt er sich gegen seine abnormen Phantasien, heiratet sogar, um davon loszukommen, und wird Familienvater. Die mörderischen Erfahrungen helfen ihm sogar, wenn er beim Sex mit seiner Frau Probleme hat, eine Erektion zu bekommen. Dann ruft er sich Details seiner ersten Tat in Erinnerung: wie er der Frau in den Kopf schießt, ihr die Hände abtrennt, Bauch und Brüste zerschneidet. Und plötzlich klappt es.

„Ich spaltete mein Denken in zwei Gruppen: eine böse Seite, von der niemand etwas erfahren durfte, und die gute, die jeder sehen durfte. Dieser tobende Konflikt glich immer mehr einem Krieg, den ich gegen mich selber führte." Doch er verliert den Kampf gegen das Verlangen, Frauen den Bauch aufzuschlitzen und Grauenhaftes zu tun. „Das Gefühl beim Berühren von Eingeweiden ist schwer zu beschreiben", lässt er das Gericht wissen. „Es hatte eine gewisse Ähnlichkeit mit Geborgenheit, war aber um ein Vielfaches stärker. So eine überintime Bindung. Es nahm für kurze Zeit jedes negative Gefühl, wie Ängstlichkeit und Einsamkeit, von mir. Wenn diese kurzfristige Erfüllung abebbte, schlug sie in explosive Wut um." Das Töten und Verstümmeln ist endgültig zur Sucht geworden, der weitere Frauen zum Opfer fallen.

Am 22. September 2000 fällt das Urteil: Klaus Komanek bekommt Lebenslänglich. Wegen seiner Gefährlichkeit und der besonderen Schwere der Schuld wird er in eine geschlossene psychiatrische Anstalt eingewiesen. „Die Phantasie eines normalen Menschen reicht nicht aus, um sich vorzustellen, was Klaus

Komanek in die Tat umgesetzt hat", sagt der Vorsitzende in seiner Begründung über den Angeklagten, der alle Maßstäbe sprengt. Weil Klaus Komanek das Urteil sofort annimmt, wird es noch am selben Tag rechtskräftig. Schon während der Verhandlung hatte er gefordert: „Lasst mich bloß nicht mehr raus!" Auch Annemarie Pallaske, die nach ihrer Zeugenaussage jeden Verhandlungstag miterlebt hat, ist mit der höchstmöglichen Strafe für ihren Sohn einverstanden. Sie glaubt nicht an eine erfolgreiche Therapie. Klaus gehört eingesperrt. Bis der Tod eintritt.

Annemarie Pallaske ist eine resolute und ungewöhnliche Frau. Nachdem sie erkannt hatte, dass nicht sie allein schuld gewesen sein kann an den scheußlichen Verbrechen ihres Sohnes, hat sie sich der Öffentlichkeit gestellt und Rechenschaft abgelegt. Sich etwas getraut, was sich die meisten anderen Menschen nicht zumuten. Sich offenbart. Einblick in ihr Seelenleben gewährt. Deutlich gemacht, dass auch sie zu den Opfern gezählt werden darf. Gezählt werden sollte. Muss.

Allein diese Aspekte waren für mich Grund genug, Annemarie Pallaske kennenzulernen und ihre Sicht der Dinge zu erfahren. Ich wollte wissen, ob und wie sie es geschafft hat, ein neues Leben zu beginnen, die traumatischen Ereignisse zu verarbeiten. Wie jetzt ihr Verhältnis zu Klaus ist. Wie sie über ihren Sohn denkt. Welche Erfahrungen sie nach dem Urteil gemacht hat. Ob es überhaupt möglich ist, nach alldem Frieden zu finden.

Ich traf Annemarie Pallaske in ihrer Wohnung. Sie hat mit ihrem Mann Joachim Dodenau verlassen und lebt mittlerweile in einer deutschen Großstadt. Weil die Menschen, die sie in den vergangenen Jahren kennen und schätzen gelernt haben, nicht wissen, wer sie ist, wer ihr Sohn ist, möchte sie möglichst unerkannt bleiben. Gegen Vorurteile gibt es in diesem Fall eben keinen anderen Schutz als die Anonymität.

Nachdem sie mir die Wohnung gezeigt hatte, setzten wir uns in die Küche, und ich begann meine Fragen zu stellen.

Harbort: „Wie haben Sie Klaus als Kind und Jugendlichen erlebt?"

Annemarie Pallaske: „Sensibel. Er war sehr empfindlich, verschlossen, aber unwahrscheinlich lieb – eigentlich ein problemloses Kind. Wenn er etwas anderes sagt, lügt er. Klaus war ein Einzelgänger. Ich musste den rausjagen, von alleine gehen, nein, das wollte er nicht. Er fühlte sich in seinem Zimmer wohl, hat sich sehr mit sich selbst beschäftigt. Klaus hat sehr unter seinem großen Bruder gelitten, weil der extrem dominant war."

Harbort: „Wie war Ihr Verhältnis zu Klaus?"

Annemarie Pallaske: „Gut. Hervorragend – soweit ich zu Hause war. Ich war geschieden, hatte zwei Kinder. Da musste ich arbeiten gehen, mein geschiedener Mann zahlte keinen Unterhalt. Wenn ich nicht da war, hat sich meine Mutter um ihn gekümmert. Wir waren eine etwas andere Familie. Ich konnte mich nur an den Wochenenden um meine Kinder kümmern. Frühe Kindheit: Da hatte ich zu Klaus ein sehr inniges Verhältnis, obwohl ich zeitweise ein schlechtes Gewissen hatte, denn Klaus war bei allen der liebe Junge, und ich wollte vermeiden, dass sein Bruder dabei zu schlecht wegkommt. In dieser Angst habe ich immer gelebt."

Harbort: „Wann und warum hat sich das Verhältnis zu Klaus verändert?"

Annemarie Pallaske: „Das wurde anders, als ich meinen zweiten Mann kennenlernte, der war Polizist. Nach etwa einem Jahr fing Klaus wieder an einzunässen. Sein Stiefvater war sehr dominant. Das kam Klaus' Bruder entgegen. Jetzt hatten wir zwei dominante Männer in der Familie: einen kleinen und einen großen. Wenn der Große nicht da war, hat der Kleine diese Rolle übernommen. Ab dieser Zeit gab es mit Klaus nur noch Schwierigkeiten. Das fing an in der Schule, seine Leistungen wurden schlechter. Dann war da noch ein Junge aus der Nachbarschaft, der ihn ständig hänselte. Mein Verhältnis zu Klaus wurde intensiver, weil ich spürte, ihn besonders beschützen zu müssen. Dann fing er immer mehr damit an, sich mir zu entziehen, saß nur noch in seinem Zimmer, kam überhaupt nicht mehr raus."

Harbort: „Klaus soll von anderen Kindern immer wieder gehänselt und gequält worden sein. Stimmt das so?"

Annemarie Pallaske: „Ja. Das war die Iris-Bande, eine Gruppe von Mädchen. Die hat alle kleineren Kinder tyrannisiert und Geld gefordert. Wer nicht zahlen konnte, wurde verprügelt oder es passierten schlimmere Sachen. Beim Klaus war es so, dass sie ihm sein Eis weggenommen und sein Gesicht in einen Haufen Hundescheiße gedrückt haben. Wir, also andere Eltern und ich, haben versucht, dagegen anzugehen. Aber es war das alte Lied: Je mehr wir dagegen unternahmen, desto schlimmer wurde es.

Dann war da noch ein Vorfall in der Schule, der ihn sehr gekränkt hat. Da haben Klassenkameraden ihn in einen Müllcontainer geschmissen mit den Worten: Da gehört ein Bullensohn auch hin. In solchen Situationen habe ich mir Unterstützung von meinem Mann gewünscht, aber da kam nichts. Kein bisschen.

Dann ging es mit Diebstählen los, meistens im Supermarkt. Mehrfach wurde er von der Polizei nach Hause gebracht, was für meinen Mann natürlich eine Katastrophe war. Wir haben sogar ein ganzes Warenlager gefunden. Klaus hat auch regelmäßig die Schule geschwänzt."

Harbort: „Welche Fehler haben Sie bei der Erziehung Ihres Sohnes gemacht?"

Annemarie Pallaske: „Schiefgelaufen ist etwas bei mir, da bin ich fest von überzeugt. Ich war früher ein ziemlich freier und selbstständiger Mensch, habe selber wahnsinnig unter meinem zweiten Mann gelitten. Ich hatte eigentlich nur Angst vor ihm,

Klaus aber auch. Ich hatte total verlernt, eigene Entscheidungen zu treffen. Nach der Trennung habe ich Jahre gebraucht, um wieder die zu werden, die ich einmal war. Wegen dieser besonderen Belastung durch meinen Mann habe ich Klaus viel durchgehen lassen. Das war falsch."

Harbort: „Gab es bei Klaus Auffälligkeiten?"

Annemarie Pallaske: „Ja, da gab es was. Klaus war da so neun oder zehn Jahre alt. Er war zur Toilette und hat nicht abgezogen. Er hatte so eine dicke Wurst gemacht. Heute weiß ich, dass das ein zweifelsfreier Hinweis auf Analverkehr ist. Das habe ich damals nicht gesehen, das habe ich nicht gewusst. Dann fing er sehr früh an zu schnüffeln, Feuerzeuggas. Ich bin zur Drogenberatung gelaufen, aber so richtig ernst genommen hat das keiner. ‚Wenn er mal Heroin nimmt, dann kommen Sie wieder', hat man mir gesagt und mich wieder nach Hause geschickt. Da hätte ich mich nicht so abspeisen lassen dürfen."

Harbort: „Hat Klaus mal seine sadistische Veranlagung erkennen lassen?"

Annemarie Pallaske: „Nein, so etwas hat es in meiner Gegenwart nicht gegeben."

Harbort: „In den Zeitungen war zu lesen, dass Klaus als Jugendlicher einen Selbstmordversuch begangen haben soll. Wie haben Sie das erlebt?"

Annemarie Pallaske: „Ich glaube nicht, dass er versucht hat, sich das Leben zu nehmen. Die Geschichte war nämlich so: Er hat wahnsinnig gern gelesen. Irgendwo hat er gelesen, dass es Drogenkuriere gibt, die ein Kondom nehmen, Stoff rein und schlucken. Das hat mein lieber Sohn nachgemacht. Es kam zum Darmverschluss, eine furchtbare Sache. Notoperation. Ich war richtig sauer auf ihn und habe es ihn auch spüren lassen. Erst danach hat er erzählt, er hätte sich umbringen wollen."

Harbort: „Klaus hat eine Zeit später das Elternhaus verlassen. Warum haben Sie ihn gehen lassen?"

Annemarie Pallaske: „Da war er so 14, 15. Klaus kam nach Hause und hatte jemand vom Jugendamt mitgebracht. Die sagten mir, Klaus wolle nicht mehr bei seinen Eltern leben, sondern in einem Heim. ‚Reisende soll man nicht aufhalten‘, habe ich wohl gesagt, aber gedacht habe ich ganz anders: Vielleicht hilft ihm das ja."

Harbort: „Später kam es aber wieder zu einer Annäherung."

Annemarie Pallaske: „Im Heim hat er ein Mädchen kennengelernt, die dann ein Kind von ihm bekam. Als sie aus dem Heim entlassen wurden und eine Wohnung hatten, habe ich sie finanziell unterstützt. Die kamen auch regelmäßig zu uns nach Hause. Aus dem Kind wurde nichts, es war ganz dürr, hart an der Grenze zur Unterernährung. Ich habe die auch einige Male besucht. Die Wohnung war ein einziger Saustall. Ich hab da erst mal sauber gemacht. Als ich nach Hause kam, habe ich mich komplett ausgezogen, die Sachen sofort eingepackt und weggeschmissen. Ich bin bestimmt nicht pingelig, aber das war so eklig, furchtbar. Dann habe ich denen kein Geld mehr gegeben, weil sie es nicht für das Kind ausgegeben, sondern für sich selbst verbraucht haben. Stattdessen habe ich für den Jungen Kindernahrung gekauft. Und wer hat das Zeug gegessen: die Mutter. Sie saß nur vor dem Fernseher und hat sich nicht um den Jungen gekümmert. Der konnte nicht sitzen, nicht laufen, der konnte gar nichts. Das hat mich fertiggemacht. Ich habe dem Jugendamt von diesen Zuständen berichtet, die haben aber nur gesagt: ‚Solange die in einer eheähnlichen Beziehung leben, können wir nichts machen.‘ Ich habe Klaus gesagt, er muss sich von dieser Frau trennen. Das hat er auch gemacht. Nach vier Wochen ist der Frau das Kind weggenommen worden, es kam in eine Pflegefamilie. Diese Geschichte hat uns wieder näher zusammengebracht."

Harbort: „Nicht wenige Serienmörder sprechen über ihre Taten, noch bevor sie überführt werden – meistens erklären sie sich gegenüber der Ehefrau, der Mutter oder einem anderen Verwandten. Wissen Sie von einem solchen Vorfall?"

Annemarie Pallaske: „Ja, so etwas in der Art. Das war die Sache mit den Tarotkarten. Das Tarot-Kartenspiel habe ich von einem Freund geschenkt bekommen. Was das genau zu bedeuten hat, keine Ahnung, und ich hielt es eher für Bullshit. Irgendwann habe ich das Spiel mal ausprobiert, es war wohl im November 1995. Ich habe erst mal in der Anleitung nachgeschaut, wie das überhaupt geht, die Bedeutung für jede Karte nachgelesen. Erst habe ich die Karten für mich gelegt, dann für meinen Mann, schließlich für Jürgen, Klaus' Bruder. Ich fand das ganz lustig. Dann war Klaus dran. Wie die Karten gelegen haben, das hat mir überhaupt nicht gefallen. Es waren die Karten für Tod und Gewaltverbrechen. Ich habe die Karten gemischt und wieder Karten einzeln herausgezogen. Das Ergebnis war identisch. Danach habe ich erneut die Karten zusammengemischt. Und jetzt kommt das Merkwürdige: Noch mal neu gelegt, die Karten liegen kaum, da ruft Klaus' Frau an, die mit ihm in Essen lebte. Da habe ich mir Klaus geben lassen und gefragt: Was hast du mit dem Tod zu tun?"

Harbort: „Und seine Antwort?"

Annemarie Pallaske: „Funkstille am anderen Ende der Leitung. Ich fragte nach: ‚Hallo, bist doch noch da?' Dann antwortete er: ‚Hast du mal Zeit für mich, kann ich mal zu dir kommen?' ‚Du kannst jederzeit zu mir kommen, das weißt du doch.' ‚Okay, ich bin in 20 Minuten da.' Und er war in 20 Minuten da. Ich habe die Karten auf dem Tisch liegen gelassen. Ich habe ihm das gleich gezeigt: ‚Guck dir das mal an.' Er: ‚Halt, stopp, setz dich mal hin, ich muss dir was erzählen.' Und dann hat er mir die Geschichte mit der Anhalterin erzählt: dass er von der Jagd gekommen sei – Klaus hatte inzwischen einen Jagdschein, ich hatte ihn ausgebildet –, es habe in Strömen geregnet, und er habe auf der Autobahn in Richtung Arnheim eine Anhalterin mitgenommen. Sie hätten sich eigentlich ganz gut unterhalten, dann habe sie im Handschuhfach rumgewühlt, einfach aufgemacht, und dort seine Waffe gefunden. Er habe versucht, ihr die Waffe wegzunehmen, es sei zu einem Handgemenge gekommen. Und dann habe sich ein Schuss gelöst. ‚Ich wusste nicht, was ich machen soll‘, hat er erzählt, ‚das hätte mir doch sowieso keiner abgenommen.‘"

Harbort: „Haben Sie ihm die Geschichte geglaubt?"

Annemarie Pallaske: „Ich zweifelte. Nachdem er seine Geschichte zu Ende erzählt hatte, fragte er mich: ‚Magst du mich denn jetzt immer noch?‘ ‚Natürlich mag ich dich‘, habe ich geantwortet. Am nächsten Tag habe ich erst mit seiner Frau darüber gesprochen, dann mit meinem Ex-Mann. Dieselbe Geschichte hat er seiner Frau erzählt, bevor sie geheiratet haben. ‚Och, du willst dich doch nur wichtigtun‘, hat sie gesagt, ‚das glaube ich dir nicht.‘ Später habe ich es noch dem Leiter der Mordkommission erzählt, also insgesamt vier Personen. Und alle haben gesagt: Der spinnt. Damit war die Sache für mich vom Tisch. Ich hatte das ernst genommen, sonst hätte ich nicht vier Leute angesprochen. Ich war der Meinung, da ist irgendwas dran. Warum fährt der Richtung Arnheim, wenn er angeblich von der Jagd kommt? Das habe ich denen auch gesagt. Wenn damals vernünftig eingegriffen worden wäre, dann wäre alles Weitere verhindert worden. Mehr, als es den Fachleuten sagen, kann ich nicht."

Harbort: „Was hat Sie am meisten bewegt, nachdem Sie von der Verhaftung Ihres Sohnes erfahren haben?"

Annemarie Pallaske: „Das Warum, ganz klar. Die ersten zwei Jahre habe ich die Schuld nur bei mir gesucht. Ich dachte, ich hätte alles falsch gemacht. Am schlimmsten habe ich mir vorgeworfen, ihn für den Jagdschein ausgebildet zu haben. Er hat keine Ausbildung gemacht, sondern ich habe ihm das beigebracht. Er hat dabei auch die Hemmschwelle überschritten, zu töten. Natürlich macht es einen Unterschied, ob du ein Tier tötest oder einen Menschen. Aber töten ist töten. Hätte ich ihm das nicht gezeigt und beigebracht, dann wäre das alles nicht passiert – obwohl das ziemlicher Blödsinn ist. Und auch bei seiner Kindheit habe ich überlegt: Hättest du dich mal früher von deinem Mann getrennt. Das hätte ich auch machen müssen. Dann musste ich aber auch auf meine heulenden Kinder hören. Ich hatte ihn ja schon einmal rausgeworfen, aber er stand dann mit drei Rosen vor der Tür – meine Söhne haben je eine bekommen, und die drei haben dann gebettelt. Da habe ich ihn wieder reingelassen. Das hätte ich nicht machen sollen. Wenn ich da stärker gewesen wäre und nicht unter dieser Angst gelitten hätte."

Harbort: „Hat Ihr Sohn eine gerechte Strafe erhalten?"

Annemarie Pallaske: „Ja, gerecht. Die sollten den nur nicht wieder rauslassen. Klaus hatte recht, als er sagte: ‚Sperrt mich ein und schmeißt den Schlüssel weg.' Der Meinung bin ich auch. Der Mensch, von dem eine große Gefahr ausgeht, vor dem muss die Gesellschaft geschützt werden."

Harbort: „Warum soll gerade Klaus, der unter schwersten Persönlichkeitsstörungen leidet, keine zweite Chance erhalten?"

Annemarie Pallaske: „Weil er in Telefonaten mit mir einmal gesagt hat: ‚Ich könnte dir die Schnauze so mit DDT (Pflanzenschutzmittel, Anm. S. H.) vollstopfen! Dass du dran krepierst!' Das zeigte mir doch deutlich, diese dunkle Seite meines Sohnes ist da. Da dürfen wir uns nichts vormachen. Das ist nicht der nette Klaus, der uns entgegenkommt; da ist noch eine ganz andere Seite, die haben wir alle nicht gesehen."

Harbort: „Sie haben lange nach Antworten für das gesucht, was Ihnen und Ihrem Sohn passiert ist – warum *es* passiert ist. Zu welchem Ergebnis sind Sie gekommen?"

Annemarie Pallaske: „Ich bin nur zu diesem einen Schluss gekommen, das ist meine Wahrheit: Klaus hat irgendwas mit auf diese Welt gebracht, und ich Trottel hab mich bereit erklärt, seine Mutter zu sein. Ganz schön blöd von mir. Damit meine ich seine Veranlagung. So etwas Unmenschliches, so etwas Brutales, so etwas Dämonisches!"

Harbort: „Klaus hat mehrfach behauptet, er habe sich bei den Morden vorgestellt, Sie seien das Opfer gewesen."

Annemarie Pallaske: „Warum? Warum ich? Diese Frage kann ich bis heute nicht beantworten. Was habe ich gemacht, dass der so denken kann? Ich habe keine Erklärung dafür, absolut nicht. Wenn Klaus die Kindheit gehabt hätte, die ich gehabt habe; wenn ich so gewesen wäre wie mein Vater, dann wüsste ich ja, was ich falsch gemacht habe – aber so war es nicht. Ich habe irgendwann meine Lebensgeschichte aufgeschrieben, um festzustellen, wo ich Fehler gemacht habe, dass Klaus so reagiert. Nach meinem Empfinden habe ich nicht so schlimme Fehler gemacht, dass das dabei herauskommt. Wenn Klaus während seines Lebens nur Kontakt zu mir gehabt hätte, dann müsste ich mir die Schuld geben. Da machen es sich viele Leute zu einfach, die Schuld immer nur bei der Mutter zu suchen."

Harbort: „Sie haben lange Jahre zu Ihrem Sohn gehalten. Irgendwann nicht mehr. Wie kam es dazu?"

Annemarie Pallaske: „Nach all den Briefen, in denen er mir die Schuld zugeschoben hat, die mich runtergezogen haben, habe ich ihm zurückgeschrieben: ‚Ich bin es leid! Melde dich wieder, wenn du auf mich eine andere Sicht hast.' Nach einem Jahr Pause kam ein Brief, in dem Klaus sich entschuldigte: ‚Du hast ja recht, tut mir leid.' Aber dann ging es bald wieder von vorn los. Und als das Telefonat mit dem ‚DDT' kam, war ich es endgültig leid."

Harbort: „Wie haben Sie all das verkraftet?"

Annemarie Pallaske: „Es gibt nur zwei Möglichkeiten. Entweder du zerbrichst daran oder du legst dir einen Schutzpanzer zu. Man muss es in sein Leben einbauen, zwangsläufig. Man muss es als Tatsache hinnehmen. Das ist in meinem Leben passiert, das gehört jetzt zu mir. Im Gegensatz zu vielen anderen Dingen wird es nicht irgendwann vorbei sein. Da haben wir uns anfangs auch ein bisschen was vorgemacht. Zuerst haben wir nur geschwiegen. Erst nach einer ganzen Zeit haben wir gemerkt, dass es hilft, wenn man darüber redet. Das Totschweigen ist uns nicht gut bekommen."

Harbort: „Was würden Sie Menschen raten, die in eine ähnliche Situation wie Sie geraten?"

Annemarie Pallaske: „Sich von vornherein damit abzufinden, dass es keine Hilfe für Menschen wie uns gibt."

Harbort: „Sie machen auf mich den Eindruck, als seien Sie immer noch nicht darüber hinweg. Täusche ich mich?"

Annemarie Pallaske: „Ich habe immer noch Angst. Vielleicht, dass ich erkannt werden könnte. Ich bin irgendwie gespalten. Meine Angst, etwas falsch zu machen, wird immer größer. Depressionen bekomme ich jetzt auch wieder. Manchmal sitze ich wie doof hier rum, krieg einfach keinen Dreh. Dagegen muss ich ankämpfen. Auch dass ich so viel vor dem Computer sitze und spiele, hat damit zu tun. Das ist wie eine Flucht. Das ist mir erst seit kurzem bewusst geworden, Ihr Anruf hat eine Menge damit zu tun. Seitdem klickert das bei mir, das ist aber wichtig."

Harbort: „Welche Gedanken kommen Ihnen, wenn Sie an die Opfer Ihres Sohnes denken?"

Annemarie Pallaske: „Da ist mir so richtig klar geworden, was wir doch für miese Schweine sind. Alle kümmern sich um den Täter, der wird hochgepusht und hofiert. Und die Angehörigen der Opfer, die sind vor Gericht nur vorgeführt worden. Ich hab mich für alle Beteiligten geschämt. Die Fragen des Gerichts waren erbärmlich. Es waren eiskalte Fragen, das hat mir richtig wehgetan."

Harbort: „Haben Sie mal überlegt, mit den Angehörigen der Opfer Kontakt aufzunehmen?"

Annemarie Pallaske: „Ich habe es versucht. Was mich immer noch ganz besonders fertigmacht, sind die Angehörigen der Tante – die haben ja noch nicht einmal einen Ort, an dem sie trauern können (die Leiche wurde nie gefunden, Anm. S. H.). Nach langer Zeit habe ich meinen Mut zusammengenommen und dem Ehemann der Tante einen Brief geschrieben. Der Brief kam aber mit dem Hinweis zurück: ‚verstorben'. Um weiter an die Kinder heranzugehen, fehlte mir jeglicher Mut. Das zehrt sehr an mir."

Harbort: „Wann haben Sie das letzte Mal geweint?"

Annemarie Pallaske: „Daran kann ich mich nicht erinnern. Ich kann nicht mehr weinen."

Die meisten Menschen halten es schlichtweg für unmöglich, dass ein Serienmörder in ihrer eigenen Familie leben könnte. Mitten unter ihnen. Einer von ihnen. Jeder, der mit dieser brutalen Wahrheit konfrontiert wird, ist in gewisser Weise auch ein Opfer, das Mitgefühl und Mitleid erwarten darf. Der es verdient, dass seine Geschichte erzählt wird. Dass seine Sicht der Dinge dokumentiert wird. Seine Erfahrungen. Sein Leid.

Im September 2008 schrieb mir eine 42-jährige Frau, deren Identität ich auf ihren ausdrücklichen Wunsch geheim halten werde, eine kurze E-Mail. Sie berichtete mir, dass sie vor kurzem nur durch Zufall erfahren habe, dass sie mit einem Serienmörder verwandt sei. Ich hielt diese zunächst etwas kryptisch anmutende Mitteilung für wenig glaubhaft und bat darum, mir doch die ganze Geschichte zu erzählen. Schließlich verständigten wir uns darauf, sie solle mir per E-Mail berichten.

„Heiligabend 2002 schenkte mir mein Mann ein Buch, und zwar ‚Das Hannibal-Syndrom' von Ihnen. Ich freute mich, ich mag diese Art Bücher – der normale Voyeurismus, der in uns allen wohnt. Am ersten Feiertag stöberte ich in dem Buch herum und schaute das Inhaltsverzeichnis durch. Was mir am spannendsten vom Titel erscheint, lese ich immer als Erstes – generell. Warum ich das Kapitel (…) wählte, weiß ich heute nicht mehr.

Aus heutiger Sicht ist das nicht der am spannendsten klingende Kapitel-Titel des Buches.

Die Abkürzung des Täternamens bewirkte irgendetwas in mir, daran erinnere ich mich, aber ich könnte dieses Gefühl nach den vielen Jahren heute nicht mehr genau beschreiben. Auch konnte es eigentlich nicht sein, dass es um Jonas geht. Denn der saß schließlich aus einem anderen Grund im Gefängnis, wie ich bis dahin annahm. Aber die Ortsangaben ließen das komische Gefühl nicht weniger werden. Ich las immer schneller und schneller, nicht mehr Wort für Wort, nur noch Hinweise zur Identität des Täters suchend. Und siehe da, an einer Stelle wurde der Wohnort des Täters genannt und an einer anderen, welchen Beruf er ausgeübt hatte. Da wusste ich, dass es um Jonas geht. Das waren zu viele Merkmale, die passten.

Ich sehe heute noch das Buch durch den Flur fliegen. Es ist wie ein Film, der immer wieder abläuft, wenn ich es zulasse, mich daran zu erinnern, so wie jetzt gerade. Ich saß auf der Treppe in unserem Haus, und während mein Mann und unser Sohn etwas Lustiges im Fernsehen sahen, dachte ich da oben, ich bekomme keine Luft mehr. Mein Sohn hat nichts mitbekommen, mein Mann wusste nicht, was los ist, und konnte meine Reaktion für diesen Moment auch gar nicht einschätzen. Ich habe dann das gesamte Kapitel gelesen und mir immer wieder gesagt, dass das, was gerade passiert, nicht real ist, nicht real sein kann. Dass das alles nicht wirklich ist, weil man so etwas immer nur über und von anderen liest, aber niemals betrifft es einen selbst.

Ich habe nach Möglichkeiten gesucht, dass alles nicht wahr ist, und wusste doch zugleich, dass alles stimmte. Ich habe jeden Satz Gott weiß wie oft gelesen und konnte dabei genau vor meinem geistigen Auge sehen, wie er dieses oder jenes gerade tat. Ich habe beim Lesen die Bewegungen und die Gangart von ihm gesehen, wie er durch den Wald läuft von einem Opfer zum anderen und dabei immer so einen schleichenden unheimlichen Gang hat. (Erklärung: Wir haben als Kinder viel Zeit bei unserer Oma miteinander verbracht, und Mimik und Gestik kann ich heute noch nach unglaublich vielen Jahren aus meinem Gedächtnis abrufen. Diesen Gang hat er heute noch, und ich fand ihn schon als Kind unheimlich.)

In den folgenden Wochen und Monaten habe ich versucht, das Puzzle vor meinem geistigen Auge zusammenzusetzen, wieder und wieder. Ich habe das Kapitel gelesen, ich habe alle alten Briefe, die ich von Jonas erhalten hatte, ausgebuddelt und gelesen. Ich habe versucht mir vorzustellen, wie alles war und warum. Ich habe versucht, Schuldige zu finden, Zusammenhänge zu erkennen oder einfach nur zu begreifen, was passiert ist. Ich habe mir eingebildet, dass ich aufwache und alles war nur ein Traum.

Es gibt Szenen, die mir immer wieder in den Sinn kommen und anhand derer ich versuche zu erkennen, ob vielleicht auch ich irgendwie schuldig bin. Ich war einmal bei ihm, als er Urlaub hatte. Alles war sauber aufgeräumt, nichts lag irgendwie rum. Seine Schränke waren alle abgeschlossen. Wenn er irgendwo ranwollte, schloss er sie erst auf. Auf meine Frage, warum das so sei, antwortete er nur, da seien seine Briefmarken und seine Fotos drin und die gingen niemanden etwas an, und er wolle nicht, dass man sie stiehlt. Heute denke ich mir immer wieder, vielleicht hätte mir etwas auffallen müssen, vielleicht, vielleicht...

Irgendwann habe ich beschlossen, alles zu vergessen, alles wegzuschmeißen und nie mehr zu Jonas zu fahren. Seine ganzen Bücher, die alle bei mir unter dem Bett eingemottet waren, mussten da weg, ich konnte nicht mehr schlafen. Ihr berühmtes Buch habe ich auch gleich mit weggeschmissen, ebenso alle Briefe. Für sehr lange Zeit habe ich einfach nur geschwiegen. Wenn meine Tante gefragt hat, ob ich mit zu Jonas fahre, habe ich etwas erfunden, warum ich nicht kann.

Das ging etwa ein Jahr lang gut, hat aber nicht geholfen. Ich musste wissen, *wieso* und *warum*. Ich hatte einen Brief an Jonas geschrieben, in dem ich ihm mitteilte, dass ich alles weiß und dass das der Grund für mein Fernbleiben ist. Ich hatte ihn gefragt, ob er bereit ist, mir meine Fragen zu beantworten, wenn ich zu ihm käme. Davor hatte ich allerdings unglaublich Angst – das erste Mal, dass ich wissentlich einem Serienmörder gegenübersitze. *Wie würde mir zumute sein? Kann ich das?* Auch hatte ich unglaublich Angst, ob er vielleicht böse auf mich ist, dass ich es nun weiß, und ob und wie er reagieren würde.

Die Zeit bis zum Besuchstermin war endlos und so ähnlich wie beim Zahnarzt: Man hat ständig vor Augen, dass noch etwas Unangenehmes auf einen wartet. Allerdings war meine Angelegenheit irgendwie noch schlimmer. Für jemanden, der von Berufs wegen ständig mit solchen Leuten zu tun hat, mag das nichts Besonderes sein, aber mir fehlte schlichtweg die Erfahrung und der Mut, mein Bewusstsein war so unglaublich geschärft, dass es beinahe körperlich wehtat.

Wie so oft im Leben denkt man im Moment der Wahrheit an alles, nur nicht mehr daran, was für eine Angst man hatte, und so kam auch die Zeit des Besuches. Doch sowohl Jonas als auch ich waren zumindest äußerlich ganz ruhig. Ich kann und möchte die Einzelheiten des Gespräches hier nicht wiedergeben. Nur so viel: Mir war nie bewusst, dass es Jonas so schwer zu Hause hatte, dass er geschlagen wurde von meinem Onkel, wenn meine Tante nicht da war. Es war nie etwas zu erkennen oder zu merken, immer wirkten alle beherrscht und ruhig. Nicht so entspannt, wie es bei meinen Eltern war, aber dennoch niemals unbeherrscht oder so. Irgendwie stürzte mein ganzes Familienbild zusammen, und mich entsetzt heute immer noch, wie wenig ich bemerkt oder begriffen habe von unserem/meinem täglichen Leben. Ich bin damals sehr angespannt dorthin gefahren, ich bin aber ebenso angespannt und mit großer Wut im Bauch wieder nach Hause gefahren.

Ich hätte meinem Onkel so gerne ins Gesicht geschleudert,

was ich von ihm halte. Ich hätte so gerne meine Tante gefragt, wie das alles passieren konnte, ob sie nie etwas bemerkt hat und wie es sein kann, dass sie so viel falsch gemacht hat und dass sie es so weit hat kommen lassen. Ich wollte so gerne meine Mutter fragen, ob sie es nicht hätte verhindern können. Ich war so wütend auf die ganze Welt, und während ich das hier schreibe, merke ich, wie stark diese Wut immer noch in mir ist.

Nichts von alledem habe ich getan. Ich habe weitergelebt wie immer. Und wenn ich nicht meine Freundin gehabt hätte, mit der ich wenigstens ab und an darüber reden konnte, ich weiß nicht, was passiert wäre ...

Irgendwann war ich mal mit meiner Tante zum Kaffee verabredet. Wie immer hat sie viel von sich und ihren Befindlichkeiten erzählt. Im Laufe des Gespräches habe ich dann mal die Frage gestellt, ob sie eigentlich genau wisse, was Jonas gemacht hat. Denn sie hat nie mit irgendeinem von uns darüber gesprochen, auch nicht mit ihrem Bruder. Ich habe ihr dann erzählt, dass man inzwischen in einem Buch nachlesen kann, was Jonas gemacht hat. Und ich habe sie gefragt, ob ihr bewusst ist, dass es so viele Opfer waren. Sie sagte, es wären zwei Frauen gewesen. Nein, es waren viel mehr – sie wusste es wohl nicht besser. Ich habe mehrmals mit Nachdruck nachgefragt. Nein, sie wusste es nicht.

Ich kann mir nicht vorstellen, was eine Mutter fühlen muss, wenn sie erfährt, dass ihr Kind nicht nur zwei, sondern sechs oder sieben Opfer ermordet hat. Macht es einen Unterschied, wie viele es sind? Ich denke, das macht es schon. Es sagt etwas über den Wesenszustand von Jonas aus.

Die Lawine war in Bewegung geraten und ließ sich nun nicht mehr aufhalten. Der Umstand, dass sie es von mir erfahren hat und nicht von ihrem eigenen Sohn, den sie all die Jahre trotzdem irgendwie unterstützt hat, sich gekümmert hat, ließ sich nicht mehr korrigieren. Mein Mitleid ist begrenzt. Ich spreche ihr viel

Schuld zu, auch ihrem Mann und allen anderen, die versagt haben...

Inzwischen habe ich meinen Beitrag zum Konjunkturaufschwung erbracht und Ihr Buch neu angeschafft. Es ist viel Zeit vergangen. Obwohl die engste Familie jetzt weiß, was passiert ist, leben wir still vor uns hin und schweigen. Wir reden nicht darüber, wir baden in Selbstmitleid und beobachten leise unsere Umwelt – immer in der Angst, wir könnten entdeckt und enttarnt werden. Und ich selbst wache heute noch gelegentlich auf, weil ich irgendwo eine Frau tot im Wald liegen sehe, und Jonas, wie er leicht gebeugt und mit schlechten Zähnen hinter einem Baum steht und grinst."

KAPITEL 6

Hinter der Mauer

„Darauf habe ich gewartet – ob er mich grob anfasst,
dass er sich als Monster zeigt.
Ich hatte Angst davor, dass er mich vielleicht schlägt
oder mir die Kehle zudrückt."

„Ich werde mich jetzt so verhalten, wie man mich hinstellt,
und zwar wie ein Monster.
Vielleicht müsstest Du mein Urteil noch mal richtig lesen,
nicht mit der rosaroten Brille!"

Die Multiple Sklerose (MS) ist eine chronisch-entzündliche Erkrankung des zentralen Nervensystems, die keinen typischen Verlauf hat und meist im frühen Erwachsenenalter beginnt. Man schätzt, dass weltweit etwa 2,5 Millionen Menschen an dieser heimtückischen und in einigen Fällen tödlich verlaufenden Krankheit leiden. In Deutschland leben nach aktuellen Hochrechnungen mehr als 122.000 MS-Betroffene.

Elana Borchert ist eine von ihnen. Mitte des Jahres 1995 traten die ersten Symptome auf: Seh- und Gleichgewichtsstörungen. Monate später folgte der erste Schub, als sich in Gehirn und Rückenmark mehrere Entzündungsherde bildeten und Elana halbseitig gelähmt war. Die endgültige Diagnose war niederschmetternd und beendete eine für sie schwierige Zeit zwischen Hoffen und Bangen. Den Ärzten gelang es jedoch, Elana zu stabilisieren. Die Lähmung verschwand, es blieb eine chronische Gehbehinderung.

Die MS-Erkrankung bedeutete für Elana auch einen sozialen Abstieg. Sie musste ihren Beruf als Kosmetikerin aufgeben und nun von Sozialhilfe und einer kleinen Rente leben. Obwohl sie von ihrem Sohn finanziell unterstützt wurde, zog sie aufs Land und entschied sich für Hochspeyer, eine 4.653 Einwohner zählende Ortsgemeinde am nördlichen Rand des Pfälzerwalds im Landkreis Kaiserslautern. Dort konnte sie sich eine kleine Wohnung und wenigstens ein Auto leisten.

Viele Menschen resignieren in derartigen Belastungssituationen, werden depressiv, lebensmüde, verelenden. Nicht so Elana Borchert. Als ihr vollends bewusst wurde, dass ihr Dasein und Sosein ein vollkommen anderes sein würde, resignierte sie nicht, sondern nahm ihr Schicksal an. Sie wollte nicht einfach nur hilfsbedürftig und krank sein und sich abschotten, sie wollte vielmehr auch weiterhin am Leben teilhaben. Da sie notgedrungen die meiste Zeit in ihrer kleinen 45-Quadratmeter-Wohnung verbringen musste, begann sie verschiedene Brieffreundschaften.

Ihre Beziehungen reichten schließlich bis nach Japan und Nordamerika.

Anfang November 1999 kommt eine Freundin zu Besuch und zeigt Elana eine nur aus zwei Sätzen bestehende Kontaktanzeige, die in einer Tageszeitung abgedruckt wurde. Der Text lautet: „GEBURTSTAGSWUNSCH! Frührentner wünscht sich zum Geburtstag am 3. Nov. viel Post aus aller Welt. Vielleicht wird mehr daraus. Bin 55/1,83. (Bild-)Zuschriften. Chiffre 44-8135." Elana gefällt die eher nüchterne Art des Autors. Denn die 57-Jährige sucht nicht unbedingt nach einer Liebschaft, sondern sehnt sich mehr nach Freundschaft. Elana möchte nicht angefasst, sie möchte festgehalten werden, sich anlehnen dürfen. Also schreibt sie dem Unbekannten.

Bereits zwei Tage später bekommt sie eine Antwort, getippt auf einer mechanischen Schreibmaschine. „(...) Liebe Elana, Dein Wunsch – uns weiterhin zu schreiben – ist natürlich auch mein sehnlichster Wunsch gewesen, denn dafür habe ich hauptsächlich die Anzeige aufgegeben. <u>Ich hab geträumt von Dir</u>, ich sah Deine funkelnden Augen, ich sah Dein attraktives Gesicht. Dein devoter Blick hat in mir die Sehnsucht geweckt. Deine zarte, einfühlsame Stimme sprach von dem Bedürfnis nach Geborgenheit, sie sprach von Glück, sie sprach von Nähe und Treue, sie sprach von dem Bedürfnis nach Liebe – sie sprach von dem unerfüllten Wunsch nach uneingeschränktem Vertrauen und einem sich ‚grenzenlos fallenlassen dürfen'. Ich fühlte Deinen weichen Körper in meiner Hand und spürte wie sich unsere Seelen berührten. Du wirktest so unsagbar zart und auf Deine Art doch so unsagbar stark. Ich versuchte Dir zu erklären, dass ich der Mann, den Du suchst, nicht bin – nicht mehr bin (!). Ich erzählte Dir von mir, von meinen verwirrten Gefühlen und von dem dezenten Chaos in mir. Ich nahm Deine Hand und wollte Dir schon alles Gute wünschen, als Du Dich vor mich knietest, meine Hand küsstest und erwidertest: ‚Ich bleibe, Du bist der Mann den ich meine – ich fühle es.' Ich hab geträumt von dir…

Elana, ob dieser Traum Wirklichkeit wird, vielleicht kannst Du mir darauf eine Antwort geben? Wenn Du auch einen Dream hattest, dann erzähle mir davon. Der Phantasie sind keine Grenzen gesetzt. Vielleicht entstehen aus beiden Träumen Gemeinsamkeiten.

Mit freundlichen Grüßen, Dein Wolfgang."

Elana kann aus diesem Brief nicht viel herauslesen. Über den Autor erfährt sie jedenfalls nichts. Nicht einmal seine Telefonnummer. Jeder Mann auf dieser Welt hätte diesen Brief schreiben können. Auch die Absenderadresse ist wenig aufschlussreich: „Wolfgang Kahlert, Postfach 114, 65582 Diez". Elana weiß nichts über die knapp 11.000 Einwohner zählende und 151 Kilometer entfernte Stadt im Nordosten des Rhein-Lahn-Kreises. Aus diesem Grund kann sie auch nicht wissen, dass es in der rheinland-pfälzischen Kleinstadt ein Hochsicherheitsgefängnis gibt, in dem männliche Erwachsene mit besonders langen Haftstrafen untergebracht sind.

Trotz oder vielleicht gerade weil Elana mehr über diesen Mann herausfinden möchte, der ihr so überraschend direkt und vertraulich geschrieben hat, antwortet sie prompt. Wieder dauert es nur zwei Tage, bis sie Antwort erhält.

„Meine liebe Elana,
habe heute Deinen netten Brief erhalten und möchte mich vielmals für Deine lieben Zeilen bedanken. Ich habe auch ein sonderbares Gefühl im Bauch gespürt, aber ich bin mir nicht sicher, ob es Schmetterlinge sind. Bis jetzt dachte ich – dass dieses Gefühl nur den Frauen vorbehalten wäre und bei uns ein bisschen tiefer. Als ich daneben noch Deinen ganz persönlichen Duft in die Nase bekam, war es ganz um mich geschehen! Wahrscheinlich hast Du etwas von Deinem Parfum auf den Brief gesprüht? War eine gute Idee und das kannst Du wiederholen.

Leider vergeht der Geruch mit der Zeit und deshalb kannst Du nicht oft genug schreiben. Mit anderen Worten, auch zwischendurch kannst Du mich mit Deinem Duft betören.

Mein Liebling, viel hast Du mir ja nicht von Dir erzählt! Waren Deine letzten Worte nicht: ‚Darf ich auf ein Echo hoffen? Dann erfährst Du auch mehr von mir.' (?) Haben meine Worte Dich so aus der Fassung gebracht, dass Dir die Worte fehlten? Ich will Dich nicht eifersüchtig machen, aber eine andere Frau hat mir heute sechs Seiten geschrieben und der hatte ich nicht geschrieben, dass ich von ihr geträumt hätte! (…)

Übrigens, meine Liebe, zweimal hast Du meinen Namen falsch geschrieben, statt Wolfgang hast Du Wofang geschrieben. Wenn Du willst kannst Du mich auch Wolfi nennen. Bist Du aus Frankreich? Hast aber einen Deutschen geheiratet? Und wie schaut es mit Kindern aus? (…)

Viele liebe Grüße und einen dicken Kuss, Dein Wolfi."

Wolfgang hat ein kleines Passfoto von sich beigelegt, offenkundig älteren Datums. Es sieht so aus, als wäre das Bild auf einem Hinterhof gemacht worden. Der abgebildete Mann gefällt Elana: groß, stark, gut aussehend. Das könnte vielleicht etwas werden, denkt sie. Allerdings besteht sie in ihrem nächsten Brief auf einem aktuellen Foto.

Nachdem sie bisher wenig von sich preisgegeben hat, macht sie dem Versteckspiel nun ein Ende. „Ich wohnte bis zu meinem neunten Lebensjahr in Newclare (Südafrika) bei meinem Vater, meine Eltern waren geschieden", schreibt sie. „Nachdem meine Mutter eine Sorgerechtsklage gegen meinen Vater gewonnen hatte, bin ich mit meiner Mutter nach Kapstadt gezogen. Dort bin ich aufgewachsen. Mit 11 Jahren musste ich die Schule verlassen, weil meine Mutter wollte, dass ich arbeiten gehe. Sie hat nicht interessiert, dass ich intelligent war und auch etwas lernen wollte. Mein Vater hätte mich auf die Universität geschickt, das weiß ich. Aber so wurde ich eine Kaffeemacherin.

Als ich 21 wurde, wollte ich zurück zu meinem Vater nach Johannisburg. Das hat auch geklappt. Dort habe ich auf der Abendschule Modedesign gelernt. Mein Vater war in einer schwierigen Situation. Er hatte nicht verkraftet, dass meine Mutter mich ihm weggenommen hatte – er trank zuviel, war Alkoholiker geworden. Aber ich habe ihm wieder auf die Beine geholfen. Er wohnte bei mir, und er ist auch bei mir gestorben.

Später habe ich geheiratet und zwei Kinder bekommen. Mein Sohn ist heute Pilot, meine Tochter Immobilienmaklerin. Nach der Scheidung von meinem Mann bin ich nach Deutschland gekommen, in Südafrika war in meinem Beruf einfach nicht genug zu verdienen. Meine Tochter wollte nicht mitkommen, aber mein Sohn. Später bin ich als Entwicklungshelferin nach Mogadischu, das war auch ein Erlebnis. Es war zwar nicht schön, aber dadurch lernt man zu schätzen, was man selber hat – eine wichtige Erfahrung. Wenn man sieht, wie dort gelitten wird, es gibt nichts Schlimmeres. Als ich zurückkam, habe ich ein zweites Mal geheiratet, und zwar einen Rechtsanwalt. Er war ein liebenswürdiger Mensch, aber schwerbehindert musste er nach einem Verkehrsunfall sein Leben im Rollstuhl meistern. Als er 46 war, starb er ganz plötzlich an einem Herzanfall. Ich bekam einen Nervenzusammenbruch, und viele Ärzte meinen, dass meine MS-Erkrankung dort ihren Ursprung hat.

Nach dem Tod meines Mannes musste ich wieder Geld verdienen und habe Kosmetikerin gelernt. In unserem Haus hatte ich mir ein Studio eingerichtet. Es war schlimm, ich hatte nach dem Tod meines Mannes zunächst nichts, nur seine kleine Rente. Ich musste mein Leben von vorn beginnen."

Elana ist froh, dass sie jemanden gefunden hat, der nicht weit entfernt auf einem anderen Kontinent oder in einem anderen Land lebt, den sie vielleicht sogar kennenlernen möchte. Komisch ist nur, dass Wolfgang aus seiner Telefonnummer ein

Geheimnis macht. Alle anderen Brieffreunde kann sie anrufen. Noch merkwürdiger ist, dass auch von Wolfgang selbst kein Anruf kommt. Bei anderen Männerbekanntschaften war das so, ist das so. Wolfgang wird seine Gründe haben, denkt Elana. Vielleicht ist er verheiratet. Elana will gerade in diesem Punkt Gewissheit. Sie möchte nicht schuld daran sein, wenn eine Familie auseinanderbricht, wenn Kinder leiden.

Wolfgangs Antwort ist kryptisch. Er sei nicht verheiratet, schreibt er, doch er habe Angst, „etwas Bestimmtes mitzuteilen". Der Brief endet jäh und lässt Elana im Unklaren. Wolfgang hat Angst, „etwas Bestimmtes mitzuteilen"? Was kann das sein? Eine Krankheit? Ist dieser Mann vielleicht ein Geheimagent? Elana will sich nicht einfach mit Pseudo-Erklärungen abspeisen lassen und drängt weiter auf eine plausible Erklärung. Schließlich gibt Wolfgang nach. Er schreibt: „(…) Meine Liebste, unseren Traum möchte ich nicht zerstören! Es ist jedoch höchste Zeit, dass ich Dir die Wahrheit über mich schreibe, denn je länger ich sie herauszögere, d. h. sie weiter nach hinten verschiebe, umso schlimmer wird sie dann für Dich sein. Bestimmt hast Du Dir schon Deine Gedanken darüber gemacht, warum ich noch nicht angerufen habe? Es tut mir leid Dir sagen zu müssen, dass ich in Haft bin! Ich weiß wie sehr Du jetzt enttäuscht bist, aber dadurch muss unser Traum noch nicht gestorben sein! Ich glaube Du hast die Kraft, es mit mir durchzustehen, denn gemeinsam sind wir noch stärker. Leider hast Du mir noch nichts über Deine Krankheit mitgeteilt und somit weiß ich nicht, ob Du vielleicht Auto fahren kannst? So weit sind wir ja nicht von einander entfernt, dass Du mich nicht besuchen könntest, aber natürlich ist da noch die Frage, ob Du überhaupt mit mir noch etwas zu tun haben willst? (…)"

Oh Gott! Elana ist schockiert – ein Knacki. Vielleicht ein Betrüger? Ein Einbrecher? Oder ein Heiratsschwindler? Elana hat keinen Anhaltspunkt, um näher eingrenzen zu können, warum

Wolfgang eingesperrt worden ist. Mit Verbrechen und Verbrechern hat sie ihr Leben lang nichts zu tun gehabt. Und sie will es eigentlich auch nicht. Trotzdem schreibt sie Wolfgang auch weiterhin. Vor allem möchte sie von ihm den Grund seiner Inhaftierung erfahren.

„(…) Deine Frage würde jetzt sicher lauten: Kommt drauf an, wie lange du noch hast und vor allem, warum sitzt du da drin?" Wolfgang wiederholt in seinem nächsten Brief zunächst, was Elana besonders umtreibt. „Die könnte ich Dir sicher beantworten, aber vielleicht ist es auch gar nicht so wichtig, wo ich bin und was ich getan habe, sondern Dich interessiert nur der Mensch. Du hast Dir jetzt ein Bild von mir gemacht und das lässt Du Dir von mir jetzt auch nicht kaputt machen – diesen Eindruck habe ich von Dir gewonnen! (…)"

Wolfgang liegt mit seiner Einschätzung richtig. Elana hat eine sehr positive Lebenseinstellung. Sie ist eine fleißige, ehrliche, offene und ehrgeizige Frau, die trotz ihrer Behinderung kein Mitleid will. Und sie hat nicht zuletzt wegen ihrer Hautfarbe gelernt, Vorurteile richtig einzuschätzen. Jeder Mensch verdient eine Chance, lautet ihr Credo. Dieser Grundsatz muss indes auch für Menschen gelten, die Unrecht getan haben. Also auch für Wolfgang. Trotzdem will sie unbedingt erfahren, was dieser Mann auf dem Kerbholz hat.

Doch Wolfgang bleibt stur. Stattdessen wird er in seinem nächsten Brief sehr direkt. „(…) Dass mein dicker Kuss Dir zu wenig war, kann ich gut verstehen und darum schicke ich Dir zwischendurch schon mal – einen noch viel dickeren und ganz langen Kuss – wobei ich in Gedanken mit meiner Zunge auf Entdeckungsreise gehe: Ich komme an Dein linkes Ohr und ich höre Dich leise stöhnen – als ich meine Zunge tief in Deine Muschel stecke! Ich merke wie gut Dir das tut und versuche es mal mit dem anderen Ohr. Du drückst mich immer fester an Dich und dann geht Deine Hand auf Entdeckungsreise – immer tiefer. Und als Deine Reise zu Ende ist, rufst Du: oho, oho!!! Ich kann mir gut denken, was Du mit mir machst, wenn ich bei Dir zu Hause bin! Du bist sicher genauso ausgehungert wie ich nach ein bisschen Zärtlichkeit. Ich weiß nicht, wie lange Du schon auf den Tag wartest, aber bei mir sind es schon neun Jahre, seitdem ich das letzte Mal eine Frau in den Armen hatte! (…)"

Der geht aber ganz schön ran, denkt Elana. Der kennt mich doch gar nicht. Sie findet die Phantasien dieses Mannes aber auch merkwürdig unangebracht und plump. Noch nachdenklicher stimmt sie der Halbsatz „aber bei mir sind es schon neun Jahre (…)". Seit neun Jahren hat Wolfgang keinen intimen Umgang mit einer Frau gehabt. Neun Jahre hat er bereits im Gefängnis zugebracht. Wolfgang kann demnach kein kleiner Ganove sein. Die werden nämlich nicht so lange eingesperrt. Er muss etwas Schlimmes getan haben. Nur was?

Nach dem ersten Telefonat schreiben die beiden sich auch weiterhin in kurzen Abständen, ohne dass Wolfgang verrät, weshalb er inhaftiert ist. Er gibt Elana auch weiterhin Rätsel auf und versucht es zunächst mit einer Negativabgrenzung: „Ich kann das wegen meiner Strafe in einem Brief nicht so gut rüberbringen. Dafür kennen wir uns noch zu wenig und ganz bestimmt bekommst Du hinterher kalte Füße und lässt mich wieder allein. Nur soviel kann ich Dir verraten, dass ich kein ‚Lebenslänglich' habe, was mit Mord verbunden ist. Oder könntest Du auch damit leben? Ich weiß es nicht, aber deswegen bin ich nicht hier – keine Angst. Dies ist kein schönes Thema und ich will Dich damit verschonen, so lange es geht. Aber eines Tages muss ich es Dir wohl sagen. (…)"

Wolfgang wird mit der Zeit mutiger und drängt jetzt auf ein erstes Treffen: „(…) Wenn wir mit dem neuen Leben anfangen wollen, dann lass uns jetzt damit anfangen meine Liebste. Nur Mut, ich beiße nicht! Du schreibst zwar immer, dass ich Dir alles erzählen kann, aber dann musst Du mich schon besuchen kommen. So geht das nicht so gut, denn ich möchte Dir dabei schon gegenüber sitzen und Dir dabei in die Augen sehen können! Dafür hast Du doch hoffentlich Verständnis, oder? (...)"

Damit nicht genug. Wolfgang möchte noch etwas anderes, etwas Spezielles. „Ich habe Dir noch ein Foto von mir beigelegt. Aber dadurch das ich keine Brille aufhabe, kucke ich etwas verkniffen drein – was Dich hoffentlich nicht stört? Hast Du noch ein Bild von Dir, wo Deine Oberweite zu sehen ist, denn auf denen die Du mir geschickt hast kann man nichts erkennen. Am liebsten wäre mir schon ein Nacktfoto, aber da kannst Du mir nicht weiterhelfen? Mit einer Sofortbildkamera lässt sich das Problem lösen, mein Schatzi. (...)"

Elana weigert sich. Keine Nacktfotos. Sie müsste die Bilder mit der Post schicken, und die Briefkontrolleure würden sich einen Spaß daraus machen, befürchtet sie. Und überhaupt: „Wenn du so etwas willst, musst du dir eine Nutte holen!", weist sie Wolfgang am Telefon zurecht. Er solle lieber mal Mut beweisen und endlich sagen, warum er schon so lange im Gefängnis ist und warum er dort auf unabsehbare Zeit bleiben muss. Wolfgang gibt sich aber weiterhin zugeknöpft und bemüht noch einmal die übliche Ausrede: Die Zeit sei eben noch nicht reif dafür.

An einem Sonntagmorgen im Dezember hält Elana es nicht mehr aus. Sie will diesen Mann unter allen Umständen kennenlernen. Sie will ihn ansehen und sprechen hören. Spontan fasst sie den Entschluss, Wolfgang noch am selben Tag zu besuchen. Schon drei Stunden später steht sie vor dem Gefängnistor. Herzklopfen. Unruhegefühl. Sie weiß nicht, worauf sie sich einlässt. Sie weiß nicht, ob sie das Richtige tut. Irgendwie hofft sie darauf, Wolfgang möge doch am ganzen Körper tätowiert sein oder lange und fettige Haare haben – damit sie einen Grund hat, den Besuch und den Kontakt abzubrechen. Doch als sie ihm dann tatsächlich gegenübersteht, sieht Wolfgang tatsächlich so aus wie der Mann auf dem Foto im Hinterhof – toll! Und er macht einen guten Eindruck auf sie, weil er überaus höflich ist und sich zu benehmen weiß. Wolfgang ist einfach ein netter Kerl.

Das Gespräch dreht sich in erster Linie um das Leben in der Anstalt. Wolfgang erzählt von den miserablen Verhältnissen dort, dem schlechten Essen, der Langeweile, den Machenschaften der Wärter, dem Ärger mit anderen Insassen, der Einsamkeit. Nicht nur deshalb sei sie für ihn „der absolute Glücksfall". Elana lässt sich gerne umschmeicheln, doch eine Sache lässt sie nicht ruhen, auch jetzt nicht. „Warum bist du hier?", will sie wissen. Keine Antwort. „Wie lange musst du noch hier sein?" Wieder keine Antwort. Elana hakt nicht nach und tröstet sich mit dem Gedanken, es könnte Wolfgang vielleicht peinlich sein, über dieses Thema zu sprechen – vor all den Leuten an den Nebentischen, die jedes Wort mithören können. Als Elana das Gefängnis verlässt, denkt sie anders über Wolfgang. Sie sucht nicht mehr nach Gründen, um ihn loszuwerden. Sie überlegt sich vielmehr Argumente, wie man die Fortsetzung dieser Beziehung begründen könnte. Und sie denkt darüber nach, wie weit sie gehen kann und will.

Wolfgang indes zweifelt nicht. Jedenfalls liest sich der Brief so, den er Elana nach dem ersten Treffen schreibt.

„Meine Liebste,

wenn es in der ‚Hektik' des Abschiednehmens von mir vergessen worden sein sollte, möchte ich mich nachträglich für Deinen lieben Besuch bedanken! Sollte Dir das anders in Erinnerung geblieben sein, kann ich mich nicht genug für die schönen Stunden mit Dir bedanken! Ich habe mich hinterher noch des öfteren gekniffen – ob das nicht doch alles nur ein schöner Traum gewesen war? Erst wenn Du mir am Freitag geschrieben hast und Du mir die Bestätigung gibst, das es kein Traum war, werde ich es glauben müssen. (…)

Jede Frau hat so ihre gewissen Vorlieben und wie ich Dich kenne, musst Du viel und lange geküsst werden und das nicht nur auf Deinen süßen Mund ... Ich hab geträumt von Dir, mein Schatzi. Ich sah Deine leidenschaftlichen Augen, ich sah Dein strahlendes Lächeln, ich hörte Deine zarte, einfühlsame Stimme. Und dann spürte ich Deine Hände an meinem Körper, sie streichelten meine unbehaarte Brust und unsere Lippen verschmolzen in einem nicht enden wollenden leidenschaftlichen Kuss. Ich holte Luft und sagte: Liebling, Du musst Deine Brille abnehmen – ich versau Dir die Gläser mit meiner Stubsnase. Du sagtest: Macht nichts, mein Schatz, die kann man putzen. Come on, nur nicht schlapp machen. Diesmal kniete ich nieder und küsste Deine Hand und sagte: Ich will Dich – Du bist die Frau meiner Träume!! (...)"

Elana ist nicht abgeneigt. Sie empfindet etwas für Wolfgang, der ihr mittlerweile nicht nur optisch gefällt. Er weiß um ihre schwere Erkrankung. Doch er verliert kein Wort darüber und gibt Elana damit das Gefühl, ein vollwertiger Mensch zu sein, um ihrer selbst willen begehrt zu werden. Genau das ist es, wonach sie sich sehnt: Unvoreingenommenheit, Geborgenheit.

Auch die nächsten Besuche verlaufen harmonisch. Beide lachen viel miteinander. Wolfgang schmuggelt jedes Mal einen Liebesbrief in den Besuchsraum, damit Elana ihn noch am selben Abend lesen kann. Doch sie will sich auf diesen Mann erst dann einlassen, wenn sie die Tatsache kennt, aus der Wolfgang immer noch ein Geheimnis macht. In jedem Brief, in jedem Telefonat und bei jedem Besuch setzt sie ihm zu und stellt schließlich ein Ultimatum. Wolfgang reagiert und schreibt Elana, sie möge mit seinem Rechtsanwalt Kontakt aufnehmen, der werde ihr eine Kopie des Urteils aushändigen.

Elana nimmt das Angebot an und fährt nach Mannheim, dort hat Wolfgangs Anwalt seine Kanzlei. Das Gespräch ist kurz und förmlich. Elana bekommt das Urteil überreicht. Noch im Anwaltsbüro überfliegt sie die erste Seite der Unterlagen. „LANDGERICHT KÖLN – IM NAMEN DES VOLKES – URTEIL

(…) In der Strafsache gegen Wolfgang Kahlert (…) wegen Totschlags (…)" Elana ist entsetzt. Wolfgang hat einen Menschen getötet. Darum muss er so lange in Haft bleiben. Der letzte Satz des Rechtsanwalts bekommt jetzt wesentlich mehr Bedeutung: „Frau Borchert, es tut mir leid, aber Sie sind einfach zu gut für ihn."

Die Heimfahrt erlebt Elana wie in Trance. Am liebsten hätte sie die Urteilsschrift sofort gelesen, doch sie traut sich nicht. Sie hält es für klüger, diese schwere Aufgabe zu Hause zu bewältigen. Dort ist sie ungestört. Dort kann sie ihren Gefühlen freien Lauf lassen.

Am frühen Abend legt sie sich ins Bett und die 77 Seiten starke Urteilsschrift auf den Nachttisch. Elana muss sich erst überwinden. Eigentlich will sie all dies gar nicht lesen. Sie hat Angst, sich in einen Mann verliebt zu haben, der für andere Menschen zu einer lebensbedrohlichen Gefahr werden kann – Totschläger! Nach einigen Minuten der Besinnung nimmt sie das Urteil in die Hand und beginnt zu lesen. Schon auf Seite drei stockt ihr der Atem. Denn dort steht geschrieben: „Der Angeklagte ist des Totschlags in zwei Fällen schuldig." Wolfgang hat also *zwei* Menschen getötet. Elanas Herz beginnt heftig zu schlagen. Sie kann sich kaum beruhigen und legt die Unterlagen wieder zur Seite.

Erst eine ganze Zeit später nimmt sie all ihren Mut zusammen und macht einen neuen Anlauf. Ihre Aufregung ist so groß, dass sie das Urteil nicht Satz für Satz studiert, sondern querliest. So kommt sie schneller voran. Sie will endlich erfahren, wer dieser Mann ist und was er verbrochen hat.

Zunächst erfährt sie, wie Wolfgangs Leben bis zu den Tötungen verlaufen ist: „(…) in geordneten Verhältnissen aufgewachsen – drittes von insgesamt vier Kindern – Vater arbeitete als Schlosser – Mutter war Hausfrau – nahm an der Beerdigung seiner Eltern nicht teil – will von seinem Vater des Öfteren geschlagen worden sein – er habe seinem Vater nichts recht machen können – schon während der Schulzeit machte er sowohl den Eltern als auch seinen Lehrern erzieherische Schwierigkeiten – Schuleschwänzen und Diebstähle – freiwillige Erziehungshilfe – Hilfsschulheim – mit 14 Jahren aus der 6. Klasse entlassen – Lehre als Bergjungmann – wegen Verstoßes gegen die Sicherheitsbestimmungen wurde das Lehrverhältnis gekündigt – hiernach verschiedene Stellen als Hilfsarbeiter – nach betriebsinterner Schlägerei gekündigt – Probezeit bei einer Brauerei wegen Alkoholmissbrauchs nicht überstanden – nach kurzer Arbeitslosigkeit Tagelöhner – gab sein Geld in Gaststätten und Bars aus – zuletzt im Tiefbau tätig (…)"

Nach Wolfgangs Vita schließt sich eine Passage an, in der es um seine Beziehungen zu Frauen geht: „(…) sexuelle Kontakte zu Frauen erstmals bereits mit 14 Jahren – im Wesentlichen nur Gelegenheitsbekanntschaften – häufiger Partnerwechsel – erhebliche Aggressionen und Gewalttätigkeiten seitens des Angeklagten gegenüber der jeweiligen Partnerin – zweimal verlobt – zwei uneheliche Kinder, zu denen der Angeklagte keinen Kontakt hat – im nüchternen Zustand mehr oder weniger friedlich und hilfsbereit – schlug im alkoholisierten Zustand seine Partnerin ohne Vorwarnung und grundlos – stieß ihr eine Gabel in die Nase – kam nach Zechtouren verwahrlost nach Hause – 30 bis 50 Glas Bier am Tag – wollte von seiner Partnerin auf Alkoholprobleme nicht angesprochen werden – nach Trennung von seiner langjährigen Partnerin stets auf der Suche nach Frauenbekanntschaften – Kontaktanzeigen in einschlägigen Zeitschriften – suchte auch Kontakt zu älteren Frauen – Beziehungen nur von kurzer Dauer, da der Angeklagte sich häufig brutal und gewalttätig verhielt – dem Sexuellen stark zugeneigt – belästigte seine Partnerinnen auch nach Beendigung der Beziehung – Randaliererein – Drohungen – Gewalttätigkeiten – mit dem Fahrrad auf der Suche nach Frauen – betätigte sich des Öfteren als Spanner – befriedigte sich dabei selbst – verstand sich als Einzelgänger – pflegte keine Freundschaften – der Angeklagte wurde gemieden (…)"

Elana kann nicht glauben, was sie da über Wolfgang erfährt. Er ist ein Trinker, Rohling, Schläger, Scheusal, Spanner – gewesen? Obwohl sie das Urteil am liebsten gegen die Wand werfen will, zwingt sie sich zum Weiterlesen. Das Gericht listet Wolfgangs Vorstrafen auf: Trunkenheit im Straßenverkehr, Diebstahl, Einbruch, Raub, Beleidigung, Sachbeschädigung, Körperverletzung, Widerstand, Vollrausch, Verletzung der Unterhaltspflicht und so weiter. 23 Verurteilungen. Mehrere langjährige Haftstrafen. Wolfgang ist ein Schwerverbrecher, ein Krimineller.

Dabei hat sie einen ganz anderen Menschen kennengelernt: charmant, höflich, witzig, freundlich, zurückhaltend. Ein Gentleman. Elana macht eine Lesepause, bevor es ihr zu viel wird. Sie ist immer noch sehr aufgeregt, aber auch ratlos. Das Herz schlägt ihr bis zum Hals. Und ihr steht das Schlimmste noch bevor: die Taten, die Tötungen.

Den Abschnitt „II." des Urteils, in dem Wolfgangs Verbrechen geschildert werden, blättert sie hastig durch, sie nimmt nur noch einzelne Worte und Satzfragmente wahr: „(…) 61 Jahre alte Witwe – an das Geschlechtsteil gefasst – keine Erektion – massive Kopf- und Gesichtsverletzungen – drückte den Hals zu – Erstickungstod (…) 58 Jahre alte Witwe – erhebliche Kopfverletzungen – erhebliche Gesichtsverletzungen – Schnittverletzungen am Unterbauch und am Genital – Bissverletzung an der linken Brust – Tritte gegen Hals und Kehlkopf – Tod durch hohen inneren und äußeren Blutverlust (…)"

Das Urteil ist verstörend und vernichtend. Wolfgang hat brutal, rücksichtslos, menschenverachtend und bedenkenlos zwei ältere Frauen getötet, weil sie mit ihm keinen Sex haben wollten. Elana ist aufgewühlt wie noch nie in ihrem Leben. Sie legt die Urteilsschrift beiseite und beginnt zu weinen. Schlaf findet sie in dieser Nacht kaum. Immer wieder flammen bestimmte Satzfetzen vor ihrem geistigen Auge auf, die sie nicht zur Ruhe kommen lassen. Auch die nächsten Tage verbringt sie im Zustand des inneren Aufruhrs. In ihrer Verzweiflung ruft sie Wolfgang an, der ihr sofort seine Version der Dinge erzählt: Sein erstes sexuelles Erlebnis habe er mit einer 52-Jährigen gehabt – deshalb also waren die Opfer ältere Frauen. Er habe die Opfer jedoch nicht vergewaltigt, sie hätten freiwillig mitgemacht. Nur sei er betrunken gewesen und mit den Frauen in Streit geraten. Sie hätten ihn geschlagen, und er hätte zurückgeschlagen. Und dann habe er mit dem Schlagen nicht mehr aufhören können.

Auch wenn Elana es nicht ausdrücklich sagt, spürt Wolfgang, dass sie nach dieser schockierenden Offenbarung die Beziehung am liebsten beenden möchte. Doch Wolfgang beharrt auf weiteren Annäherungsversuchen. Er ruft Elana an und bettelt, sie möge doch wieder zu ihm kommen. Er behauptet, er habe sich geändert, er sei nicht mehr der Mensch, der damals getötet habe. Das müsse sie ihm glauben. Er wisse nicht, was er ohne sie anfangen solle. Ohne sie wäre sein Leben zu Ende.

Nach dem Telefonat ist Elana hin und her gerissen. Ihre Empfindungen und Gedanken sind zwiespältig: *Kann ich einem Menschen wie Wolfgang vertrauen? Ist er zu einer derart gravierenden Veränderung überhaupt fähig? Bei dieser Vergangenheit? Droht mir auch irgendwann Gefahr? Bin ich sein nächstes Opfer? Andererseits: Bin ich Gott? Steht es mir überhaupt zu, über Wolfgang zu urteilen? Hat nicht jeder Mensch die Chance verdient, sich zu ändern? Müssen diese Grundsätze nicht auch für Wolfgang gelten?*

Elana erinnert sich an Wolfgangs positive Seiten. In Gedanken lächelt er sie an. Überhaupt dieses herzerfrischende Lachen! Viele Menschen lachen und sehen dabei so aus, als würde ihnen etwas wehtun. Bei Wolfgang ist das anders. Er kann richtig laut lachen, aus vollem Herzen. Da muss also auch etwas Gutes in ihm sein. Wolfgang ist nicht nur einfach eine „Bestie", die eingesperrt werden muss. Da ist auch ein Mensch, der er es verdient, geliebt zu werden. Irgendwann haben die Grübeleien ein Ende, und Elana ist nun überzeugt, das Richtige zu tun. Sie will Wolfgang auch weiterhin schreiben. Wenigstens das.

Schon in seinem nächsten Brief macht er seine Ankündigung wahr und äußert sich zu seiner Strafe und seinen Taten: „(…) Also, ich wurde zu zwei Einzelstrafen verurteilt: Einmal zu 12 Jahre und ein Monat und in der gleichen Verhandlung zu noch einmal 13 Jahre, macht zusammen 25 Jahre und 1 Monat! Endstrafe ist am 31. Oktober 2015. (…) In beiden Fällen wurde ich auf Indizien verurteilt. Hätte ich den zweiten Fall nicht direkt in meiner Nachbarschaft begangen, wäre man nie auf mich gekommen, so aber brauchten sie nicht lange zu suchen, denn als Vorbestrafter ist man sofort unter den Verdächtigen und somit dauerte es nur eine Woche, bis die Kripo bei mir klingelte. (…) Macht es noch einen Unterschied, ob es Frauen oder Männer waren? Ein Motiv müsste es eigentlich auch geben, klar, gibt es mit Sicherheit – aber trotzdem für Außenstehende ist keins ersichtlich und ich habe bis heute mit niemand darüber gesprochen. Fällt mir auch nicht leicht. Warum, weiß ich selber nicht so genau, vielleicht um eigene Schwächen nicht zugeben zu müssen. Eine, mit der ich zehn Jahre zusammengelebt habe weiß es mit Sicherheit, denn sie hat mich mit einem anderen betrogen, als ich wieder für ein paar Monate im Knast war, aber wer fragt heute noch danach?

Mein Schatz, dass ich jetzt nicht gleich auf Schmusetour gehen kann, wirst Du hoffentlich verstehen? Wenn Du noch Fragen hast, dann frage, oder bist Du mit dem, was ich Dir jetzt anvertraut habe, zufrieden? Wenn Du mich noch genauso liebst wie zuvor, würde mich das schon freuen, aber dann wärst Du bis heute die erste Frau, die nicht so reagiert wie die anderen und das würde mich schon überraschen! Ich wünschte alles wäre anders verlaufen in meinem Leben, aber es hat nicht sollen sein. Die

Weichen wurden sicher zu einem Zeitpunkt gestellt, als man mich mit zehn Jahren in ein Heim brachte. Mein jüngerer Bruder wurde dafür gehätschelt und getätschelt und für mich war da kein Platz mehr.

Ich liebe Dich und Küsse, Dein Schatz."

Der Geist ist jetzt aus der Flasche, und Elana fasst wieder Vertrauen zu Wolfgang. Schließlich hat er sich zu seinen Taten bekannt, auch wenn es bis dahin ein langer Weg war. Elana ist aber auch realistisch genug zu erkennen, dass grundlegende Persönlichkeits- und Verhaltensänderungen bei Wolfgang nur dann zu erwarten sind, wenn er sich einer Therapie unterzieht. Doch die Chancen stehen schlecht. Denn er weigert sich hartnäckig, weil er nicht möchte, dass jemand „in seine Seele kucken kann". Und die Anstaltspsychologen begutachten ihn jedes Jahr negativ. „K. lehnt es auch weiterhin ab, sich mit seiner Straftat und der zugrunde liegenden Persönlichkeits- und Alkoholproblematik auseinander zu setzen", heißt es im letzten Gutachten. „Ihm aufgezeigte Behandlungsmöglichkeiten (bspw. Gespräche in der Anstaltsgruppe) hat er nicht genutzt. Seit dem 18. 09. 97 ist er nicht mehr zur Arbeit eingeteilt. Von den Stationsbediensteten wird er als sehr zurückgezogener Gefangener geschildert, der sich überwiegend mit Schach und Fernsehen beschäftigt und keinen Kontakt zu Mitgefangenen hat. Sein Haftraum ist ordentlich und sein Verhalten gegenüber Bediensteten nicht zu beanstanden. Aufgrund seines bisherigen passiven Verhaltens (selbstgewählte Isolation, fehlende Mitarbeitsbereitschaft, wiederholte Weigerung, an den Vollzugskonferenzen teilzunehmen) ergeben sich keine Behandlungsansätze."

Dass Elana es mit einem überaus schwierigen Charakter zu tun hat, bekommt sie sehr bald zu spüren. Wolfgang versucht ihr vorzugeben, wie oft sie ihm zu schreiben hat („jeden Tag"), welche Formulierungen und Grußformen dabei zu verwenden sind („Schatzi", „Wolfi"), welchen Umfang ein Brief zu haben hat

(„mindestens zwei Seiten"), welche Art von Briefpapier zu benutzen ist („weiße DIN-A-4-Seiten"), wie groß ihre Schrift zu sein hat („kleine Buchstaben") und dass auf Korrekturen nicht verzichtet werden darf („unbedingt noch mal lesen"). Jeder Rechtschreibfehler, der Elana in ihrer Nicht-Muttersprache unterläuft, wird unnachgiebig moniert, obwohl Wolfgang es oftmals selbst nicht besser weiß. Auch wird ihr schnell bewusst, dass sich Wolfgangs Gedanken in erster Linie um ein Thema ranken: Sex. In jedem seiner Briefe gibt es eine entsprechende Passage, in der er seiner Phantasie freien Lauf lässt. Elana lässt sich zwar darauf ein, doch für sie ist das mehr ein Spiel mit dem Feuer. An Intimitäten mit diesem Mann, die über Küssen und Streicheln hinausgehen, ist sie nicht interessiert.

Und trotzdem versucht Wolfgang sich ihr bei jedem Besuch körperlich zu nähern. Doch Elana weiß sich zu wehren. Sie trägt Netzstrümpfe, einen Body, Strumpfhose, darüber gleich zwei Hosen. Wolfgang kann so viel fummeln, wie er will, er kommt nicht ans Ziel. Irgendwann beschwert er sich und verweist auf die Ehefrauen und Freundinnen der anderen Insassen, die nicht zufällig mit langen Röcken zu Besuch kommen. Doch Elana bleibt dabei: no sex.

Aber auch Wolfgang weiß, was er will. „Ja, mein Schatz, ich habe ebenfalls Sehnsucht nach Dir!", schreibt er in einem seiner zahlreichen Briefe. „Ich weiß zwar nicht wann wir uns wieder sehen, aber dann lasse ich Dich nicht mehr los und den Eingang darfst Du dann nicht mehr so verschließen, wie bei den anderen Besuchen! Diesmal möchte ich mit meinem Finger ganz tief in Deine Muschi hinein, und während ich das schreibe, wird mein Schwanz ganz dick! Jetzt sind doch alle guten Vorsätze dahin und ich denke nur noch an Deine rasierte Schnecke! Wie gerne möchte ich Dir da jetzt meinen Zauberstab reinstecken, mein wunderbarer Liebling. (…)

Beim nächsten Mal kommen wir bestimmt auf unsere Kosten, vorausgesetzt Du hast den richtigen Platz gefunden, wo wir nicht von allen Seiten beobachtet werden können und Du hast ein Kleid angezogen! Wenn nicht bohre ich mir ein Loch durch Deine Hose, damit ich endlich mal einen Finger in Deine Muschi stecken kann. Wenn wir uns dann genügend heiß gemacht haben, warten wir bis Du zu Hause bist und genau um <u>20.00 Uhr</u> lassen wir uns von der Phantasie inspirieren und vollenden das, wozu wir nicht gekommen sind. (…)"

Als Wolfgang beim nächsten Treffen abermals versucht, Elana in Verlegenheit zu bringen, ist es mit ihrer Geduld vorbei.

Sie faucht ihn an: „Du bist doch schwanzgesteuert!"

Er: „Wie kannst Du so etwas sagen?"

Sie: „Mit dir kann man sich doch gar nicht vernünftig unterhalten, bei dir geht es immer nur ums Bett."

Er: „Das stimmt doch gar nicht."

Sie: „Sexualität gehört zu einer Beziehung, aber sie ist nicht die Hauptsache. Sonst ist es keine Beziehung, dann kannst du auch ins Bordell gehen."

Er: „Du übertreibst doch!"

Sie: „Was wirst du in Freiheit machen, wenn ich keinen Sex will – mich umbringen?"

Er: „Du weißt doch, ich würde dir niemals etwas tun!"

Sie: „Wer weiß …"

Elana möchte aus ihrer Beziehung zu Wolfgang kein Geheimnis machen. Sie erzählt es ihren Kindern und Freundinnen und Freunden. Es kommt kein Widerspruch, keine wohlmeinende Belehrung. Aber auch keine Zustimmung. Doch ganz egal, wie das Meinungsbild ausgefallen wäre, Elana hätte sich nicht von ihrem einmal eingeschlagenen Weg abbringen lassen. <u>Sie will eigenverantwortlich handeln und sich nichts vorschreiben lassen.</u> So hat sie es immer gehalten. Elana ist fest davon überzeugt, dass sie Wolfgang nicht ganz zufällig begegnet ist. Schicksal.

Im September 2000 erreicht sie ein Brief, der sie besonders

berührt. Wolfgang schreibt: „(...) Ich will versuchen Dir zu sagen, warum ich Dich liebe, meine schwarze Perle: Weil Du die erste Frau bist, die keine Vorurteile hat, auch wenn Du es nicht gutheißen kannst, was ich gemacht habe. Aber Du gehst der Sache hartnäckig auf den Grund. Ich kann mich Deinen Worten nur anschließen. Du hast mich als Mensch akzeptiert und bist für mich da, wenn ich Dich rufe, egal ob es Dir gut geht oder nicht. Du bist eben einmalig, wie Du selbst gesagt hast und Deinem Charme konnte ich nicht wiederstehen – oder Deine Zärtlichkeit und Natürlichkeit, Dein unwiederstehliches Lachen, einfach alles an Dir, aber das habe ich Dir schon so oft gesagt, oder doch nicht? Kurz und knapp: Du bist meine kleine kostbare Perle und Dich werde ich beschützen wie meinen Augapfel. Die anderen hundert Gründe nenne ich Dir im Laufe unseres Lebens, denn wir werden mindestens 80 Jahre und wenn die nicht reichen – es kommen immer neue dazu und viele sind von mir noch gar nicht entdeckt worden! Auf diese Zeit müssen wir hinarbeiten und das Ziel dürfen wir nicht aus den Augen verlieren. (...)"

Wenige Wochen später konkretisiert Wolfgang sein nächstes Ziel, als Elana ihn besucht.

Er: „So, liebe Elana, ich kann mich nicht hinknien, ich habe auch keinen Verlobungsring, aber bitte, du darfst nicht Nein sagen."

Sie: „Dafür müsste ich erst einmal wissen, was du mich fragen willst. Eine Bank würde ich für Dich jedenfalls nicht ausrauben."

Er: „Möchtest du meine Frau werden?"

Sie: „Was habe ich davon? Du bist doch nicht frei. Wenn ich dich heirate, habe ich zwar auf dem Papier einen Mann, aber in Wirklichkeit doch keinen."

Er: „Elana, wenn wir heiraten, dann wird es mir im Knast viel besser gehen. Meine Rente wird erhöht werden. Und wenn alles gut geht, kann ich sogar Freigang bekommen. Es besteht also

Hoffnung, dass ich hier rauskomme. Wenn nicht, werde ich hier wohl sterben müssen."

Sie: „Wenn ich dir diese Chance gebe, wirst du dich ernsthaft bemühen?"

Er: „Natürlich! Ich werde dir immer treu sein. Ich werde dich niemals verletzen. Ich werde alles für dich tun. Du weißt doch, dass ich dich über alles liebe."

Elana nimmt Wolfgang in die Arme, bleibt die Antwort aber schuldig. Sie weiß nicht, wie sie sich entscheiden soll, was zu tun ist. Heiraten? Diesen verkorksten Typen mit düsterer Vergangenheit und unklarer Zukunft, der so unendlich lieb sein kann – aber auch so widerborstig, so sperrig, so kindisch. Wenn er doch nur in Freiheit wäre, sie würde nicht zögern. Die Gründe, die Wolfgang genannt hat, warum sie heiraten sollen, erscheinen ihr durchaus plausibel: mehr Geld, Vollzugslockerungen, Ausgang, Freiheit. Sie spürt eine Verpflichtung, ihm helfen zu müssen. Das ist vielleicht die letzte Chance, die er bekommt. Wenn sie ihm jetzt nicht beisteht, dann ist es vorbei mit ihm.

Doch da sind auch Zweifel. Die anstrengenden Gefängnisbesuche, Liebe auf Zeit, kein geregeltes Leben, ein ewiges Hin und Her. Das ist nicht Elenas Lebensstil. Sie und Wolfgang sind grundverschiedene Menschen. Zu unterschiedlich? Elena fragt sich fortwährend auch: Machst du das Richtige? Oder machst du den Fehler deines Lebens? Es vergehen noch einige Wochen, bis sie sich Klarheit verschafft hat und die Antwort weiß: ja, wenn… Elana willigt ein unter der Bedingung, dass Wolfgang eine Therapie beginnt. Er ist einverstanden. Jetzt wird alles gut, hofft Elana.

Am 6. Februar 2001 wird geheiratet. Die Feierlichkeit findet im Besuchsraum des Gefängnisses statt, der durch eine Schiebetür vom Publikumsverkehr abgetrennt ist. Auf dem Tisch stehen Blumen. Vier Wärter sind anwesend und machen Fotos. Sekt und Kuchen fehlen. Es wird mit Orangensaft angestoßen. Nach dem etwa zehnminütigen Zeremoniell wünscht die Standesbeamtin den frisch Vermählten noch „viel Glück". Elana zeigt sich schlagfertig. „Wenn mein Mann sich benimmt, kann es was werden", sagt sie und gibt Wolfgang einen Kuss. Auch wenn die Hochzeitsnacht ausfällt und zu einem späteren Zeitpunkt während eines dann gestatteten „Familienbesuches" nachgeholt werden soll, ist Elana fest davon überzeugt, den richtigen Mann geheiratet zu haben. Sie spürt förmlich, wie sie ein Hauch von Glück umweht. Auf mehr möchte Elana sich noch nicht einlassen. Das wird ihr jedoch erst so richtig bewusst, als sie in ihre Wohnung zurückkehrt – ohne Wolfgang.

Um ihrem Ehemann näher sein zu können und nicht mehr so strapaziöse Autofahrten unternehmen zu müssen, zieht Elana in eine kleine Wohnung in der 679-Seelen-Gemeinde Allendorf. Jetzt muss sie nur noch 16 Kilometer fahren, um Wolfgang zu sehen. Vor dem ersten Familienbesuch, der maximal drei Stunden dauern und in einem separaten Raum stattfinden soll, hat Elana ein ungutes Gefühl. Werden sie vielleicht beobachtet? Sind sie wirklich allein? Hört niemand mit? Es ist eben nicht so wie zu Hause, wenn man einfach ins Schlafzimmer geht und sich unbehelligt fühlen darf.

Elana wird von einem Beamten zum Besuchszimmer begleitet, das recht spärlich ausgestattet ist: ein Tisch, zwei Stühle, eine Couch, ein paar Handtücher. Als der Beamte geht, sagt er noch, dass sie jederzeit nach ihm rufen könne, wenn sie etwas brauche, wenn etwas wäre. Ohne es zu ahnen, hat der Wärter bei ihr einen wunden Punkt getroffen: „wenn etwas ist". Elana weiß, dass sie in den nächsten Stunden mit Wolfgang Sex haben wird. Ein wenig Angst hat sie davor schon. Dass er sie schlägt, wenn etwas schiefgeht. Oder dass er ihr die Kehle zudrückt. Schließlich hat Wolfgang zwei Frauen getötet, die sich bei Intimitäten mit ihm nicht wunschgemäß verhalten haben sollen. Elana ist gewarnt und gespannt zugleich.

Doch ihre Befürchtungen erfüllen sich nicht einmal ansatzweise. Wolfgang erfüllt alle Voraussetzungen, die Elana wichtig sind, um mit einem Mann intim zu werden: Er ist sauber und stinkt nicht; er ist zärtlich und rücksichtsvoll; er tut nichts, womit Elana nicht auch einverstanden ist; er passt auf, dass er ihr nicht wehtut. Sie streichelt sein Haar und nimmt ihn in die Arme. Plötzlich ist da eine andere Welt, ein anderer Mensch. Wolfgang ist in ihren Augen kein Verbrecher mehr, sondern nur noch Mann und Mensch. Obwohl der Sexualakt für Elana eine eher untergeordnete Rolle spielt, lernt sie gerade hierbei einen anderen Wolfgang kennen – einen Menschen, der Zärtlichkeit und Liebe geben kann und in gleicher Weise dafür empfänglich ist. Wolfgang befriedigt sich nicht einfach nur, er vermittelt Elana vielmehr das Gefühl, angenommen zu werden, ihm alles zu bedeuten. Und so kann sie es genießen, ihm auch körperlich nahe zu sein. Es ist einfach schön und erfüllend mit ihm. Und Elana kann erstmals wie eine Ehefrau empfinden.

Dennoch plagen sie später Zweifel: Wo ist das „Monster"? Wo ist das „Biest"? Vielleicht passiert es beim nächsten Mal? Oder später? Doch es wird nicht passieren. Nicht ein einziges Mal. Wolfgang ist und bleibt ein zärtlicher und rücksichtsvoller Sexualpartner.

Familienbesuche dürfen nur zweimal im Monat stattfinden. Elana und Wolfgang bleiben demnach binnen vier Wochen nur sechs Stunden, um sich nahe sein zu können. Der schlimmste Moment ist, wenn der Wärter kommt und Abschied genommen werden muss. Es ist stets ein sehr wehmütiger Augenblick, der lange nachwirkt. Schon auf dem Heimweg spürt Elana, wie ganz allmählich dieses quälende Gefühl der Einsamkeit von ihr Besitz ergreift. Die leere Wohnung droht. Doch jedes Mal tröstet sie sich mit dem Gedanken, dass Wolfgang bald eine Therapie beginnen und am Ende dieses entbehrungsreichen Weges mehr Zweisamkeit möglich sein wird.

Doch Wolfgang will sich an sein vor der Hochzeit gegebenes

Versprechen partout nicht halten. Bei jedem Besuch drängt Elana darauf, er möge doch endlich einen Antrag stellen. Wolfgang aber ist sauer, wenn seine Frau auf dieses Thema zu sprechen kommt. Er sei doch bereits ein anderer Mensch geworden, wendet er ein, wozu dann noch eine Therapie? Er brauche so etwas nicht. Basta. Und im Übrigen solle sie doch gefälligst Rücksicht nehmen, seine Situation im Gefängnis sei so schon schwer zu ertragen. Ob sie denn überhaupt wisse, was es bedeute, jeden Tag 23 Stunden auf engstem Raum eingesperrt zu sein – und das schon seit mehr als zehn Jahren.

Immer wenn die beiden nicht einer Meinung sind, offenbart sich das größte Dilemma ihrer Beziehung. Elana und Wolfgang können nicht miteinander diskutieren oder sich streiten. Selbst wenn sie ihm nur eine Frage stellt, die ihm nicht passt, die ihn in eine Rechtfertigungssituation befördert, verweigert er sich wie ein kleiner, trotziger Junge oder wird ungehalten. Seine Rechthaberei und seine mehr und mehr sich offenbarende cholerische Art irritieren und verärgern Elana. Wolfgang will sie dominieren. Aber Elana ist keine devote Frau, die lieber klein beigibt. Sie nimmt den Kampf an. Auch wenn ihre leere Wohnung sie angähnt und sie sich über Wolfgang und seinen Starrsinn ärgert, denkt sie nicht daran, Kontakt zu anderen Männern zu knüpfen. Das würde nicht ihrem Charakter entsprechen. Sie kennt nur einen Trennungsgrund: Fremdgehen. Bei einem Gefängnisinsassen schwer vorstellbar.

Besonders belastend ist für Elana, dass sie sich mit kaum jemandem über ihre Beziehungsprobleme austauschen kann. Nur mit ihrem Neurologen führt sie Gespräche und berichtet von ihrem Kummer. Der rät ihr, sie solle genau das tun, was sie tun wolle. Doch dem stehen Wolfgangs Kommunikations- und Konfliktunfähigkeit entgegen, die sich besonders in seinen Briefen äußern, wenn er seine Frau nach einem vorherigen Disput schwer beleidigt: „(…) Mich wirst Du aber nie nackt durch die Straßen scheuchen, wie Du es in Afrika gemacht hast. (...) Außerdem scheinst Du in der Schule gerade gefehlt zu haben, als sie die Benimmregeln drangenommen hatten, denn auch seinen ärgsten Feind sollte man eigentlich grüßen! Aber wenn man in Afrika weit von jeder Zivilisation in einem Kral gewohnt hat, kann ich das verstehen! (...)"

Jeder Beleidigung oder Verwünschung folgt prompt ein Dementi, eine Liebesbekundung. Dann ist Elana wieder seine „schwarze Perle", „ein Schatz", „die Friedliche" oder „die Göttliche". Ihre Ehe wird nicht von den üblichen Höhen und Tiefen einer Beziehung gekennzeichnet und geprägt, es gibt keinen Alltag, der gemeinsam bewältigt werden muss und zusammenschweißt. Es fehlt das Fundament, die Stabilität. Elana erlebt diese Ehe wie eine endlose Achterbahnfahrt, die sie über einen längeren Zeitraum gar nicht aushalten kann und will. Trotzdem hält sie an Wolfgang fest.

Wenn sie seine reumütigen Entschuldigungsbriefe liest, packt sie das Mitleid. „(...) Um nicht noch länger schlaflos in meiner Koje liegen zu müssen, bin ich wieder aufgestanden und möchte die Gedanken, die mich jetzt zwei Stunden quälten, zu Papier bringen", schreibt Wolfgang und bemüht sich, seine Wutausbrüche zu erklären und zu kaschieren. „Mit anderen Worten: mein schlechtes Gewissen quält mich. Weil ich auf Deinen Besuch nicht vorbereitet war und nicht die Worte aussprechen konnte, die Du wahrscheinlich von mir erwartet hast. Dazu gehört vor allem, dass ich mich für mein taktloses Verhalten entschuldigen möchte! Manchmal habe ich wirklich ein Brett vor dem Kopf und komme erst wieder zur Besinnung, wenn es fast zu spät ist. Ich muss dabei an Deine Worte denken, dass Du Dich öfters vor dem Einschlafen in den Schlaf weinst, aber bei mir hat das genau das Gegenteil bewirkt und mich nicht einschlafen lassen. Deshalb sitze ich jetzt hier mitten in der Nacht, um Dir das zu sagen, wozu ich in Deiner Gegenwart nicht in der Lage bin.

Ich frage mich u. a., ob ich schon so weit abgestumpft bin, dass ich jegliche Gefühle verloren habe, d. h. mit anderen Worten: habe ich statt ein Herz ein Stein in der Brust? Ich habe <u>mich</u> das gefragt, nicht dass ich die Frage an Dich richte, damit wir uns nicht falsch verstehen! Vielleicht hast Du dir die Frage auch schon gestellt, warum ich immer wieder mit Deinen Gefühlen so rumspiele und es damit beantwortet, dass ich langsam aber sicher paranoia werde, oder wie das auch heißen mag, jedenfalls weißt Du das richtige Wort dafür und das heißt: Irresein. Wenn ich es vorher noch nicht war, muss es in den Jahren hier fortgeschritten sein und wie wird sich das erstmal bemerkbar machen, wenn ich noch 14 Jahre hier sitze??? Kein beruhigendes Gefühl für Dein zartes Gemüt. (…)"

Nach solchen Briefen hört Elana stets eine CD mit klassischer Musik, die Wolfgang ihr geschenkt hat. Schwermut überfällt sie dann, wenn ihr wieder einmal zu Bewusstsein kommt, dass sie in ihrer Ehe ein sehr einsamer Mensch geblieben ist, der sich lediglich an Träumen aufrichtet und stundenweise in einer Schweinwelt lebt.

Wolfgang spürt, dass sich die Beziehung zu Elana merklich abkühlt. Hoffnung macht er sich und seiner Frau, als er ein Gnadengesuch einreicht. „(…) Da es sich bei der Krankheit meiner Frau um eine im Grunde irgendwann tödlich verlaufende Krankheit handelt", schreibt Wolfgang und versucht, seinen Straferlass zu rechtfertigen, „ist in mir nicht nur die Sorge, dass sie daheim ohne Hilfe zurecht kommen muss, sondern auch die tiefgreifende Angst, sie könnte von dieser Welt gehen, ohne dass ich regelrecht in hilfreicher Aktion und der damit verbundenen Liebe an ihrer Seite sein durfte. (…)" Doch auch sein Versprechen, „dass es von meiner Seite nie wieder eine Konfrontation mit der Gesetzgebung geben wird", überzeugt den Ministerpräsidenten von Rheinland-Pfalz nicht. Wolfgang muss in Haft bleiben.

Im Laufe der Zeit schleicht sich in die Ehe von Elana und

Wolfgang ein schmerzhaftes Gefühl ein, das gerade in ihrem Fall unnötig und unbegründet, aber von Dauer ist: notorische Eifersucht. Wolfgang leidet darunter, dass seine Frau noch Bilder ihres verstorbenen Mannes besitzt und diese auch an den Wänden ihrer Wohnung hängen, und Elana kann es nicht ertragen, dass Wolfgang nicht nur ihr Briefe schreibt, sondern auch noch einer anderen Frau, die vor vielen Jahren Wolfgangs Freundin gewesen ist, als er noch in Freiheit lebte. Diese quälenden und aufwühlenden Verlustängste nagen am gegenseitigen Vertrauen der Ehepartner und führen immer wieder zu frustrierenden Diskussionen, die mit gegenseitigen Vorwürfen beginnen und auch so beendet werden.

Auch Wolfgang machen die Disharmonien zwischen ihm und seiner Frau zu schaffen. Allerdings traut er sich nicht, mit Elana darüber zu sprechen. Er hat Angst vor einem neuerlichen Streit. Wolfgang bekennt sich zu seinen Empfindungen und Befürchtungen lieber in einem Brief: „(…) Woher dieses Gefühl im Magen kommt, könnte ich Dir schon erklären, aber es würde nur einen neuen Streit geben und darauf habe ich keine Lust. Dass Du dieses Gefühl auch des öfteren hast, kann ich schon verstehen und es hängt mit Deiner Krankheit zusammen. Naja, vielleicht finden wir mal etwas Zeit, um darüber zu reden, aber was dabei herauskommt habe ich beim letzten Besuch wieder erlebt. Hätte ich nicht eingelenkt, wer weiß wie dieser Besuch geendet hätte. Wenn Du mir nicht versichert hättest, dass Du nicht von Medikamenten beeinflusst wärest, hätte ich was anderes angenommen. Trotzdem stimmt so einiges nicht mehr zwischen uns und ob das immer nur an meinen Briefen liegt, bezweifle ich. Ich wollte ja nichts über dieses ungute Gefühl schreiben und nun habe ich es doch getan. Ich werde die Augen schließen und die dunklen Wolken wegdenken, so wie Du es mir geraten hast. (…)" Wolfgang unterschreibt diesen Brief nicht mehr wie sonst üblich mit „Dein lieber Wolfi", sondern nur noch mit „Dein Mann und Kaktus".

Im darauffolgenden Brief verbleibt er als „Dein Mann und Skorpion, der so lange zusticht, bis sein Stachel abbricht – was aber noch lange nicht der Fall ist."

In einem wenig später geführten Telefonat verliert Wolfgang die Nerven und beschimpft und beleidigt seine Frau so übel, dass fortan ein Wärter jedes Gespräch mithört und auch bei Familienbesuchen in der Nähe ist. Derartiges darf und soll sich nicht wiederholen. Vorbei ist es mit der Intimität. Eiszeit. Die wenigen hiernach geführten Telefongespräche zwischen beiden nehmen jeweils einen kuriosen Verlauf: Wolfgang ruft an und sagt „Hallo", sonst nichts. Elana erwidert: „Hallo?" Wolfgang antwortet aber nicht, weil er Angst hat, dass Elana wieder Dinge sagen könnte, die der Wärter besser nicht erfahren sollte und ihn in Misskredit bringen würden. Funkstille. Weil Wolfgang schweigt und Elana auch nichts sagen will, legt sie irgendwann auf.

Die Situation spitzt sich in den nächsten Wochen merklich zu, und beide ziehen die letzten Register: Elana droht mit Scheidung, Wolfgang mit Selbstmord. Doch Elana will sich nicht erpressen lassen und bietet Wolfgang an, sie werde ihm beim nächsten Besuch ihre Tabletten mitbringen, mit denen könne man sich prima umbringen. Er müsse nur Bescheid sagen. Wolfgang weiß darauf wieder einmal nichts zu sagen und antwortet mit einem bösen Brief. „(…) So sah also Deine ‚Sehnsucht' aus", empört er sich. „Als ich Dich in meine Arme nehmen wollte, hast Du mich zurückgestoßen! Wenn es noch mal dazu kommen sollte, hast Du das zum letzten Mal getan, das habe ich mir geschworen. Du bist schlimmer als ein kleines Kind, dem man sein Spielzeug weggenommen hat. Ich weiß wirklich nicht, was der Auftritt wieder sollte? Das gilt auch für Deine Medikamente, die Du ausgerechnet um 8.45 einnehmen musstest. Wenn der nächste Termin noch zählen sollte, ändere bitte die Uhrzeit! (…)"

Doch Elana denkt nicht daran. Sie hat mit Wolfgang längst

abgeschlossen und wartet nur noch auf einen Grund, den er ihr liefern soll. Von sich aus will sie die Beziehung vorerst nicht beenden, weil Wolfgang ihr auch unendlich leidtut. Allerdings ist sie es mittlerweile satt, seine infantile Neugier und seinen Eigensinn weiterhin zu ertragen.

Den Trennungsgrund liefert jedoch nicht Wolfgang, sondern ein Wärter, der Elana unter dem Deckmantel der Verschwiegenheit mitteilt, dass ihr Mann noch anderen Frauenbesuch empfange. Endlich! – der Vertrauensbruch, auf den Elana gewartet hat. Jetzt kann sie Wolfgang den Laufpass geben. Sie schreibt ihm einen letzten Brief und teilt mit, dass sie einen „tollen Mann kennengelernt" habe: groß, stark, Waschbrettbauch, Dreitagebart, sportlich, witzig, von Beruf Jurist. Dieser Mann existiert zwar nicht, doch Elana weiß aus Gesprächen mit Wolfgang, dass er „solche Typen" verabscheut. Elana will keine Rache, sie will Wolfgang so vergrätzen, dass auch er eine Trennung will.

Und das gelingt ihr auch. In zahlreichen Briefen lässt Wolfgang seinen Aggressionen freien Lauf: „(…) Du wirst von mir keinen Cent bekommen. Dein Tipp, ich soll Dir pünktlich Deinen Unterhalt überweisen, kannst Du Dir hinten reinschieben, da ist viel Platz!" „(…) Du warst nur Mittel zum Zweck! Wenn ich aber gewusst hätte, wie sehr Deine Lover und Ex-Männer Deine Möse ausgeleiert haben, hätte ich Dich nie geheiratet. Es wäre auch nicht halb so teuer für mich geworden, wenn ich mir jeden Monat eine Edelnutte aus Frankfurt bestellt hätte, und ich hätte hinterher gewusst, dass ich auch auf meine Kosten gekommen wäre! Zum Glück ist die Schinderei jetzt vorbei!" „(…) Ich werde mich jetzt so verhalten, wie man mich hinstellt, und zwar wie ein Monster. Vielleicht müsstest Du mein Urteil noch mal richtig lesen, nicht mit der rosaroten Brille!"

Wolfgangs von tiefem Hass geprägten Briefe verlassen jedoch die Anstalt nicht, weil Elana es nicht will und die Verantwortlichen des Gefängnisses die Schreiben nicht passieren lassen. Auch Telefonate werden Wolfgang nicht mehr gestattet. Um jede Form der Kommunikation zu unterbinden, ändert Elana ihre Telefonnummern. Das „Biest" ist gezähmt, der Albtraum ist nach dreieinhalb Jahren Beziehung endgültig vorbei.

Dennoch hegt Elana keinen Groll, und sie bereut auch nichts. Sie hat einen Mann geliebt und geheiratet, von dem sie zwar ein anderes Verhalten erhofft, aber nicht unbedingt erwartet hatte. Sie ist froh und stolz, sich aus diesem Beziehungsmoloch selbst herausgekämpft zu haben. Und sie hat verstanden, woran ihre Ehe letztlich gescheitert ist: an dem allgegenwärtigen, alles durchdringenden und maßlosen Macht- und Besitzanspruch eines Mannes, der unfähig ist, sich selbst zu lieben und anderen zu vertrauen.

Die Beziehung einer Frau zu einem in der Regel persönlichkeitsgestörten Serienmörder ist per se problematisch und konfliktreich. Diese Erkenntnis wird niemanden überraschen. Dass Partnerschaften und Ehen mit diesen Tätern dramatisch scheitern, ist der Normalfall. Allerdings gibt es auch Ausnahmen. Von einer solchen positiven Abweichung erfuhr ich, als ich vor Jahren einen vielfachen Sexualmörder interviewte – ich nenne ihn Jürgen –, der mir irgendwann auch von seiner Freundin erzählte. Weil er mir zunächst nicht über den Weg traute, verriet er mir nicht einmal ihren Namen.

Nachdem wir uns etwas besser kennengelernt hatten, nannte er mir wenigstens ihren Namen – Susanne – und erklärte, dass er über seine Liebesbeziehung zu dieser Frau nicht sprechen wolle. Der Grund: Nur wenige Menschen seien in dieses Geheimnis eingeweiht, nicht einmal Susannes Eltern wüssten Bescheid. Ich beließ es zunächst dabei und war mir nicht sicher, ob ich all das glauben sollte. Eine Räuberpistole?

Als ich für dieses Buch zu recherchieren begann, erinnerte ich mich an die Geschichte mit Susanne. Unterdessen hatte sich zwischen ihrem Freund und mir, der seit 16 Jahren im hochgesicherten Bereich einer psychiatrischen Klinik untergebracht ist, ein Vertrauensverhältnis entwickelt. Ich sprach ihn abermals auf Susanne an und fragte, ob ich mit ihr für mein nächstes Buch ein Interview führen könne. Er versicherte mir, mit seiner Freundin darüber zu reden. Zwei Tage später bekam ich einen Anruf: Ja, Susanne sei bereit, mit mir ein Gespräch zu führen, nur müsse ihre Anonymität strikt gewahrt bleiben. Unter allen Umständen. Ich willigte ein. Anderthalb Wochen später traf ich Susanne an einem neutralen Ort und durfte mich mit ihr unterhalten. Ich muss gestehen, dass ich selten auf einen Gesprächspartner so gespannt war wie in diesem Fall. Und ich wurde nicht enttäuscht.

Harbort: „Wie haben Sie Jürgen kennengelernt?"

Susanne: „Zu dieser Zeit habe ich noch als Therapeutin in einer psychiatrischen Klinik gearbeitet. Ich habe ihn auf der Station kennengelernt. Eigentlich war er sehr zurückhaltend, so eine Art graue Eminenz. Er wurde von meinen Kollegen als sehr gefährlich eingestuft, mit Vorsicht zu genießen, aber auch als sehr bemitleidenswert. Irgendwann habe ich versucht, mir selber ein Bild zu machen. Ich habe mich mit ihm unterhalten. Dabei fiel mir auf, dass er von seinen Taten sehr stereotyp sprach, häufig gleiche Sätze wiederholte. Damals war seine Medikation noch sehr hoch. Aber schon zu diesem Zeitpunkt habe ich zwischen uns etwas gespürt, da war immer etwas."

Harbort: „Können Sie das etwas genauer beschreiben?"

Susanne: „Ich bin jetzt mal ganz ehrlich: Das hatte schon etwas mit sexueller Anziehung zu tun, der ich als Therapeutin natürlich nicht nachgehen konnte. Das ging überhaupt nicht. Wir haben uns dann häufiger unterhalten und wurden dabei von meinen Kollegen beobachtet. Kurze Zeit später bin ich in Kur gefahren. Als ich wiederkam, war mir klar, dass ich mich ernsthaft in ihn verliebt hatte. Das habe ich ihm auch gesagt. Darüber hat er sich so gefreut, da ist er fast zusammengebrochen."

Harbort: „Das ist mir immer noch zu unkonkret. Wie hat sich diese gegenseitige Zuneigung entwickelt?"

Susanne: „Schwer zu erklären. Zu diesem Zeitpunkt war ich noch etwas anders drauf. Ich bin eine sehr lebenslustige Frau gewesen, habe viel unternommen, hatte viele Bekanntschaften, Freundschaften, auch Männerbekanntschaften. Aber keine festen Beziehungen. Es gibt so bestimmte Schemata, wie Beziehungen zwischen Menschen beginnen – Menschen, die misshandelt oder missbraucht worden sind, die finden sich. Weil auch ich in meiner Kindheit einiges mitgemacht habe, kamen ganz viele Parallelen zustande."

Harbort: „… eine Art Seelenverwandtschaft?"

Susanne: „Im engeren Sinne wohl nicht, aber eine gleiche Erfahrung. Diese gleiche Erfahrung von Ohnmacht, Hilflosigkeit, Schmerz und dem Gefühl, nicht geliebt zu werden. Und Jürgen entsprach insofern – ich sage das jetzt mal etwas salopp – meinem Beuteschema."

Harbort: „Sie sagten eben, Jürgen habe Sie auch sexuell gereizt. Können Sie mir das etwas genauer beschreiben?"

Susanne: „Als Mann kann man das nicht verstehen. (Susanne beginnt laut zu lachen) Vielleicht haben Sie es mal in Ihrem Leben erlebt, dass sich zwei Menschen zum ersten Mal angeschaut haben und da war was…"

Harbort: „… doch, bei meiner Frau und mir war das so."

Susanne: „Da ist also etwas, aber man kann es noch nicht so genau benennen. Wir hatten auch so viele Parallelen. Charakterzüge. Einstellungen. Seine Taten haben auch sehr viel mit Sexualität zu tun. Und in früheren Jahren hat er ja auch als Callboy gearbeitet. Er hat damit seinen Unterhalt verdient. Jürgen hat einfach etwas an sich, das Frauen mögen."

Harbort: „Was ist das denn?"

Susanne: „Das ist ja heute noch so, dass sich Frauen sehr stark wehren müssen gegen seine Ausstrahlung."

Harbort: „Können Sie diese Form der Ausstrahlung genauer beschreiben?"

Susanne: „Er war anregend. Bei ihm hatte ich das Gefühl, dass er genau weiß, was er von einer Frau will. Der konnte mich genauso angucken. Wenn sich mal die Gelegenheit ergab, hat er mich in den Arm genommen – das war schon ein ganz tolles Gefühl. Fasziniert hat mich an ihm auch, dass er die Schuld für seine Taten nicht bei anderen gesucht hat, sondern echt bereut."

Harbort: „Was haben Sie empfunden, als Sie realisiert haben, dass Sie sich in Jürgen verliebt hatten – einen mehrfachen Frauenmörder?"

Susanne: „Auf der einen Seite habe ich mich natürlich gefreut, auf der anderen Seite war das sehr problematisch, weil an meiner Arbeit meine ganze Existenz hing. Das war natürlich grausam, und ich musste sehen, wie ich aus dieser Situation wieder herauskam. War doch klar: Jürgen hatte das Bedürfnis, mich in den Arm zu nehmen, mit mir allein zu sein und so weiter. Aber das ging natürlich nicht. Dann kam eine Zeit, in der ich mich habe krankschreiben lassen, einfach, weil ich nicht wusste, was ich noch tun sollte. Trotzdem habe ich jeden Tag mit Jürgen telefoniert. Meine Tochter hatte einen ISDN-Anschluss, da konnte ich mit Jürgen in der Klinik telefonieren, ohne dass meine Kollegen das merkten, die mich stark überwacht haben. Natürlich ist in der Belegschaft aufgefallen, dass Jürgen mich ganz toll fand. Weil ich mir nicht mehr anders zu helfen wusste, habe ich behauptet, dass ich große Angst vor Jürgen hätte und deshalb nicht mehr arbeiten könnte. Nach drei Wochen bin ich an meinen Arbeitsplatz zurückgekehrt, allerdings war ich nun in einer anderen Abteilung tätig. Ein Jahr lang habe ich noch weitergearbeitet, aber dann konnte ich nicht mehr. Ich konnte einfach nicht mehr."

Harbort: „Was hat Ihnen da zu schaffen gemacht?"

Susanne: „Ganz einfach: Ich war voll integriert in unserem Team. Die Kollegen haben natürlich gespürt, dass da zwischen Jürgen und mir etwas ist. Wenn das wirklich herausgekommen wäre, dann hätte ich mit Sicherheit meine Arbeit verloren. Zu dieser Zeit war meine Tochter aber noch nicht erwachsen. Ich habe ordentlich Geld verdient. Meine Arbeit war auch meine Existenz. Damals konnte ich mir überhaupt nicht vorstellen, ohne diese Arbeit leben zu können. Das war ein unglaublicher Zwiespalt. Das war so schlimm, dass ich mich ernsthaft mit dem Gedanken getragen habe, mich umzubringen. Jürgen und ich haben viel Unterstützung von einem Priester bekommen. Auch meine beste Freundin hat mir sehr geholfen. Ich habe mich aber dann doch entschlossen, Jürgen nicht mehr anzurufen. Aber Jürgen hat nicht aufgegeben. Später hat er mir gesagt, es wäre das erste Mal in seinem Leben gewesen, dass er um eine Frau gekämpft hat. Nach einer Zeit haben wir wieder miteinander gesprochen. Weil wir auch räumlich getrennt waren, empfand ich das jetzt nicht mehr als so schlimm. Ich sprach jeden Tag mit Jürgen. Das war uns sehr wichtig. Mit der Zeit passierte aber etwas, das jemandem, der in der Psychiatrie arbeitet, nicht passieren darf: Ich bekam das mit der Distanz zu den Patienten nicht mehr hin. Ich schaffte das einfach nicht mehr."

Harbort: „Können Sie ein Beispiel geben?"

Susanne: „Ich habe mich viel zu sehr in die Geschichte und diese Erkrankung der Patienten einbinden lassen. Mir wurde klar, dass es so nicht mehr weitergehen konnte. Ich ließ mich wieder krankschreiben, und daraus ist dann eine Kündigung meinerseits geworden. Ich war einfach nicht mehr in der Lage, meinen Beruf auszuüben. Seitdem geht es mir auch wieder gut."

Harbort: „Passte diese doch recht ungewöhnliche Beziehung zu Ihrer damaligen Lebenssituation?"

Susanne: „Ich bin eine sehr selbstständige Frau, habe meine Tochter alleine großgezogen, habe immer mein eigenes Geld verdienen müssen. Jürgen hat mir das Gefühl vermittelt, nicht mehr jede Entscheidung selbst treffen zu müssen. Das hat er ausgestrahlt, das war sehr angenehm."

Harbort: „Wenn ich das mal rein rational betrachte, ist das nicht ein Irrglaube? Er ist doch Patient und im Leben gescheitert."

Susanne: „Aber Sie dürfen eines nicht vergessen: Ich habe mein Leben lang nichts anderes getan, als mich mit solchen Menschen zu beschäftigen. Und erst in den letzten anderthalb Jahren ist mir klar geworden, dass Jürgen hinter dem kriminellen Verhalten, das er früher gezeigt hat, der Mann ist, den ich mir immer vorgestellt habe, den ich wollte."

Harbort: „Haben Sie denn seine furchtbaren Taten, insbesondere an Frauen, einfach beiseiteschieben können?"

Susanne: „Das war natürlich ein Problem. Ich musste das irgendwo zusammenbringen – er war Patient und hatte Frauen umgebracht. Er hatte seine Opfer vergewaltigt. Für mich war es aber so: Er ist nicht nur seine Taten. Wer ist dieser Mensch dahinter? Und ich habe ihn zu dieser Zeit irgendwann gefragt: Wer bist du eigentlich? Da hat er mich angeguckt und gesagt: Ich bin ein Mörder."

Harbort: „War das die Antwort, die Sie erwartet hatten?"

Susanne: „Ich habe dazu nichts gesagt, er hatte ja recht. Darauf konnte ich nichts erwidern. Aber gedacht habe ich mir: Wer ist er noch? Wenn ich ihn heute besuche – das mache ich aber erst seit anderthalb Jahren –, dann frage ich mich schon, was aus ihm hätte werden können, wenn er in einer anderen Familie aufgewachsen wäre. Er ist hochintelligent. Er hat auch das Drama des hochbegabten Kindes hinter sich. Sein IQ liegt bei 128."

Harbort: „Was hatten Sie für eine Meinung von Jürgen, bevor Sie ihn näher kennengelernt haben?"

Susanne: „Ich bin von meinen Kollegen unglaublich vorgewarnt worden, wie gefährlich der ist, was der alles gemacht hat. Und ich habe seine Akte gelesen. Das war schon sehr schrecklich. Besonders die Tat, wo er sich mit dem Mädchen lange unterhalten und eine Beziehung aufgebaut hat. Und trotzdem hat er sie umgebracht. Ich bin also nicht blind in diese Beziehung hineingeschlittert. Mir war schon klar, um was für einen Menschen es sich handelte."

Harbort: „Und welcher Typ Mensch war das?"

Susanne: „Ich hatte die Vorstellung, dass der so krank ist, dass man mit dem kein vernünftiges Wort reden kann. Mir war auch nicht klar, inwieweit er soziopathisch ist, inwieweit er so psychisch krank ist, dass keine gemeinsame Ebene gefunden werden kann. Ich wollte zu ihm die professionelle Distanz, die man als Therapeutin normalerweise zu seinem Patienten hat. Nur war er nicht so, wie ich das erwartet hatte und wollte. Das mit der Distanz funktionierte einfach nicht."

Harbort: „Wenn ich Sie richtig verstanden habe, sind Ihre Empfindungen zunächst eher zwiespältig gewesen. Auf der einen Seite spürten Sie die Zuneigung für Jürgen, auf der anderen Seite war Ihnen klar, dass Sie ein Minenfeld betreten. Wann und warum haben Sie sich für Jürgen und gegen Ihren Beruf entschieden, der Ihnen so viel bedeutet hat?"

Susanne: „Das Pendel ist in seine Richtung ausgeschlagen, als ich sechs Wochen in Kur war. Da hatte ich eine große Distanz zu allem. Dabei ist mir bewusst geworden, was ich für ihn empfinde."

Harbort: „Was waren das für Gefühle?"

Susanne: „Dass ich ihn unglaublich gerne mochte. Dass ich mich unglaublich in ihn verschossen hatte. So habe ich ihm das auch gesagt. Natürlich habe ich mir auch die Frage gestellt, inwieweit er mich vielleicht manipuliert haben könnte. Solche Manipulationen kannte ich zur Genüge aus vorherigen Beziehungen. Doch Jürgen hat es erst gar nicht versucht. Ich habe meine Entscheidungen selber und unbeeinflusst treffen können. Es war einfach ein unglaubliches Gefühl, das ich für ihn hatte."

Harbort: „Nachdem Sie sich zu ihm bekannt hatten, ergab sich aber ein neues Problem."

Susanne: „Richtig. Nachdem ich ihm gesagt hatte, dass ich mich in ihn verliebt hatte, ging es ja erst so richtig los. Wir konnten auf der Station überhaupt nicht mehr miteinander sprechen, weil wir stark beobachtet wurden."

Harbort: „Warum sind Ihre Kollegen argwöhnisch geworden?"

Susanne: „Weil er das anfangs so toll fand, war er ständig bei mir, lief hinter mir her, stand plötzlich hinter mir. Hinzu kam, dass die Kollegen wussten, dass Jürgen in der Klinik, in der er vorher untergebracht gewesen war, schon ein Verhältnis mit einer Therapeutin gehabt hatte. Die waren also entsprechend vorgewarnt."

Harbort: „Wie sehen Sie Ihre Rolle heute, sind Sie mehr seine Therapeutin oder Freundin?"

Susanne: „Freundin. Wir sind uns mittlerweile so nahe, dass wenn ich ihn therapieren wollte, ich wieder Distanz schaffen müsste. Das geht aber nicht. Und das will ich auch nicht."

Harbort: „Sagen Sie mir bitte drei Charaktereigenschaften, die Sie an Jürgen besonders schätzen."

Susanne: „Ehrlichkeit. Dass er Schwächeren hilft, zum Beispiel auf der Station. Und dass er so hartnäckig ist, auch weiter an sich arbeitet."

Harbort: „Was schätzen Sie an ihm weniger?"

Susanne: „Seine manchmal sehr aufbrausende Art, die auf andere Menschen sehr gefährlich wirkt. Dass er nach wie vor diese kleinkriminelle Ader hat."

Harbort: „... zum Beispiel?"

Susanne: „Er verkauft manchmal unter der Hand CDs, um an Geld zu kommen. Kleinigkeiten halt, Regelverstöße. Damit kann ich mich gar nicht anfreunden. Und was ich überhaupt nicht haben kann: Wenn Gefahr im Verzug ist, Jürgen also erfährt, dass ein anderer Patient Drogen in die Anstalt schmuggeln lässt – dass er dann nichts macht, sondern sagt, das sei nicht seine Angelegenheit, fertig. Das finde ich nicht in Ordnung."

Harbort: „Jetzt führen Sie seit vielen Jahren mit Jürgen eine Beziehung, die sporadisch und fragmentarisch ist und auch bleiben wird. Es fehlen Zeit und Gelegenheit für das, was eine Beziehung ausmacht und schön macht, das Zusammensein. Vermissen Sie das nicht?"

Susanne: „Ich brauche das nicht. Im Gegenteil. Die Art Beziehung, wie wir sie führen, die macht mich glücklich, weil wir diesen Alltagsknatsch nicht ausdiskutieren müssen: Socken auf dem Sofa, offene Zahnpastatube und so weiter. Und wir haben uns auch nach sieben Jahren noch so viel zu erzählen, jeden Tag. Ich kenne nur wenige Menschen, die nach so langer Zeit noch so viel miteinander sprechen."

Harbort: „Wie war das, als Sie Jürgen nach Ihrem Abschied von der Klinik nach Jahren wiedergesehen haben?"

Susanne: „Ich war sehr aufgeregt. Er war damals auf einer Station, wo noch Kollegen arbeiteten, die ich von früher kannte. Um dem Besuch diese emotionale Spitze zu nehmen, hat mich der Priester begleitet, zu dem Jürgen einen sehr guten Draht hat."

Harbort: „Sie hatten also Angst, den alten Kollegen zu begegnen?"

Susanne: „Nicht nur das. Ich hatte einfach Angst, dass andere Menschen von meiner Beziehung zu Jürgen erfahren. Wenn beispielsweise mein Vater mitbekäme, dass ich die Freundin eines Mörders bin, das wäre eine Katastrophe. Gott sei Dank ist es bis heute nicht dazu gekommen."

Harbort: „Viele Frauen können sich nicht vorstellen, mit einem Menschen auch nur ein Wort zu wechseln, der ein mehrfacher Sexualmörder ist. Was unterscheidet Sie, abgesehen von Ihrer vormaligen Berufstätigkeit, von den anderen Frauen?"

Susanne: „Ich habe mir anfangs dazu viele Gedanken gemacht. Unter anderem war da die Überlegung: das Opfer und sein Vergewaltiger. Ich bin auch mal vergewaltigt worden. Das war für mich natürlich ein Punkt, wo ich erst tief in mich gehen und fragen musste: Was will ich eigentlich von dem? Was ist das eigentlich? Darüber habe ich lange mit Jürgen gesprochen. Die Vergewaltigungen, die Jürgen gemacht hat, sind ganz fürchterlich. Ich weiß ja, wie man sich dabei und danach fühlt. Aber wir haben so lange darüber gesprochen, dass ich eben viel von ihm erfahren habe, auch über seine schwere Kindheit. Dadurch konnte ich diesen Aspekt mit in unsere Beziehung hineinnehmen. Auch durch meine langjährige therapeutische Tätigkeit konnte ich diesen Krankheitswert seines Verhaltens erkennen und richtig einschätzen. Auch dieses Wissen darum, wie eine Seele durch Misshandlung zerstört werden kann, unterscheidet mich von anderen Frauen. Eben nicht nur den Täter und seine Taten zu sehen, sondern auch den Menschen dahinter zu entdecken."

Harbort: „Wie gehen Sie mit diesen eigentlich unvereinbaren Positionen um – Freund und Serienmörder? Für mich hat Jürgen immer noch in vielen Bereichen den Entwicklungsstand eines Kindes."

Susanne: „Genau das ist der Punkt! Als wir uns damals kennenlernten, war er zwischen zehn und elf Jahre alt. Mittlerweile ist er 16. Ich sehe einfach diese Weiterentwicklung. Früher hat er sich gegen jedes Gefühl komplett abgeschottet, und er ist auf diesem Level stehen geblieben. Er ist hinter dieser Mauer geblieben. Er sagt ja auch ganz klar: Ich habe überhaupt kein Empfinden für andere Menschen gehabt. Die einzigen Menschen, für die er sich interessiert hat, waren seine Mutter und seine Schwester, also seine Familie. Seinen Vater hingegen hat er gehasst, auf der anderen Seite aber auch geliebt. Er hatte ja nur einen Vater. Jürgen war der Einzige, der aus der Familie wegmusste, weil sie nicht mit ihm fertig wurden. Heute sehe ich aber, dass er sich darüber Gedanken macht, dass er zwar immer noch diese Aggressionen hat wie früher, dass er aber gelernt hat, damit umzugehen. Und er kann sich sogar für etwas entschuldigen. Das wäre früher vollkommen unmöglich gewesen."

Harbort: „Wie ist denn die Streitkultur in Ihrer Beziehung?"

Susanne: „Wir streiten uns immer dann, wenn Jürgen schlechte Laune hat, er damit aber nicht herausrücken will. Ich bin dann aber hartnäckig und bestehe darauf, dass er mir sagt, was ihn bedrückt oder was passiert ist. In diesen Situationen wird er sauer und wirft mir vor, ich wolle ihm etwas einreden. Irgendwann haben wir uns aber geschworen, dem anderen alles zu erzählen. Alles. Und wenn ich ihm das klarmache, dann reagiert er mittlerweile auch darauf und rückt mit der Wahrheit heraus. Wenn er kritisiert wird, das mag er nicht. Auch mit Zurückweisungen kann er schlecht umgehen. Wenn er nicht das bekommt, was er will, dann ist gleich alles schlecht, auch er selbst. Aber auch in diesem Punkt macht er Fortschritte."

Harbort: „In Ihrer Beziehung fehlt es an vielen Dingen, die in anderen Verbindungen normal sind und einfach dazugehören, z. B. ein gemeinsamer Urlaub, eine gemeinsame Wohnung und so weiter. Wie gehen Sie mit dieser permanenten Mangelsituation um?"

Susanne: „Ich bin 54 Jahre alt, habe ein Kind großgezogen. Ich finde, dass ich meine Pflicht und Schuldigkeit getan habe. Ich bin jetzt mit der Kür dran."

Harbort: „Als Sie Jürgen kennengelernt haben, waren Sie 47 Jahre alt."

Susanne: „Ich bin einmal geschieden, und ich hatte zahlreiche Beziehungen zu Männern. Mir ist da nichts unbekannt geblieben. Aus diesem Grund und wegen dieser Erfahrungen möchte ich einfach nicht mehr mit einem Mann zusammenleben, jedenfalls nicht im klassischen Sinne. Dazu hatte ich mich schon mit 40 entschlossen. Die Männer meiner Generation hatten alle diesen Kontrollzwang: Was machst du jetzt? Wo kommst du her? Wo gehst du hin? Ich kann es einfach nicht mehr ertragen. Ich werde wahnsinnig. Trotzdem habe ich diese Sehnsucht nach jemandem, der mich lieb hat, der mir zuhört. Und Jürgen ist genau diese Lücke. Ein Mann, an den ich mich anlehnen kann, der aber nicht permanent um mich herum ist und über mich bestimmen will. Aber auch er sagt mir manchmal unangenehme Wahrheiten."

Harbort: „Ich biete Ihnen jetzt mal ein Bild an: Jürgen ist der Wellensittich in Ihrem Käfig…"

Susanne: „So stimmt das nicht. Er ist zwar in einer geschlossenen Abteilung. Das heißt aber nicht, dass sein Geist und seine Seele nicht frei sein können. Das hat mit äußeren Gegebenheiten nichts zu tun. Der innere Käfig, in dem er eingesperrt ist, der ist doch viel schlimmer."

Harbort: „Haben Sie Kontakt zu seiner Familie?"

Susanne: „Nein."

Harbort: „Warum nicht?"

Susanne: „Weil er das nicht will."

Harbort: „Warum will er das nicht?"

Susanne: „Seine Mutter will mit ihm doch nichts mehr zu tun haben. Für die ist Jürgen tot."

Harbort: „Die meisten Menschen verfolgen in ihren Partnerschaften auch gemeinsame Ziele. Wie ist das bei Ihnen?"

Susanne: „Haben wir nicht. Wir hatten natürlich auch unsere Träume, wollten irgendwann zusammen sein. Aber die Realität ist einfach anders. Damit müssen wir uns abfinden. Aber wir haben die Hoffnung, wenn er mal 80 ist, dass wir ein Wochenende miteinander verbringen dürfen."

Harbort: „Können Sie mal beschreiben, wie das ist, wenn Sie ihn besuchen?"

Susanne: „Wir treffen uns nur im Besuchsraum, den wir dann aber ganz für uns haben. Allerdings ist da eine Scheibe, durch die hineingeschaut werden kann. Intime Begegnungen sind dort nicht möglich. Jürgen bringt immer Kaffee mit. Dann decken wir schön den Tisch, trinken Kaffee, schmusen auch mal. Und wir haben uns immer etwas zu erzählen. Die zwei Stunden gehen unheimlich schnell rum."

Harbort: „Da muss ich noch einmal nachfragen. Eingangs sagten Sie, Jürgen habe eine sexuell-animalische Anziehung auf Sie ausgeübt. Jetzt haben Sie aber gar nicht die Möglichkeit, miteinander intim zu werden. Ist das nicht höchst frustrierend?"

Susanne: „Nein. Es ist so, dass in der Sexualität bei Jürgen und mir eine Menge schiefgegangen ist, ich meine die Zeit, bevor wir uns kannten. Es ist nicht so, dass wir uns nicht gerne in den Arm nehmen oder berühren würden oder küssen, aber da sind Dinge zwischen uns, die einfach wichtiger sind. Schmusen, in den Arm nehmen, miteinander reden, das ist bedeutend wichtiger. Der reine Sexualakt hat nicht mehr den Stellenwert, wahrscheinlich liegt das auch an unserem Alter."

Harbort: „Gab es denn mal eine sexuelle Annäherung?"

Susanne: „Natürlich haben wir uns das anfangs gewünscht. Das war also nicht anders als bei anderen Pärchen auch, die frisch verliebt sind. Aber es war einfach nicht möglich. Außer einem verstohlenen, kleinen Kuss war da nichts. Je vertrauter wir miteinander wurden, desto weniger spielte Sex eine Rolle. Die Prioritäten veränderten sich. Das heißt aber nicht, dass wir uns körperlich nicht mögen."

Harbort: „Was empfinden Sie, nachdem Sie Jürgen besucht haben?"

Susanne: „Dann bin ich schon traurig."

Harbort: „Haben Sie manchmal den Gedanken, etwas Besseres verdient zu haben?"

Susanne: „Nein. Das hätte ich ja vorher alles haben können. Jürgen hat mir mal gesagt: Auch wenn du dich in einen anderen Mann verlieben würdest, kein Problem, ich möchte einfach nur, dass du glücklich bist. Ich habe ihm mal gesagt, dass man etwas nur behalten kann, wenn man es auch loslässt. Das hat er begriffen."

Harbort: „Gab es so etwas wie einen magischen Moment in Ihrer Beziehung?"

Susanne: „Einer der schönsten Momente war eigentlich, als ich ihn vor zwei Jahren wiedergesehen habe. Wir hatten uns fast sechs Jahre lang nicht gesehen."

Harbort: „Mit wem können Sie über Ihre Beziehung zu Jürgen sprechen?"

Susanne: „Nur mit meiner besten Freundin. Die hatte anfangs große Angst um mich. Dass Jürgen mir was antun oder mich umbringen könnte. Sie hat mir keine Vorwürfe gemacht, aber schon zu verstehen gegeben, dass sie das eigentlich nicht gutheißen kann – mit so einem Kerl! Aber mittlerweile hat sich das gelegt, wir können jetzt ganz normal darüber reden."

Harbort: „Und wie ist es mit Ihren Ängsten?"

Susanne: „Ich habe vor Jürgen absolut keine Angst. Er ist in einer gesicherten Abteilung. Es gibt ein bestimmtes Konzept. Nein, ich habe keine Angst vor ihm. Ich wüsste auch nicht, warum. Dafür liebt er mich zu sehr. Er hat ja zum Beispiel nie seiner Mutter was getan oder seiner Schwester. Allen Menschen, die nahe an ihm dran waren, denen hat er nichts getan. Für die er etwas empfunden hat, etwas Positives. Ich bemühe mich aber immer darum, dass wir unsere Konflikte adäquat lösen. Damit ist ziemlich ausgeschlossen, dass er aus diesem Grund anderen Menschen gegenüber aggressiv wird. Insofern wird er durch unsere Beziehung stabilisiert. Das ist nicht immer ganz einfach gewesen.

Aber er ist schlau genug, um zu verstehen, was ich meine und welchen Sinn das hat."

Harbort: „Jetzt schwebt über Ihrer Beziehung so eine Art Damoklesschwert – es darf nicht rauskommen, mit wem Sie zusammen sind. Belastet Sie das?"

Susanne: „Manchmal."

Harbort: „Was könnte die Konsequenz sein, wenn es doch mal herauskommt?"

Susanne: „Dass meine Familie mich verstößt. Aber dann ist es eben so. Damit muss ich leben. Ich würde Jürgen auf keinen Fall verlassen."

Harbort: „Was, glauben Sie, würde Ihre Mutter dazu sagen?"

Susanne: „Erst mal würde sie weinen. Dann würde sie sagen: Susanne, du bist erwachsen, du musst wissen, was du tust. Du hast schon immer getan, was du tun wolltest, und ich habe nichts dagegen ausrichten können."

Harbort: „Diese Reaktion finde ich aber nicht so dramatisch."

Susanne: „Richtig. Aber dann käme: Was sollen die Leute denken, was für eine Schande!"

Harbort: „Sie führen also lieber ein Doppelleben?"

Susanne: „Stimmt. Im Grunde habe ich das in meinem Leben oft so gemacht. Ich kann sehr gut etwas verschweigen."

Harbort: „Macht das Spaß?"

Susanne: „Es ist spannend. Darum kann ich Jürgen auch in vielen Dingen so gut verstehen. Es gibt schon erstaunliche Ähnlichkeiten."

Harbort: „Sie haben in Ihrem bisherigen Leben viele männliche Partner kennengelernt. Worin unterscheidet Jürgen sich von diesen Männern?"

Susanne: „Seine Zuverlässigkeit. Und er hat mehr Verständnis."

Harbort: „Können Sie ein Beispiel geben?"

Susanne: „Wenn es mir schlecht geht, kann er mich wunderbar trösten…"

Harbort: „…das können andere Männer aber auch."

Susanne: „Aber nicht auf diese Art und Weise. Er nimmt das ernst…"

Harbort: „…tun andere Männer auch."

Susanne: „Aber es gibt nicht so viele von diesem Kaliber. Und dann ist da noch seine Intelligenz. Mit ihm kann ich mich sehr gut unterhalten, und er kann mir dabei auch geistig folgen."

Harbort: „Haben Sie mal mit ihm über seine Taten gesprochen?"

Susanne: „Nein."

Harbort: „Warum nicht?"

Susanne: „Weil er ganz genau weiß, dass ich dann anfange zu weinen. Und das kann er nicht ertragen."

Harbort: „Quält Sie manchmal seine dunkle Vergangenheit?"

Susanne: „Nicht wirklich. Ich lebe hier und jetzt. Ihn quält die Vergangenheit."

Harbort: „Was möchten Sie all jenen Menschen mal sagen, die Sie mit dem gängigen Vorurteil ‚Wie kann man sich bloß mit so einem Monster einlassen!' belegen?"

Susanne: „Dass man auch mal dahinterschauen soll. Dass der Täter nicht nur auf seine Tat zurückgeführt werden sollte."

Harbort: „Stellen Sie sich bitte folgende Situation vor: Sie sitzen in einer netten Bar, neben Ihnen sitzt ein netter Mann, es ist ein netter Abend, und Sie haben schon nett was getrunken. Niemand weiß etwas von Jürgen. Er wird nichts erfahren. Sie haben also alle Möglichkeiten. Was tun Sie?"

Susanne: „Fremdgehen kommt für mich nicht infrage. Das kann ich nicht. Dann würde ich mich belügen. Meine Gefühle zu Jürgen. Ich würde ihn belügen. Das geht gar nicht. Zu Beginn unserer Beziehung ist es vorgekommen, dass ich einmal mit einem anderen Mann geschlafen habe. Das habe ich Jürgen auch erzählt."

Harbort: „Wie hat er darauf reagiert?"

Susanne: „Ich hatte ihm anfangs gesagt, dass ich sexuell sehr aktiv bin, und ich wüsste nicht, ob das gehen würde, so ganz ohne Sex. Das wusste er. Erst zwei Jahre später hat er mir gesagt: Das hat mir so wehgetan, ich hätte mich am liebsten irgendwohin verkrochen. Aber ich habe dich so lieb, ich habe es einfach akzeptiert."

Harbort: „Und so ein Ausrutscher kann nicht noch einmal passieren?"

Susanne: „Ich bin Jürgen seit sieben Jahren absolut treu. Es ist ja nicht so, dass nur ich ihm Stabilität gebe, umgekehrt ist es genauso. Er ist der erste Mann, der mir das Gefühl gibt, um meiner selbst willen geliebt zu werden – und nicht nur, weil ich eine blonde Frau mit einem großen Busen bin, mit der man mal schnell Sex haben kann."

Harbort: „Haben Sie mal an Heirat gedacht?"

Susanne: „In gewisser Weise schon. Ich habe ihm mal gesagt: Wenn meine Eltern mal nicht mehr da sind, werde ich dich heiraten, damit du, wenn du mich überlebst, die Rente bekommst. Nein, hat er gesagt, wenn du stirbst, sterbe ich auch."

Bibliografie

Anonymus: *"Verräter verfallen der Feme"*. Der Spiegel 1996 (Heft 20), S. 70–90
Bartels, K.: *Serial Killers: "Erhabenheit in Fortsetzung"*. Kriminologisches Journal 1997 (6. Beiheft), S. 160–182
Bauer, G.: *Jürgen Bartsch*. Archiv für Kriminologie Bd. 144, S. 61–91
Bauer, G.: *Gewalttätige Triebverbrecher*. Münchener Medizinische Wochenschrift 1971, S. 1089–1096
Bauer, G.: *Kindermorde, die vermeidbar waren*. Der Kriminalist 1979, S. 320–326
Bauer, G.: *Serien- und Wiederholungsmörder – Probleme der Ermittlung und Verhütung*, in: Göppinger, H./Bresser P. (Hrsg.): *Tötungsdelikte*, Stuttgart 1980, S. 211–221
Berg, K.: *Der Sadist. Gerichtsärztliches und Kriminalpsychologisches zu den Taten des Düsseldorfer Mörders*. Zeitschrift für die gesamte Gerichtliche Medizin 1931, S. 247–347
Braun, G.: *Die Bestie im freundlichen Nachbarn*. Polizei-Digest 1983 (Heft 5), S. 56–64
Brittain, R.: *The sadistic murderer*. Medicine Science and the Law 1970, S. 198–207
Brown, J.: *The psychopathology of serial sexual homicide: A review of the possibilities*. American Journal of Forensic Psychiatry 1991, S. 13–21
Brüning, A.: *Drei Giftmorde mit Arsenik*. Archiv für Kriminologie Bd. 102, S. 215–220
Byloff, F.: *Fünffacher Giftmord*. Archiv für Kriminologie Bd. 79, S. 220–226
Carlisle, A.: *Die Entstehung der dunklen Seite des Serienmörders*, in: Robertz, F./Thomas, A. (Hrsg.): *Serienmord. Kriminologische und kulturwissenschaftliche Skizzierungen eines ungeheuerlichen Phänomens*. München 2003, S. 47–62
Cater, J.: *The social construction of the serial killer*. RCMP Gazette 1997 (Heft 2), S. 2–21
Cluff, J. et al.: *Feminist perspectives on serial murder*. Homicide Studies 1997, S. 291–308

Copeland, A.: *Multiple homicides.* The American Journal of Forensic Medicine and Pathology 1989, S. 206–208

Dahlkamp, J./Fröhlingsdorf, M.: *Die Schwarze Witwe.* Der Spiegel 2008 (Heft 5), S. 54–57

Dahncke, W.: *Vierfache Kindestötung.* Kriminalistik 1959, S. 246–249

Dickel, L.-P.: *Lebenslang für Serienmörder Frank Gust.* Die Streife 2001 (Heft 4), S. 18–21

Diessenbacher, H. et al.: *Helfen und töten.* Neue Praxis 1985, S. 215–223

Dietz, P. et al.: *The sexually sadistic criminal and his offenses.* Bulletin of the American Academy of Psychiatry and the Law 1990, S. 163–178

Dörner, K.: *Helfen und Töten.* Die Schwester/Der Pfleger 1991, S. 920–922

Dotzauer, G./Jarosch, K.: *Tötungsdelikte.* Wiesbaden 1971

Dürwald, W.: *Tötungsdelikte in Krankenhäusern.* Versicherungsmedizin 1993, S. 3–6

Dürwald, W.: *Vier Giftmorde an Patienten, die nach Operationen im Krankenhaus lagen.* Archiv für Kriminologie Bd. 119, S. 121–126

Egg, R. (Hrsg.): *Tötungsdelikte – mediale Wahrnehmung, kriminologische Erkenntnisse, juristische Aufarbeitung.* Wiesbaden 2002

Eisenberg, U.: *Serientötungen alter Patienten auf der Intensiv- oder Pflegestation durch Krankenschwestern bzw. -pflegerinnen.* Monatsschrift für Kriminologie 1997, S. 239–254

Engler, K./Ensink, H.: *Der „Rhein-Ruhr-Ripper". Bericht über Highlights, Frust, Zufälle und erzwungenes Glück in 17 Monaten Ermittlungsarbeit bis zur Überführung des Serientäters „Klaus Komanek".* Der Kriminalist 2000, S. 491–498, 2001, S. 17–22, 67–71

Faulhaber, G.: *Erbschleicherei über drei getarnte Morde.* Kriminalistik 1957, S. 56–60

Fox, J./Levin, J.: *Extreme killing: Understanding serial and mass murder.* Thousand Oaks 2005

Fromm, E.: *Anatomie der menschlichen Destruktivität.* Reinbek 1977

Gee, D.: *A pathologist's view of multiple murder.* Forensic Science International 1988, S. 53–65

Geilen, G.: *Mitleid von (und mit) „Todesengeln",* in: Seebode, M. (Hrsg.): *Festschrift für Günter Spendel.* Berlin und New York 1992, S. 519–536

Gerster, E.: *Tödliche Spritzen als radikale Form der Abwehr von Angst und Bedrohung.* Altenpflege 1989, S. 571–575

Geserick, G. et al.: *Zeitzeuge Tod. Spektakuläre Fälle der Berliner Gerichtsmedizin.* Leipzig 2001

Giannangelo, S.: *The Psychopathology of Serial Murder. A Theory of Violence.* Westport, CT 1996

Gibiec, C.: *Tatort Krankenhaus – der Fall Michaela Roeder.* Bonn 1990

Gierowski, J. et al.: *Die Sexualmörder – Psychopathologie, Persönlichkeit und Motivation.* Forensische Psychiatrie und Psychotherapie 1994, S. 105–118

Göbel, O.: *Sexualmord: Taten eines psychisch kranken Sexualmörders.* Kriminalistik 1996, S. 279–282

Göbel, O.: *Todbringende Phantasien: Sexualmord aufgrund massiver Männlichkeitsprobleme.* Kriminalistik 1993, S. 795–799

Goos, H.: *Ein nützlicher Mörder.* Der Spiegel 2005 (Heft 34), S. 90–93

Gräter, H.: *Wie gefährlich sind Spanner? Der Fall „Vanja Elena".* Der Kriminalist 2002, S. 50–54

Gratzer, T./Bradford, J.: *Offender and offense characteristics of sexual sadists: a comparative study.* Journal of Forensic Science 1995, S. 450–455

Gresswell, D./Hollin, C.: *Multiple murder.* The British Journal of Criminology 1994, S. 1–14

Grubin, D.: *Sexual murder.* British Journal of Psychiatry 1994, S. 624–629

Hacker, F.: *Aggression. Die Brutalisierung der modernen Welt.* Wien 1971

Harbort, S.: *Aufdeckungsbarrieren bei Serienmorden.* Die Kriminalpolizei 2007 (Heft 3), S. 84–89

Harbort, S.: *Begegnung mit dem Serienmörder. Jetzt sprechen die Opfer.* Düsseldorf 2008

Harbort, S.: *Das Hannibal-Syndrom. Phänomen Serienmord.* Leipzig 2001 (4. Aufl.)

Harbort, S.: *Das Hannibal-Syndrom.* CD Sicherheits-Management 2001 (Heft 2), S. 20–37, (Heft 3), S. 137–146

Harbort, S.: *Das Serienmörder-Prinzip. Was zwingt Menschen zum Bösen?* Düsseldorf 2006 (2. Aufl.)

Harbort, S.: *Das Serienmörder-Prinzip, Teil 1.* CD Sicherheits-Management 2007 (Heft 1), S. 147–159

Harbort, S.: *Das Serienmörder-Prinzip, Teil 2.* CD Sicherheits-Management 2007 (Heft 2), S. 163–178

Harbort, S.: *Der Liebespaar-Mörder.* Düsseldorf 2005

Harbort, S.: *Die Vorstellungs- und Erlebniswelt sadistischer Serienmörder*, in: Robertz, F./Thomas, A. (Hrsg.): *Serienmord. Kriminologische und kulturwissenschaftliche Skizzierungen eines ungeheuerlichen Phänomens.* München 2003, S. 61–77

Harbort, S.: *Ein Täterprofil für multiple Raubmörder.* Kriminalistik 1998, S. 481–485

Harbort, S.: *Empirische Täterprofile.* Kriminalistik 1997, S. 569–572

Harbort, S.: *Geographische Verhaltensmuster bei Serien-Sexualmorden. Ein Beitrag zur Optimierung der Beurteilung des räumlich ausgerichteten Täterverhaltens bei operativen Fallanalysen.* Kriminalistik 2006, S. 737–747

Harbort, S.: *„Ich musste sie kaputt machen". Anatomie eines Jahrhundertmörders.* Düsseldorf 2004 (2. Aufl.)

Harbort, S.: *Kannibalen und die Medien.* CD Sicherheits-Management 2004 (Heft 4), S. 10–33

Harbort, S.: *Kriminologie des Serienmörders.* Kriminalistik 1999, S. 642–650, 713–721

Harbort, S.: *Modus operandi bei Serienmördern.* Magazin für die Polizei 2006, (Heft 365/366, S. 9–13

Harbort, S.: *Mörderisches Profil. Phänomen Serientäter.* Leipzig 2002 (3. Aufl.)

Harbort, S.: *Serienmörder: Mensch und „Monster",* in: Kirchschlager, M.: *Historische Serienmörder. Menschliche Ungeheuer vom späten Mittelalter bis zum Ende des 19. Jahrhunderts.* Arnstadt 2007, S. 15–34

Harbort, S.: *Signaturen des Serienmörders.* Die Kriminalpolizei 2004, S. 76–81

Harbort, S.: *Vermeidbare Verbrechen? Kriminalprognosen und Rückfalltäter.* Die Kriminalpolizei 2008, S. 94–99

Harbort, S.: *Viktimologische Betrachtungen bei Serientötungen.* Magazin für die Polizei 2005 (Heft 345/346), S. 14–18

Harbort, S./Fischer, A.: *Ein unfassbares Verbrechen. Der Fall Monika F.* Düsseldorf 2007 (2. Aufl.)

Harbort, S./Mokros, A.: *Serial murderers in Germany from 1945 to 1995.* Homicide Studies 2001, S. 311–334

Harbort, S. et al.: *Serial murderers' spatial decisions: factors that influence crime location choice.* Journal of Investigative Psychology and Offender Profiling 2005, S. 147–164

Hazelwood, R./Warren, J.: *The sexually violent offender: Impulsive or ritualistic?* Aggression and Violent Behavior 2000, S. 267–279

Hickey, E.: *Serial murderers and their victims.* Belmont 1996 (2. Aufl.)

Hill, A./Berner, W.: *Sexuell motivierte Tötungsdelikte,* in: Egg, R. (Hrsg.): *Tötungsdelikte – mediale Wahrnehmung, kriminologische Erkenntnisse, juristische Aufarbeitung.* Wiesbaden 2002, S. 165–191

Hochgartz, P.: *Zur Perseveranz bei Sexualmorden.* Kriminalistik 2000, S. 322–327

Holmes, R. et al.: *Inside the mind of the serial murderer.* American Journal of Criminal Justice 1990, S. 1–9

Holmes, R./Holmes, S. (Hrsg.): *Contemporary perspectives on serial murder.* Thousand Oaks CA, London, New Delhi 1998

Jäger, A.: *Massenmord oder Sterbehilfe?* Der Kriminalist 1983, S. 281–282

Jähnig, H.-U.: *Die Tötungssituation – Modell für sexuell motivierte Tötungsdelikte?*, in: Leygraf, N. et al. (Hrsg.): *Die Sprache des Verbrechens – Wege zu einer klinischen Kriminologie. Festschrift für Wilfried Rasch.* Stuttgart 1993, S. 27–31

Jenkins, P.: *Using murder: The social construction of serial murder.* New York 1994

Johnson, B./Becker, J.: *Natural born killers? The development of the sexually sadistic serial killer.* Journal of the American Academy of Psychiatry and the Law 1997, S. 335–348

Käferstein, H. et al.: *Todesfälle während ambulanter Altenpflege*, in: Oehmichen, M. (Hrsg.): *Lebensverkürzung, Tötung und Serientötung – eine interdisziplinäre Analyse der „Euthanasie".* Lübeck 1996, S. 205–216

Kemper, M.: *Oma gestand neun Morde!* Polizei-Digest 1985 (Heft 1), S. 129–132

Keppel, R./Birnes, W.: *Signature Killers.* New York 1997

Kinnell, H.: *Serial homicide by doctors: Shipman in perspective.* British Medical Journal 2000, S. 1594–1597

Klages, P.: *Vom Opfer zum Serienmörder. Die exemplarische Darstellung einer authentischen Geschichte der Opfer-Täter-Entwicklung im Kontext mit pädosexuellen, nekrophilen, sodomistischen und anderen tierquälerischen Taten.* München 2008

Klee, E.: *Christa Lehmann. Das Geständnis der Giftmörderin.* Frankfurt/M. 1982

Köhler, D.: *Die Persönlichkeit von Serienmördern.* Kriminalistik 2002, S. 92–95

Köhn, K.: *Die Minus-Frau – ein Beitrag zu den Kindstötungen in Brieskow-Finkenheerd.* Der Kriminalist 2005, S. 403–404

Kolodkin, L.: *Fehler im Ermittlungsverfahren.* Kriminalistik 1994, S. 471–473

Kosyra, H.: *Ein fünffacher Raubmörder.* Kriminalistik 1963, S. 434–438

Krafft-Ebing, R. von: *Psychopathia sexualis.* München 1997

Krieg, B.: *Kriminologie des Triebmörders. Phänomenologie – Motivationspsychologie – ätiologische Forschungsmodelle.* Frankfurt/M. 1996

Langevin, R. et al.: *Sexual sadism: Brain, blood, and behavior.* Annals of the New York Academy of Sciences 1988, S. 163–171

Leygraf, N.: *Psychisch kranke Rechtsbrecher.* Berlin, Heidelberg, New York 1988

Lowenstein, L.: *The psychology of the obsessed compulsive killer.* The Criminologist 1992, S. 26–38

Lullies, S.: *Das Problem der Tötungshemmung beim Mörder: zur Psychologie des Mordes.* Berlin 1971

MacCulloch, M. et al.: *Sadistic fantasy, sadistic behaviour and offending.* British Journal of Psychiatry 1983, S. 20–29

Maisch, H.: *Phänomenologie der Serientötung von schwerstkranken älteren Patienten durch Angehörige des Pflegepersonals.* Zeitschrift für Gerontologie und Geriatrie 1996, S. 201–205

Maisch, H.: *Patiententötungen – dem Sterben nachgeholfen.* München 1997

Marneros, A.: *Sexualmörder: eine erklärende Erzählung.* Bonn 1997

Mauz, G.: *„Viele möchten mich tot sehen".* Der Spiegel 1992 (Heft 48), S. 129–134

McKenzie, C.: *A study of serial murder.* International Journal of Offender Therapy and Comparative Criminology 1995, S. 3–10

Middendorff, W.: *Kriminologie der Tötungsdelikte.* Stuttgart 1984

Miller, A.: *Am Anfang war Erziehung.* Frankfurt/M. 1980

Missliwetz, J.: *Die Mordserie im Krankenhaus Wien-Lainz.* Archiv für Kriminologie Bd. 194, S. 1–7

Mommsen, A.: *Um ein Glas Menschenblut?* Kriminalistik 1949, S. 199–202

Moor, P.: *Das Selbstporträt des Jürgen Bartsch.* Frankfurt/M. 1972

Müller, H.: *Tötung von Inzest-Kindern als Serienverbrechen.* Kriminalistik 1958, S. 492–495

Myers, W. et al: *Malignant sex and aggression: An overview of serial sexual homicide.* Bulletin of the American Academy of Psychiatry and the Law 1993, S. 435–451

Nedopil, N.: *Forensische Psychiatrie. Klinik, Begutachtung und Behandlung zwischen Psychiatrie und Recht.* Stuttgart und New York 1996

Neubacher, F.: *Serienmörder. Überblick über den wissenschaftlichen Erkenntnisstand.* Kriminalistik 2003, S. 43–48

Niggl, P.: *Blutspur durch Europa. Wie viele Opfer hat Frank Thäder auf dem Gewissen?* CD Sicherheits-Management 2004 (Heft 4), S. 156–162

Oberlies, D.: *Tötungsdelikte zwischen Männern und Frauen – Eine Untersuchung geschlechtsspezifischer Unterschiede anhand von 174 Gerichtsurteilen.* Monatsschrift für Kriminologie und Strafrechtsreform 1997, S. 133–147

Oehmichen, M. (Hrsg.): *Lebensverkürzung, Tötung und Serientötung – eine interdisziplinäre Analyse der „Euthanasie".* Lübeck 1996

Pándi, C.: *Lainz – Pavillion V: Hintergründe und Motive eines Kriminalfalls.* Wien 1989

Parker, N.: *Murderers: A personal series.* Medical Journal of Australia 1979, S. 36–39

Paulus, C.: *Gewaltfantasien und verdrängte Gefühle: Wie erklärt sich das Denken von Serienmördern?* Polizei und Wissenschaft 2001 (Heft 3), S. 60–66

Paulus, C.: *Die ESCHER-Treppe der menschlichen Seele – wie entwickelt sich extreme Aggression bei Serienmördern?*, in: Lorei, C. (Hrsg.): *Polizei und Psychologie. Kongressband der Tagung „Polizei & Psychologie" am 18. u. 19.3.2003 in Frankfurt*. Frankfurt/M. 2003, S. 581–600

Paulus, J.: *Gewissenlos*. Bild der Wissenschaft 2001 (Heft 8), S. 32–37

Pfäfflin, F.: *Angst und Lust. Zur Diskussion über gefährliche Sexualtäter*. Recht und Psychiatrie 1997, S. 59–67

Pollähne, H.: *Der Fall Gerhard M. Börner. Lebenslange Freitheitsstrafe nach 17 Jahren Maßregelvollzug?* Recht und Psychiatrie 1990, S. 81–87

Promish, D./Lester, D.: *Classifying serial killers*. Forensic Science International 1999, S. 155–159

Purcell, C./Arrigo, B.: *The psychology of lust murder: Paraphilia, sexual killing, and serial homicide*. Boston MA 2006

Raine, A.: *Violence and psychopathy*. New York 2001

Rasch, W./Konrad, N.: *Forensische Psychiatrie*. Stuttgart 2004

Regener, S.: *„Eine Bestie in Menschengestalt". Serienmörder zwischen Wissenschaft und populären Medien: Der Fall Bruno Lüdke*. Kriminologisches Journal 2001, S. 7–27

Regener, S.: *Das Phänomen Serienkiller und die Kultur der Wunde*, in: Bohunovsky-Bärnthaler, I. (Hrsg.): *Von der Lust am Zerstören und dem Glück der Wiederholung*. Wien und Klagenfurt 2003, S. 75–95

Reisner, A. et al.: *The impatient evaluation and treatment of a self-professed budding serial killer*. International Journal of Offender Therapy and Comparative Criminology 2003, S. 58–70

Remy, K.-H.: *Der Lustmörder Tripp*. Archiv für Kriminologie 1933, S. 78–83

Rußler, H.: *Sittlichkeitsverbrecher Dittrich*. Kriminalistik 1949, S. 174–180

Salter, A.: *Dunkle Triebe. Wie Sexualtäter denken und ihre Taten planen*. München 2006

Sannemüller, U. et al.: *Tötungsdelikte: soziodemographischer Hintergrund der Täter und tatspezifische Merkmale*. Archiv für Kriminologie Bd. 204, S. 65–74

Schmitz, W.: *Mit „Sauposten" gegen Verräter*. Stern 1996 (Heft 14), S. 200–203

Schneider, H. J.: *Kriminologie der Gewalt*. Stuttgart und Leipzig 1994

Schneider, K.: *Mein Sohn, der Mörder*. Stern 2000 (Heft 44), S. 128–136

Schorsch, E.: *Sexuelle Deviationen: Ideologie, Klinik, Kritik*, in: Schorsch, E./Schmidt, G. (Hrsg.): *Ergebnisse zur Sexualforschung. Arbeiten aus dem Hamburger Institut für Sexualforschung*. Frankfurt/M., Berlin, Wien 1976, S. 48–92

Schorsch, E.: *Perversion, Liebe, Gewalt*. Stuttgart 1993

Schorsch, E./Becker, N.: *Angst, Lust, Zerstörung. Sadismus als soziales und kriminelles Handeln. Zur Psychodynamik sexueller Tötungen.* Gießen 2000 (2. Aufl.)

Schorsch, E./Pfäfflin, F.: *Die sexuellen Deviationen und sexuell motivierte Straftaten*, in: Venzlaff, U./Förster, K. (Hrsg.): *Psychiatrische Begutachtung.* Stuttgart, Jena, New York 1994, S. 323–368

Schorsch, E. et al.: *Perversion als Straftat. Dynamik und Psychotherapie.* Stuttgart 1996 (2. Aufl.)

Schraepel, W.: *Der Fall Opitz. 3 Raubmorde, 54 Raubüberfälle und 64 Eisenbahnattentate ausschließlich durch naturwissenschaftliche Beweismethoden ermittelt.* Archiv für Kriminologie 1938, S. 1–18, 124–163, 181–186, 1939, S. 31–52

Schrapel, W.: *Der Fall Opitz.* Archiv für Kriminologie Bd. 103, S. 1–18, 125–163, 181–186, Bd. 104, S. 31–52

Schütz, A./Zetzsche, W.: *Ein vielfacher Lustmörder und seine Entlarvung durch medizinische Indizienbeweise.* Archiv für Kriminologie Bd. 74, S. 201–210

Scott, H.: *The female serial murderer: A sociological study of homicide and the „gentler sex".* Lewiston, NY 2005

Scott, J.: *Serial homicide.* British Medical Journal 1996, S. 2–3

Segeš, I.: *Eine ungewöhnliche Spielart des Sexualmordes.* Kriminalistik 1998, S. 478–480

Seltzer, M.: *Serial killers: Death and life in America's wound culture.* New York 1998

Snyman, H. F.: *Serial murder.* Acta Criminologica 1992 (Heft 2), S. 35–41

Strasser, P.: *Verbrechermenschen. Zur kriminalwissenschaftlichen Erzeugung des Bösen.* Frankfurt/M., New York 2005 (2. Aufl.)

Stratton, J.: *Serial killing and the transformation of the social.* Theory Culture & Society 1996, S. 77–98

Tölle, R./Lempp, R.: *Psychiatrie.* Berlin, Heidelberg, New York 1991 (9. Aufl.)

Trube-Becker, E.: *Frauen als Mörder.* München 1974

Ullers, W.: *Der Triebverbrecher und Raubmörder Pommerenke.* Polizei-Digest 1983 (Heft 3), S. 10–15

Ullrich, W.: *Der Fall Rudolf Pleil und Genossen.* Archiv für Kriminologie Bd. 123, S. 36–44, 101–110

Ullrich, W.: *Das „größte Verbrechen dieses Jahrhunderts".* Kriminalistik 1957, S. 439–440

Ulrich, A.: *Das Engelsgesicht. Die Geschichte eines Mafia-Killers aus Deutschland.* München 2005

Vitt-Mugg, V.: *Sexuell sadistische Serientäter. Analyse der Sozialisations- und Entwicklungsgeschichte von Tötungsdelinquenten.* Lengerich, Berlin 2003

Volbert, R.: *Tötungsdelikte im Rahmen von Bereicherungstaten. Lebensgeschichtliche und situative Entstehungsbedingungen.* München 1992

Warren, J. et al.: *The sexually sadistic serial killer.* Journal of Forensic Sciences 1996, S. 970–974

Wehner, B.: *Die Latenz der Straftaten.* Wiesbaden 1957

Weiler, I.: *Giftmordwissen und Giftmörderinnen: eine diskursgeschichtliche Studie.* Tübingen 1998

Wiese, A.: *Mütter, die töten: psychoanalytische Erkenntnis und forensische Wahrheit.* München 1993

Wilczynski, A.: *Images of woman who kill their infants: the mad and the bad.* Women & Criminal Justice 1991, S. 71–88

Wimmer, W.: *Triebverbrecher – Tiger im Schafspelz.* Kriminalistik 1976, 241–248

Wirth, I./Strauch, H.-J.: *Mord an der Ehefrau nach zwei Probetötungen.* Archiv für Kriminologie Bd. 200, S. 143–153

Wittneben, H.: *Anhaltermorde*, in: Schäfer, H. (Hrsg.): *Gewalttätige Sexualtäter und Verbalerotiker.* Schriftenreihe der Kriminalistischen Studiengemeinschaft Bremen Bd. 5 (1), 1992, S. 90–99

Wright, J./Hensley, C.: *From animal cruelty to serial murder: Applying the graduation hypothesis.* International Journal of Offender Therapy and Comparative Criminology 2003, S. 71–88

Wuketits, F.: *Warum uns das Böse fasziniert. Die Natur des Bösen und die Illusionen der Moral.* Stuttgart, Leipzig 2000

Wuss, P.: *Faszination Serienkiller.* Medien praktisch 2000 (Heft 2), S. 18–23

Zizmann, O./Gut, R.: *Der Triebverbrecher und Raubmörder Pommerenke.* Kriminalistik 1961, S. 56–58, 89–92, 150–153, 185–189

Danksagung

Meinen herzlichsten Dank sage ich meiner lieben Frau. Ilona hat, obwohl mit Familie und Haushalt vollauf beschäftigt, alle Entwürfe gelesen, mich inspiriert, ermuntert, vor allem aber hat sie mir überaus wertvolle Hilfestellungen gegeben. Sie hat sich Zeit genommen, obwohl da noch jemand war, der ihre ungeteilte Aufmerksamkeit einforderte – David Elias und Amelie Sophie. Das war nicht einfach, das verdient Respekt. Dieses Buch hast auch Du geschrieben!

Mein besonderer Dank gilt vor allem den Angehörigen verurteilter Serienmörder, die mit mir über die dunkelsten Stunden ihres Lebens gesprochen, die ihre Erfahrungen zu unseren gemacht haben. Danke für die aufregenden Stunden! Danke für das Vertrauen!

Axel Petermann

Auf der Spur des Bösen

Ein Profiler berichtet
Originalausgabe

ISBN 978-3-548-37325-6
www.ullstein-buchverlage.de

Ein brutaler Serienmörder. Eine verstümmelte Frauenleiche in einer Plastiktüte. Ein erschossener US-Amerikaner im Zug. Kriminalkommissar Axel Petermann von der Bremer Polizei ist Deutschlands bekanntester Profiler. Er beschreibt seine schwierigsten Fälle. Dabei gibt Axel Petermann Einblick in das Profiling und in die Abgründe der Täterpsyche.

»Brutal, abgründig und hochspannend« *Michael Tsokos*